编委会

顾　　　问：李庆红　　王　威
主　　　编：杜军龙
副　主　编：钱　军　　刘海瑞
执 行 主 编：陈昌鹤　　袁小乐
执行副主编：王　健　　于同宽
成　　　员（按姓氏笔画排序）：

王　可	卢靖磊	朱明智	刘　畅	刘晓敏	刘梓轩
刘盛华	张　弦	张　静	张梦妮	吴志伟	吴彦宁
辛　苑	陈梦婷	罗青青	周云云	胡　青	胡志明
洪　超	袁瑶瑶	高雪梅	陶一鸣	黄　超	黄　颖
龚　正	梁彦丽	潘韬羽			

江西省数字技术创新应用实践

主编 杜军龙

图书在版编目(CIP)数据

江西省数字技术创新应用实践 / 杜军龙主编. --南昌：江西人民出版社，2023.12
　ISBN 978-7-210-14923-1

　Ⅰ. ①江… Ⅱ. ①杜… Ⅲ. ①数字技术-应用-技术革新-研究-江西 Ⅳ. ①F127.56

中国国家版本馆 CIP 数据核字(2023)第 208814 号

江西省数字技术创新应用实践 JIANGXI SHENG SHUZI JISHU CHUANGXIN YINGYONG SHIJIAN	主编　杜军龙

责　任　编　辑：李鉴和
封　面　设　计：大　尉

 出版发行

地　　　　址：江西省南昌市三经路 47 号附 1 号(330006)
网　　　　址：www.jxpph.com
电　子　信　箱：jxpph@tom.com
编 辑 部 电 话：0791-86892125
发 行 部 电 话：0791-86898815
承　印　　　厂：南昌市红星印刷有限公司
经　　　　销：各地新华书店
开　　　　本：720 毫米×1000 毫米　1/16
印　　　　张：19.25
字　　　　数：320 千字
版　　　　次：2023 年 12 月第 1 版
印　　　　次：2023 年 12 月第 1 次印刷
书　　　　号：ISBN 978-7-210-14923-1
定　　　　价：78.00 元
赣版权登字-01-2023-503

版权所有　侵权必究

赣人版图书凡属印刷、装订错误，请随时与江西人民出版社联系调换。
服务电话：0791-86898820

序 一

近年来,随着人工智能、移动互联网、大数据、云计算等为代表的新一代信息技术创新发展,全球数字经济蓬勃发展。如今,数字经济发展速度之快、辐射范围之广、影响程度之深前所未有,各国都积极融入世界数字洪流,积极出台数字政策,推动世界经济发展,重塑世界经济结构。当前,数字技术正全面融入人类经济、政治、文化、社会、生态文明建设各领域和全过程,深刻改变着人类的生产方式、生活方式和社会治理方式。

党的十八大以来,党中央高度重视发展数字经济,将其上升为国家战略,从国家层面部署推动数字经济发展。党的二十大报告进一步提出,"加快发展数字经济,促进数字经济和实体经济深度融合,打造具有国际竞争力的数字产业集群"。加快发展数字经济,既是构筑国家竞争新优势的需要,也是实现高质量发展和2035年远景目标的重要举措。在以习近平新时代中国特色社会主义思想特别是习近平总书记关于网络强国的重要思想指引下,我国数字技术创新由跟跑为主向更多领域并跑、领跑转变。在过去十年(2012—2022),中国的数字经济规模从8700亿元飙升至50万亿元,年均增速约为50%。5G、区块链、人工智能、大数据、量子科技、高性能计算机等关键数字技术成功跻身全球第一梯队。

千帆竞发浪潮涌,百舸争流正逢时。江西省乘势而上,抢抓数字经济发展新机遇,将其作为加快培育高质量跨越式发展新动能的"一号发展工程"来抓,大力推进数字产业化和产业数字化,推动经济社会发展的数字引擎更加强劲、数字应用更加广泛、数字赋能更加高效。全省各设区市(县)纷纷响应号召,结合产业实际情况和自身优势发展特色数字产业,千行百业数字化转型应用亮点纷呈。经过几年的快速发展,江西省数字经济涌现出一批典型案例和特色模式。本书深入探寻江西省内各个领域的数字技术应用成果,共收录 26 篇数字技术应用案例,内容覆盖度广,包括智能制造、智慧城市、政府治理、数字乡村、节能环保、工业互联网和安全生产七大领域,集中反映了江西省数字技术应用的广泛性和前沿性。

数字技术在数字经济中属于数字产业化的范畴,为产业数字化、数字化治理、数据价值化等提供技术思路与解决方案。从供需两端来看,数字技术扮演着供给侧的角色,优秀的数字技术解决方案能够引导产业升级,能够优化政府治理,在未来的数据价值化探索中更是不可或缺的工具。期待广大读者和科技工作者通过这本《江西省数字技术创新应用实践》案例,能够广泛深入地了解当前数字经济领域的新技术和前沿的应用方向,有所悟、有所感、有所用,为我国数字技术应用做出更大的贡献。

王耀南
中国工程院院士

序 二

党的十八大以来,以习近平同志为核心的党中央高瞻远瞩、把握大势,对建设网络强国、数字中国、智慧社会作出重要战略部署,构建了既有顶层设计又有具体措施的政策支持体系,形成了推动数字经济发展的强大合力。"十四五"规划与2035年远景目标纲要提出"打造数字经济新优势",随后出台的《"十四五"数字经济发展规划》,明确了"十四五"时期推动数字经济发展的目标及任务。全国各地也陆续出台相关实施方案和行动计划,充分发挥海量数据和丰富应用场景优势,促进数字技术与实体经济深度融合,赋能传统产业转型升级,催生新产业新业态新模式,一幅数字中国画卷加速展开。

当前,数字技术日益融入经济社会发展各领域,驱动各领域加速变革,催生一大批新应用新业态新模式。数字化应用场景已经贯穿全行业,覆盖政府、企业、园区等,是数字经济时代"技术的翻译器,需求的挖掘局",是推动数字经济发展的关键力量。科技部等六部门统筹推进人工智能场景创新,发布了《关于加快场景创新以人工智能高水平应用促进经济高质量发展的指导意见》。全国多个省市地区纷纷加速场景创新探索和相关布局,江西省把数字化应用场景打造放在发展数字经济的重要位置,《江西省"十四五"数字经济发展规划》提出,要打造为中部场景创新应用的先导区,并着力实施应用场景"十百千"计划,以场景为牵引,以应用为导向,推动更多的数字技术应用场景对接落地、以开放场景培育数字经济产业生态,有效带动了全省数字经济加快发展。

数字技术应用示范场景既能驱动数字技术的应用,为产业转型升级、政府治理等提供解决方案,又能培育新产业新业态新赛道,做大新动能。以场景创新驱动数字产业化和产业数字化、治理数字化融合发展也是未来数字经济发展的重要方向。本书遴选了全省一批数字技术应用场景示范案例，涵盖政府治理、智能制造、数字乡村等各类应用场景。本书的出版，能够很好地宣传江西"数字技术+"和"+数字技术"优秀经验做法，为全省各设区市各行业全面拥抱数字经济时代浪潮提供思路。

敖 立

中国信通院总工程师

前　言

当前,数字经济已成为优化资源配置、重塑经济结构、驱动经济发展的关键力量。习近平总书记强调,要充分发挥海量数据和丰富应用场景优势,促进数字技术和实体经济深度融合,赋能传统产业转型升级,催生新产业新业态新模式,为我国数字经济发展指明了方向。随着新一代信息技术的加速迭代发展,各行各业正以前所未有的姿态拥抱数字世界,数字技术已深度融入人们生活的方方面面,不断催生出新的应用场景。拓展数字化应用场景,不仅是数字经济发展的重要引擎,也是扩大内需的重大战略支点。

自新一轮科技革命和产业变革以来,数字经济进入高速发展期,相关政策密集出台,多次提及"场景优势""场景建设"等,点明了在发展数字经济中数字场景的重要地位。国家"十四五"规划纲要部署实施"数字化应用场景"工程,把数字化应用场景建设摆在了关系国民经济发展的重要位置。全国过半省市启动了数字化应用场景建设行动,通过发布场景清单、实施场景揭榜挂帅、开展试点示范等方式,有效拉动了场景建设投资,激发了越来越多的场景应用需求。

数字化应用场景的建设为数字经济的技术创新提供了真实的试验环境和大量的验证数据,有助于企业明确创新方向,加速集聚商业化所需要的各种资源,不仅推动了数字经济的快速发展,而且促进了数字经济与经济社会的融合发展。江西省聚力打造数字经济发展新高地,高度重视数字化应用场景建设,将其作为推动全省数字经济发展的重要手段,《关于深入推进数字经济做优做强"一号发展工程"的意见》中提出打造"场景创新应用先导区"的目标,省级层面专门出台创新营造数字技术应用场景行动计划,力争用5年左右时间,在江西建设50个左右应用场景示范区、推荐推广300个左右应用场景示范项目,培育3000个左右具有爆发潜力的高成长性企业。

为深入贯彻落实省委、省政府关于做优做强数字经济"一号发展工程"的决策部署,发挥应用场景赋能作用,江西省于2022年底开展了第一批数字技术应用场景示范项目征集工作,经各地有关单位推荐、申报、专家评审、网上公示后,遴选出了第一批省级数字技术应用场景示范项目,为将数字技术应用示范在全省推广,江西省信息中心联合中国信通院江西研究院,对优秀应用示范场景进行重新编制,梳理各应用场景示范项目建设背景、痛点、成效及推广前景,形成《江西省数字技术创新应用实践》一书。

目 录

智能制造

南昌华勤：打造电子信息制造业数字化转型标杆／3
基于物联网＋AGV技术人机协作，打造玻纤行业数智化包装仓储物流／14
昌兴航空：智能制造数字车间／26
数字"赣格"，铸造赣南家电制造丰碑／34
晶科能源：数字化助力企业供产销智能运营／43

智慧城市

以城市大脑数聚虔城，智绘新赣州／57
萍乡市城管局："一屏观天下、一网管全城"／68
新余市大数据中心：筑智慧新余城市大脑　绘社会治理崭新画卷／83
赣江新区：先导数字孪生，智赢城市未来／93
景德镇中国陶瓷博物馆全感沉浸式互动新体验案例／103
信州区"智慧城市大脑"：一键联网格，一屏观全域，一网治全城／113

政府治理

江西省信息中心："赣政通"协同办公平台助力江西省政务办公数字化转型／123

互联互通·共建共享,构建数字孪生流域数据底板 / 136

芦溪县交通运输局:"5G + AI 智慧交通"助推公路管养提质升级 / 148

会昌氟盐新材料:绿色智能数字化氟盐新材料智慧园区的探索之路 / 156

数 字 乡 村

余江区大数据中心:"数智强农"数字乡村大数据平台让乡村振兴加"数"前行 / 169

数字赋能"智"富:广丰马家柚产业转型升级 / 181

节 能 环 保

南昌轨道交通集团:基于物联网技术的轨道交通通风空调系统风水联动智能改造项目 / 191

鹰潭危险废物管理数字化平台:构建城市危废数字智治新场景 / 198

工 业 互 联 网

保太数智:循环经济"一键启动",高精密磷铜球数智化场景实现无人化智慧生产 / 213

"平台 + 5G + 应用"智能工厂——食盐行业智能化升级样板 / 225

安 全 生 产

数字技术赋能,助力传统化工厂升级转型 / 241

九江市住建局:"BIM + 人工智能"筑牢工地建设安全新防线 / 249

数字引领百年钨矿　以 5G 智能促"新"貌 / 260

威源民爆:乘数字化转型之势,争当 5G 智能民爆工厂先行者 / 271

德兴铜矿:5G + 无人驾驶,少人增安新引领 / 282

智 能 制 造

当今,全世界的制造业都在迅速朝着数字化、智能化发展,智能制造对提升制造业竞争力起到举足轻重的作用。我国提出"中国制造2025"的宏大计划,旨在推动制造业转型升级,其中提出的五大工程,就包括"智能制造工程",智能制造是制造业发展的必然趋势。本篇精选了江西省智能制造相关优秀示范场景,涵盖航空、家电、新能源、新材料、智能终端等领域,旨在为江西省各设区市制造业企业数字化、智能化转型提供思路。

南昌华勤:打造电子信息制造业数字化转型标杆

引 言

习近平总书记多次强调,制造业是实体经济的基础,制造业高质量发展是我国经济高质量发展的重中之重,要把握数字化、网络化、智能化方向,推动制造业数字化,利用互联网新技术对传统产业进行全方位、全链条的改造,提高全要素生产率,发挥数字技术对经济发展的放大、叠加、倍增作用。我国电子信息制造业开始进入高质量发展的关键期,发展主要推动力逐步从规模红利转向产业创新和数字化转型增值,产业发展进入"通过重研发,从低价值环节向高价值环节实质突破"的新阶段。工信部发布的《2020年中国电子信息制造业综合发展指数报告》表明,电子信息制造业产业转型升级指标值上升7.05个分值,对中国电子制造业发展总指数上升贡献率达到43%。

南昌华勤是全球领先的手机、笔记本电脑ODM公司,深耕电子信息行业多年,在保持快速发展的同时也面临生产物料杂、产品更新快、设备联网少、数据价值低、劳动用工密等一系列行业痛点问题,制约了生产效率和产品质量的提高。围绕上述问题,作为江西省电子信息产业龙头企业,南昌华勤积极响应国家、省有关数字经济和制造业数字化转型相关战略规划,围绕"打造数字经济新优势""推动数字化转型",将"制造"工厂逐步向"智造"工厂转型作为公司数字化转型之路的第一个三年目标。通过自筹资金,公司于2022年1月启动基于5G与大数据的移动智能终端智慧工厂建设,打造高可靠、低时延、大带宽的5G

全连接工厂和工业互联网工厂,力图实现数据可用、生产可视和物料可达,全力推动企业生产数字化和管理数字化。

一、制造业数字化转型是数字经济和实体经济深度融合的主攻方向

(一)顶层政策设计持续推动制造业数字化转型步伐

当今世界正经历百年未有之大变局,国内发展环境经历深刻变化,新一代信息技术加速在制造业全要素、全产业链、全价值链深度融合,持续引发技术经济模式、生产制造方式、产业组织形态的根本性变革。制造业数字化转型是数字经济和实体经济深度融合的主攻方向,新一代信息技术与制造业的深度融合,正在引发产业的重大变革,形成新的生产方式、产业形态、商业模式和经济增长点。党的二十大报告中明确提出要"加快建设制造强国""促进数字经济和实体经济深度融合",2023年2月,中共中央、国务院《数字中国建设整体布局规划》指出,推动数字技术和实体经济深度融合,在工业等重点领域加快数字技术创新应用。

(二)数字技术支撑数字化转型路径和场景创新应用

受益于底层核心技术、工业软硬件等数字相关技术、产品的逐步相对成熟,我国以工业互联网为核心的产业数字化转型迎来突破浪潮。一是工业互联网标识解析体系全面建成。截至2022年底,东西南北中五大国家顶级节点和两个灾备节点全部上线,二级节点实现了31个省(区、市)全覆盖,具有影响力的工业互联网平台达到了240余个,其中跨行业跨领域平台达到28个,促进产品全流程、生产各环节、供应链上下游的数据互通、资源协同。二是"5G+工业互联网"快速发展。全国在汽车、采矿等十余个重点行业建设了4000多个项目,协同研发设计、远程设备操控等20个典型应用场景加速普及,有力促进了企业提质、降本、增效。工业5G融合产品日益丰富,模组价格较商用初期下降了80%。各地掀起了5G全连接工厂建设热潮,加速5G向生产核心控制环节进一步深化拓展。三是电子行业互联网应用指南加速完善。针对产业共性需求,各地打造了一批应用推广服务载体,培育了"低成本、轻量化"的解决方案。同时,工信部制定了电子等工业互联网融合应用指南,为行业企业因业制宜、因企制宜开展工业互联网应用提供了保障。

南昌华勤积极响应国家、省有关数字经济和数字化转型相关战略部署,通

过企业自筹资金,以打造电子信息制造业数字化转型标杆为目标,与中国移动合作开展"5G行业专网+工业互联网平台"建设,加快企业数字化转型步伐,实现生产方式变革和组织模式创新。

二、"两化"融合水平不高等痛点制约了电子信息制造业发展

作为江西省重点招商引资电子信息产业龙头企业,自成立以来,公司连续三年营收取得较快增长,复合年均增长率25%,2022年全年实现营收近364亿元。但营收高增长的背后,也暴露了企业信息化建设不足、生产自动化断点、数字化平台应用水平低、能源管理建设不足等问题,具体如下:

(一)生产制造两化融合不足

2021年以前,南昌华勤制造工厂没有5G网络覆盖,工厂大部分数据存在信息断层,甚至存在数据丢失风险,给企业带来不确定的经营风险。如果要对数据进行汇总分析,需要付出大量的人力财力,同时工厂内海量的生产设备及关键部件无法进行互联,仓储管理集成度差。由于未建立数字化信息管理平台,无法保障生产数据采集的及时性,无法进行系统分析并做出预警判断决策。比如传统制造模式中人工运输、搬运问题(AGV替代人工应用)、设备信息孤岛、阻断问题(设备"剪辫子"应用)、仓储管理分散问题(仓储管理系统集成应用)等。

(二)网络信息化建设不足

制造业生产车间的设备多、型号杂,数据采集点有上万个,采集点多、采集数据流量大导致网络拥塞一直是公司面临的难题之一。传统以太网已经不能满足企业的生产需求,亟需云计算、大数据、设备自动化等新技术在智能终端产品生产制造上的探索与创新。

(三)能源系统管理建设不足

电子信息制造行业是典型的高能耗行业,2022年南昌华勤用电量达9300万度,前期厂区能源设备是单独运行,无系统承载、储存;无法实现厂级/车间级/部门级/线体级等多维用电数据实时监控、统计与分析;无预警功能和报警提醒以及报表功能导入,无法供领导层进行决策。造成人力资源成本、能耗管理成本、时间管理成本等资源的浪费。

面对诸如以上传统制造模式带来的挑战，必须由"传统制造"模式向"智慧智造"模式进行转型，实现信息化、自动化、数字化变革转型，逐步构建新型智造工厂，将新一代信息技术贯穿到设计、工艺、生产、物流等各个环节。

三、"一把手"挂帅全力推动"5G+智慧工厂"建设

（一）高层挂帅重塑新知

数字化转型是企业战略层面的转型，需要全集团"一把手"从整个企业发展的视角进行掌舵。华勤技术董事长亲自挂帅，要求全力推进数字化转型，打造全球智能化标杆工厂。

2020年4月，南昌华勤与中国移动展开深度合作，拟将5G、大数据和工业互联网与业务发展融合，实现企业的全面信息化、数字化和智能化，实现"制造"向"智造"转型。在南昌华勤总经理带领下，全公司中高层领导学习了工信部会议提出的关于制造业数字化转型行动倡议精神，改变了大家对数字化转型的传统认识。领导层对企业数字化转型所具有的战略性、革命性的意义有了进一步的认知，数字化转型不仅能够促进企业增收节支，带来可观的经济价值，还能系统地提升管理水平，增强企业管理能力。

电子信息制造业数字化转型是指将新一代信息技术覆盖电子信息制造企业的设计、生产、管理、销售及服务各个环节，并能基于各个环节产生的数据进行分析与挖掘，继而用于控制、监测、检测、预测等生产经营活动，为企业缩短研发周期、增加采购实时性、提高生产效率与产品质量、降低能耗、及时响应客户需求等方面赋能。其内涵体现在以下几个方面：一是产品数字化，将RFID传感器、智能芯片、传输系统等融入电子产品，使产品具备感知、预警等能力，从而实现追溯、定位等功能；二是生产数字化，通过自动化设备、智能机器人等生产设备的运营，并融合人工智能、物联网等技术，使电子信息全过程可视、透明及高效；三是服务数字化，以电子产品为基础，依托产品本身的感知、识别、追溯的能力，完善客户服务流程，解决维修追溯等难题，从生产制造商向生产服务制造商方向转型；四是管理数字化，通过ERP、MES、SCM等管理软件的融合应用，使电子制造企业管理更加准确、高效以及科学；五是营销数字化，通过用户数据分析实现商品的个性化、定制化需求，并持续提供更加优质、智能的产品。

基于电子信息企业数字化转型的特点和内涵,网络和数据是数字化转型的核心。一方面,数字化转型的基础是网络。5G 专网具有大带宽、大连接、高可靠、低延迟等特点,可满足电子信息制造领域对电子信息产品实施数据传输、各类生产要素数据全面采集和掌控等方面的要求,奠定了制造业企业自动化、数字化转型的基础。5G 专网应用场景贯穿了公司日常生产制造的全过程,覆盖了供应链管理、AGV、柔性制造、生产过程控制、机器协作、库存管理、产品交付管理等各个环节。另一方面,数字化转型的关键是数据。工业数据具有多模态、强关联、高实效等特点,工业数据能实时、准确反映企业的经营情况。通过对企业工业数据的收集、分析、挖掘、应用,以数据为支撑对企业经营决策进行辅助分析,进而实现企业降本增效。

(二)智造工厂项目内容

项目主要建设任务是 5G 专网建设、5G + 设备数据采集、5G + ARM 生产调度、5G + 仓储系统集成、5G + 能耗管理。

1.5G 专网建设

在南昌华勤核心机房采用公网专用的模式部署 5G 专网,提高业务计算处理能力,降低端到端时延,将 UPF 下沉到厂区内,实现授权终端在企业专网环境下与内网的互联,满足不同场景的网络需要。通过专网建设,实现 MEC 与云端的互联,发挥云计算弹性优势,从而保证业务的高可靠性。同时,为减少数据集中处理的网络消耗、降低传输时延,在接近数据源侧进行计算,并确保企业数据不出园区,保障工业生产数据安全。此外,由于厂房内墙体的信号穿损率比较高,厂区内新增室分建设,完成全厂的 5G 信号增强覆盖,保证了 5G 应用的网络上下行带宽和超低时延,时延平均稳定在 20ms 以内。

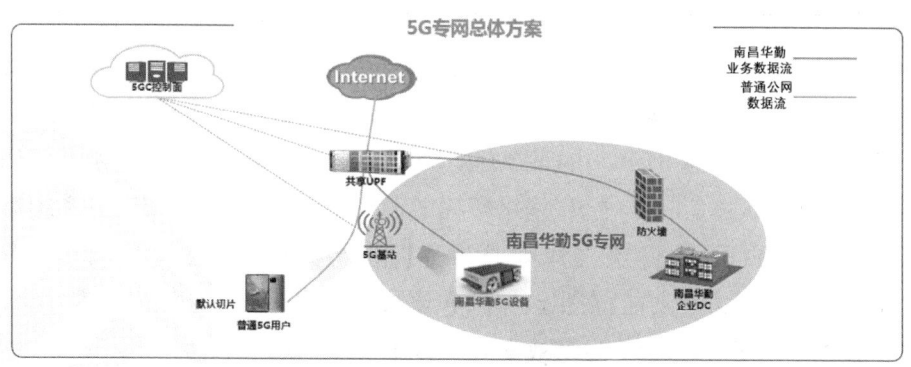

图 1　5G 专网总体方案

本次项目建设还在南昌华勤园区内开通端到端切片技术,可同时支持专网和普通用户5G业务,车间终端通过ToBUPF实现业务的分流处理,两种业务物理隔离互不影响,满足整体5G专网的可靠性和安全性。

2. 5G+设备数据采集

5G基站信号到达生产车间后,各数字化设备均装有CPE,实现SMT整线所有设备的数据采集工作,并将数据回传至MES服务器中进行分析处理,实现数据分析应用。具体而言,挑选一条SMT生产线体(S13线)作为5G全连接试点示范线,将一条SMT生产线体的设备通过5G进行数据采集并将数据回传给MES系统进行数据处理与分析,实现可视化监控,增加生产柔性,提高生产效率。

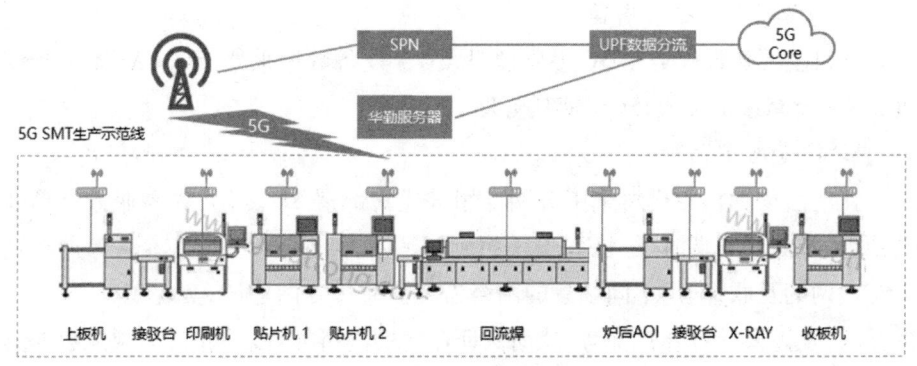

图2　5G SMT生产示范线

3. 5G+ARM生产调度

建设ARM调度系统,控制SMT车间及线边仓5G+ARM的生产调度指令分发,利用5G网络的优势提高ARM机器人调度的稳定性、安全性和可靠性。5G专网有效解决了原有系统Wi-Fi组网信号切换不稳定、AGV小车车辆调度不充分等问题,利用移动云边缘计算技术,并借助5G的高可靠低时延特性,接入5G智能AGV。依托AGV的车端智能,可完成环境分析、障碍物识别和避让等基本功能,通过低时延的5G网络精确的调度车辆的运行,完成叫料系统对接、路线规划、目标导航、充电管理、图像分析防碰撞处理、异常管理、行车图像记录以及后台管理等功能,在生产车间和原材料仓之间实现全流程管理,减少生产现场的人工搬运,提高生产效率从而实现降本增效。

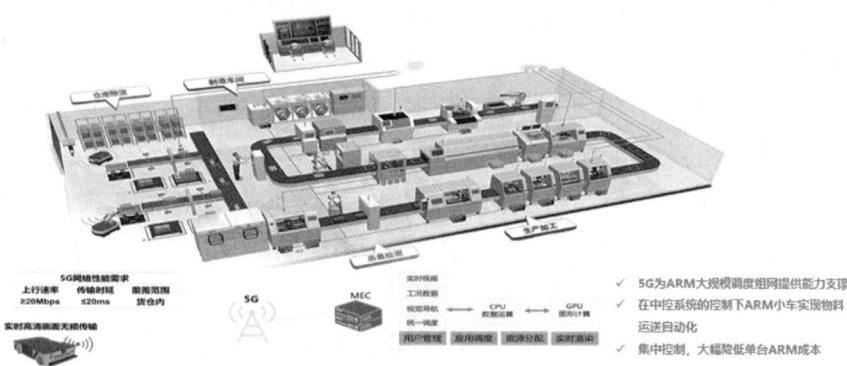

图3　5G+ARM生产调度示意图

4. 5G+仓储系统集成

仓储物流车间新增5G+AGV、智能料架、5G+PDA及相关仓储物流管理软件,利用5G网络实现仓储物流区域内5G+AGV、智能料架、5G+PDA和生产MES系统、WMS仓储管理系统以及调度WCS系统的数据打通对接,实现产线

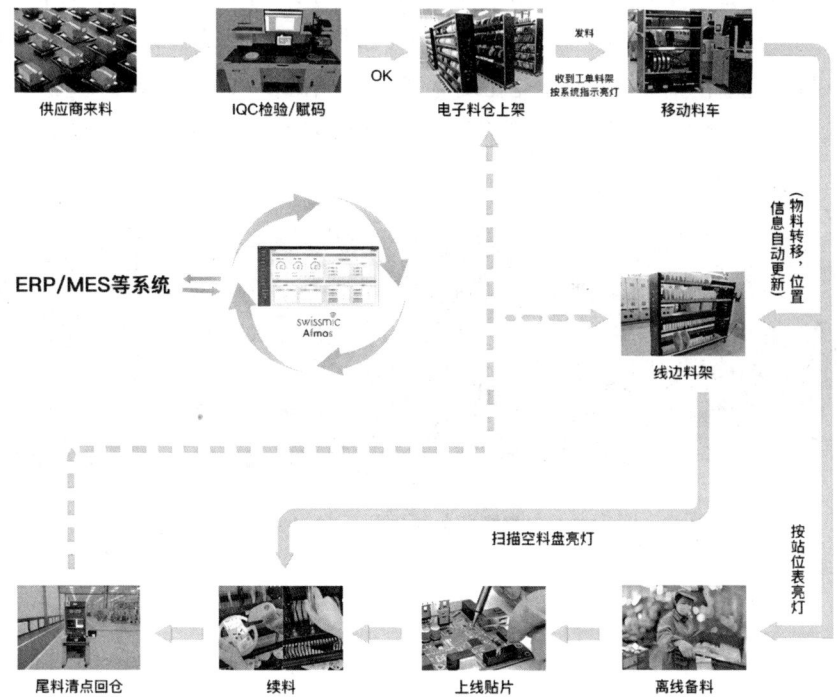

图4　5G+仓储物流系统集成示意图

生产下料、仓库点料、物流运料、生产补料的数据全闭环,提升仓库管理水平和运转效率。

在 5G 网络覆盖下,使 MES、WMS 等系统实现仓库的出入库管理、库内库存管理、报表管理,大幅度提升物流作业效率,配合 5G + PDA 和 5G 智能电子料架实现物料智能储位管理,员工通过直观的指示灯提示存取物料,正确、快速地完成物料的收发工作,提高工作效率,实现物料对应储位的可视化管理。

5. 5G + 智慧能耗管理云平台

建设 5G + 智慧能耗管理云平台,含用能概览、分析用能、部门用能、检测预警四大模块,实现能耗数据的实时采集、存储、分析,单位用能量化管理的同时也能满足主管单位的监管需求,实现用能、节能量化管理,为能源精细化管理提供数据支撑,提高能源与设备的黏合度。

具体而言,通过 5G 网络实现前端智能电表的数据采集,利用能源管理系统对生产过程中能源的发生、转化、采用等各环节进行采集、分析及管理。结合节能促进激励机制,有效敦促各个业务单元节能行动,形成有效节能;监管业务单元产能与能耗关系,分析设备运作效率,对各个单元的生产效率进行评估,让业务单元可以实时看到自己能耗情况,主动发现能源浪费情况,协助主动节能行动。目前,能耗平台已实现能耗在线监测分析、用能降本增效管理、企业生产态势感知、企业能源预警报警、智慧能源大数据指挥大屏、能耗数据采集集中抄表主站、平台日常运维管理等功能。

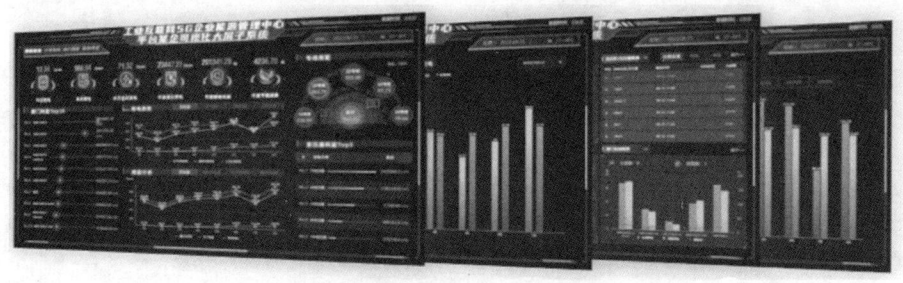

图 5　5G + 智慧能耗管理云平台界面示意图

四、智慧工厂助力企业实现质量、效率和动力变革

（一）智慧工厂应用成效

5G+智慧工厂整体建设过程中通过生产设备数字化、生产数据可视化、生产过程透明化、生产决策智能化，依托5G高速率、超大连接、超低时（平均时延20ms）的特性，并结合数据提升制造、装配、检测、物流等环节的工艺水平，可实现生产制造过程的自感知、自学习、自适应和自控制。项目建成后实现生产效率提高10%，产品不良品率降低10%，单位产值能耗降低5%，有效提升企业整体核心竞争力，并可以进行电子行业的5G+工业互联网应用场景复制，提高行业整体质量水平和管理水平。

1. 降低运营成本

通过5G+智慧工厂的打造，一能提高物流运输环节的自动化管理水平，减少人力物力投入，降低企业运营成本；二能采集能耗数据并用大数据进行分析，及时发现用能问题，辅助公司高层及政府决策；三能减少资源浪费，提高资源利用率，大大降低生产成本。

2. 提高生产效率

通过5G+ARM与系统的数据串接，以及系统之间的串接，实现智慧化、智能化生产；通过机器自动化代替人工作业，提高生产效率和生产实时性；通过系统之间的对接打通实现生产物资自动化流转和信息化生产。

3. 促进柔性生产

依托批量生产指标研判生产制造运行趋势，可实现工厂运行的动态化、精准化、智能化、可视化。利用5G技术进行设备生产"剪辫子"，可增强生产的柔性化和个性化，实现灵活扩产，灵活改产。

（二）智慧工厂应用价值

在目前大力推进制造业数字化转型的背景下，南昌华勤"基于5G与大数据的移动智能终端智慧工厂"项目的成功，为江西电子信息制造领域树立了一个数字化转型标杆。该项目打造的5G专网建设、5G+能耗管理系统、5G+智慧仓储管理系统、5G+设备数据采集、5G+ARM生产调度五大应用场景可以作为区域内、行业内企业推广复制的标杆，有助于带动和辐射辖区企业主动拥抱5G和信息化，促进辖区企业基于互联网实现企业转型升级和提质增效，同时还能

以点带面,带动5G网络建设、物联网、大数据、人工智能、云服务等诸多技术的创新应用,从而助力江西省经济社会高质量发展。

1. 打造行业5G融合新样板

项目的成功研发及实施验证了5G对整个工业模式的巨大影响。依托海量的监控设备、采集设备等传感设备,利用5G技术实现对厂区设备的状态、工业互联网的运行状态,以及市场交易状态进行实时监控;通过实时生产数据的积累,结合实际生产过程经验,形成行业共性生产机理模型;通过数据的不断积累和历史数据的清洗、分析,打通多系统边界,提升生产环节的智能水平,为探索建立5G融合电子消费智能制造体系及数字化应用标准打下良好的基础。

2. 树立电子制造"数智化"转型标杆

现代电子企业的生产工艺具有80%以上的相似性,工厂数字化提升集成应用解决方案具有行业通用性。本项目运行后取得的经济、社会效益显著,可直接复制推广至其他现代电子企业,赋能企业智能生产,对提升企业生产效率、人员作业环境、企业管理水平意义重大,对电子信息行业提高竞争力具有较好的推动作用。

3. 引领行业绿色可持续发展

项目的建设运营围绕国家提出的"双碳目标",坚持"绿色、低碳、可持续"的发展理念,以"智能化发展""低消耗、低污染、高效率"的发展方式开展清洁生产,实现经济效益和环境效益双赢,加快转型升级,促进电子行业生产持续健康发展。

4. 探索服务型制造新型模式

消费升级趋势下,消费者需求由标准化逐步向个性化转变,5G+智慧工厂建设以大数据分析、网络协同制造为基础的服务型制造新型模式,实现工厂与市场需求快速对接,更好地满足市场对于不同电子终端产品的服务需求,不断增强企业的市场核心竞争力,带动行业企业生产装备数字化、生产过程的智能化,提高电子信息行业在客户需求、设计、生产、管理、服务等环节的能力与水平,实现"两化"深度融合。

5. 带动企业整体数字化转型提速

通过5G智慧工厂建设,公司将精益生产与智能制造相融合,以美的业务及MBS精益转型为标杆,助推公司沉淀转化成为公司的精益方法体系,带动企业整体数字化转型提速,为业务变革提效降本。在数字化系统建设方面,目前企业已导入"线头打卡""移动终端点检""SCADA 系统""安灯系统"四大数字化专项,并同步建设模块化生产线,实现多品类智能终端按需灵活生产模式,提升企业柔性生产能力。同时,也对财务管理流程进行变革,借鉴美的集团成功的财务流程体系 FPF 变革经验,围绕从订单到收款、从采购到付款、从材料到商品、从投资到资产、从报销到付款五个业财主干道全流程打通,形成 8 大模块,8 个 L2 流程,29 个 L3 流程,88 个 L4 流程,最终实现专业化、标准化、精益化、数字化的业务流程体系。

结　语

展望未来,人工智能、6G 等新一代信息技术加速演进,正持续引发制造业数字化转型内涵外延、作用机理、关键因素与模式业态的深刻变化。南昌华勤已准备好全面拥抱数字化时代,以创建全球更高标准"灯塔工厂"为指引,持续构建以工艺过程质量、环境为核心,智能感知智能装备、大数据分析决策、可视化为特征的数字化体系,实现个性化、自动化、定制化、精准化生产的智能制造战略规划,不断培养与电子信息制造企业数字化转型相匹配的复合型专业人才队伍,提升管理与优化业务流程,以期实现模式创新、模型驱动、高度智能化、高度协同的目标,支撑企业的转型升级与高质量发展。

基于物联网+AGV技术人机协作,打造玻纤行业数智化包装仓储物流

引 言

随着中国经济迈入"新常态"和"中国制造2025"国家战略的发布实施,巨石集团提出"内控、提质、增效"的转型升级发展要求并制定信息化发展战略规划,2015年巨石集团成立智能工厂项目小组,为企业转型升级做准备,2017年开始正式实施智能工厂项目规划。

当前我国已是全球第二大的包装大国,包装应用在我们日常生活中正变得愈发常见,包装市场也正变得日益繁荣。目前制造业智能化转型趋势愈发明显,各大传统行业都在加速运用人工智能、机器人、物联网等现代智能科技,不断推动着生产力与生产模式的有效升级,包装生产作为制造业必不可少的一个环节,也亟需进行数字化转型。包装行业数字化转型第一步就是实现包装机械的智能化,玻纤行业智能包装的开发涉及打包技术、缠膜技术、条码技术、射频防伪识别技术和红外传感技术等多种技术,利用这些先进技术,智能包装可应用于绝大多数的产品领域,给产品提供保护、服务、信息等方面的帮助。

一、玻纤行业的传统包装方式

玻纤行业的产品包装工段包括产品称重、整托包装、粘贴产品标签、物流运输、产品入库等多道工序。长期以来,我国包装生产都主要依赖包装机、灌装机、打码机、封口机、贴标机等传统机械化设备,不仅生产效率达不到市场所需,

而且生产成本也耗费巨大。巨石集团在完成数字化转型之前采用的也是传统的包装方式,检装工段通过人工方式把几十个纱团码放到托盘上,再运送到地磅上进行整托称重,然后放置好天地盖、箱围和护角用简易打包机进行打包,打包完成开始手工粘贴产品标签,然后利用铲车铲送到成品仓库进行人工入库,整个生产过程都是人工操作。

图1 人工机器缠膜

图2 手工打印粘贴标签

图3 人工铲运

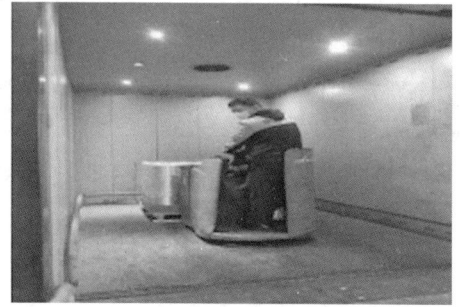

图4 人工入库

传统包装方式在生产上具有多个难点痛点。首先,整托产品称重数值无法精确到纱团,几十个纱团的重量误差累计就会造成整托产品的重量产生较大的偏差,每年造成的经济损失可达数十万;其次,从打包、缠膜、贴标、铲运到入库都需要人工参与,不仅增大了工人的工作负荷,也增加公司的人力成本;此外,人工贴标不可避免地会产生一定的误差,经常出现产品和标签不对应从而导致客户投诉,并且在出现不合格产品时无法快速获得该产品的全流程质量数据。

二、传统包装＋工业互联网

自2013年两化融合管理体系第一次提出,我国逐渐探索出一条以标准引领两化深度融合的工作体系,两化融合管理体系已成为广大企业开展数字化转型、构建新型能力的重要方法指导,巨石九江公司通过开展两化融合自评估、自诊断、自对标,找准了发展重点和方向。在信息化高速发展的背景下,随着需求结构升级和市场的变化,玻纤行业必须顺应新一轮科技革命和产业变革机遇,加快智能制造、物联网、大数据等信息技术与制造业融合,利用数字技术改造传统制造业,提高产品技术含量,拓展产品应用空间。

巨石九江公司在检装工段就采用了大量的智能化设备代替老旧的机械或电子设备,利用物联网+AVG技术,搭建工业互联网平台前端集成纱团称重系统、自动贴标系统、唛头自动打印粘贴系统,后台集成 ERP 系统、条码系统和 MES 系统贯穿整个产品包装环节,作业流程如下:

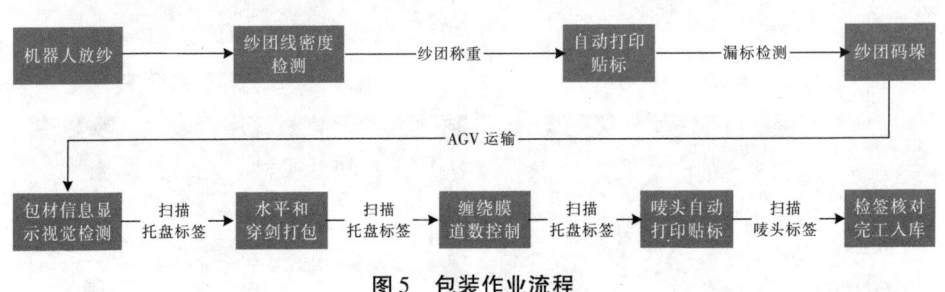

图5 包装作业流程

整个数字化场景的技术实现过程就是 SAP 系统下发生产订单到条码系统生成工艺生产单,然后由称重系统扫描工艺生产单完成称重生成整托产品的唛头标签信息并回传到条码系统,起托后呼叫 AGV 小车把整托产品铲送至自动包装物流线,利用红外扫描托盘编号从条码系统读取条码唛头信息开始包装,包装完成流转到贴标工位打印粘贴唛头标签并修改产品信息为待入库,最后系统分配物流线通过提升机将产品输送到底层成品仓库,在条码数据采集系统后端,采用物联网技术的无线终端设备对产品进行入库确认。

(一)硬件设备智能化改造

1. 称重工序

在称重工序部署纱团标签自动贴标系统和纱团称重系统,如图6:

首先,纱团通过输送板链到达称重工位,输送线系统通过红外定位装置检测到纱团到达指定位置后,板链停止运行开始称重。之后,纱团称重系统从条码系

图 6　纱团自动贴标(左) 纱团称重(右)

统读取该纱团的产品信息如品种、日期、炉位等并绑定唯一托盘号。然后,称重完成反馈一个信息给输送线系统板链开始继续运行到达下一个自动贴标工位,自动贴标系统通过串口线从称重系统采集纱团信息并打印带有二维码的纱团标签,此标签可以用来质量追溯纱团的整个生产过程信息。最后,贴标完成后继续流转到摆托工位进行摆托,等满托纱团称重完成后自动生成唛头标签信息并回传至条码系统。至此,从称重到贴标到码垛完成了整个称重的工序流程。

2. AGV 小车

产品满托后要运送到自动物流线上进行包装,此运输工序使用了 AGV 小车代替了原来的人工铲运,如图 7:

满托后摆托工人按下呼叫 AGV 小车按钮,AGV 系统根据呼叫的工位顺序自动调度闲置的 AGV 小车把托盘运送到物流包装线的上线垛口开始进行包装,至此由自动包装物流线系统接管接下来的包装和入库流程。

图 7　AGV 小车

3. 自动包装物流线系统

包装物流线工序包括很多道环节,利用工业互联网平台集成多种前端控制程序和自动化设备完成了整托产品的包装入库,包括包材显示系统、缠膜道数控制系统、唛头自动贴标系统、漏标检测系统、物联网完工入库系统。

包材显示系统　在这道环节包材显示系统利用扫描器扫描托盘编号,从条码系统中读取这托产品生产单信息的包装 BOM,如天地盖、纸管和护角的大小、厚度等信息,包装工根据大屏显示的信息准备好包装材料。

图 8　包材显示系统

缠膜道数控制系统和自动打包 在这道环节缠膜道数控制程序利用红外扫描器从条码系统中获取这托产品包装 BOM 的缠绕膜道数,连接包装物流线的工业 PLC,通过 PLC 控制板链小车旋转进行缠膜,并在缠膜完毕进行穿剑打包和水平打包。

图 9　红外扫描器(左) 自动缠膜机(右)

图 10　穿剑打包机(左) 水平打包机(右)

唛头自动打印贴标和漏标检测 整托产品包装完成后流转到这个工位,利用工业扫描器扫描托盘码获取在前道称重工序生成的唛头信息,通过 TCP/IP 协议传输给上位机,计算出贴标张数和贴标面,然后上位机通过 OPC 协议与唛头自动贴标机进行通讯,完成协同工作,在这整个贴标过程中自动贴标机接收贴标头就位信息、贴标臂贴完回传信号,并提供漏标检测确认信号给下一道工位,在漏标检测工位通过扫描产品包装四面的贴标数量来确认是否有漏贴标现象。

完工入库 整托包装产品在完成漏标检测后通过物流线板链流转到提升机工位,提升机把产品运送到一楼成品仓库,代替了原来的人工叉车运送到成

图 11 唛头自动贴标系统

品仓库,库管员利用物联网数据采集设备扫描托盘编号和唛头标签,确认产品信息对应无误后将确认信息通过条码系统回传至 ERP 系统完成入库提交。

 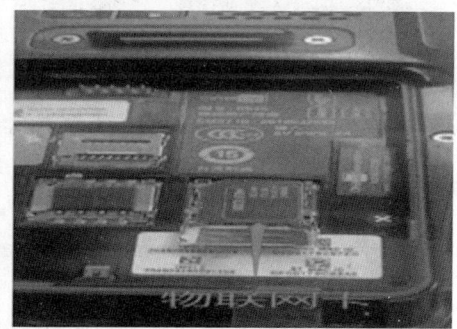

图 12 提升机(左) 物联网采集设备(右)

(二)信息化系统和工业控制系统深度融合

整个包装运输全自动数字化方案的实施除硬件智能化改造之外,最重要的就是以软件部署来支撑、以信息化来支撑工业化,以工业互联网平台为基础,融合信息化系统和工业化系统。整个包装入库工序部署了信息化系统有 SAP 系统、条码系统、MES 系统、LIMS 系统、工业互联网平台。数字化场景系统技术实现的架构图如下：

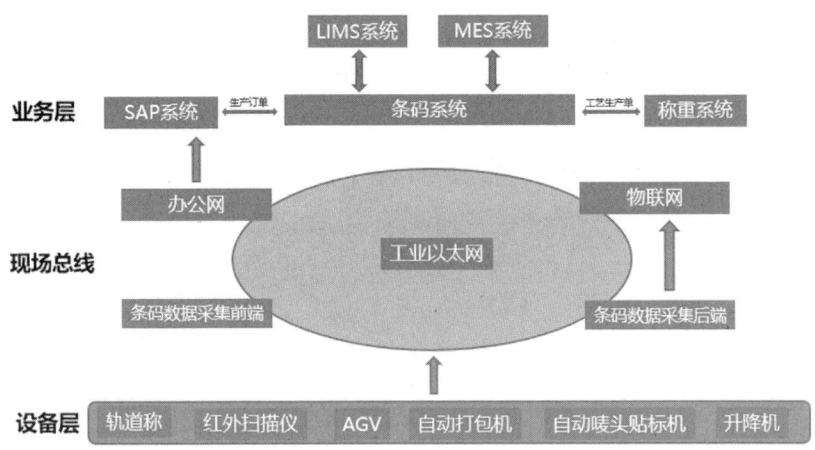

图 13　系统架构图

SAP 系统　企业资源管理系统，实现人、财、物等核心业务的集约化、标准化管理，落实集团一体化管控，生产计划调度员在系统中负责制作生产订单并下发至条码系统。

集团公司说明	单元格内容
计划编号	1000039789
工厂	2020
审核状态	审核通过
计划员	0103009598
计划期间	202306
物料编号	3010200420010
物料描述	E6DR24-2400-386H(W)
产品最终标识	E6DR24-2400-386H
计划数量	800,000.000
开始日期	2023.06.01
下达日期	2023.06.19
计划订单	1008439794
订单号	10000200389
生产单备注	投产初期产品，质量备注 分厂...
订单类型	ZJS1
客户(必输)	内贸发货客户（计调专用）
包装方式(必输)	DR*JS4×4硬纱团包装*PVC*两...
产品等级(必输)	A
生产线(必输)	2020102N
扇板工艺(必输)	4000H

图 14　SAP 生产订单

条码系统 于 MES 系统和 LIMS 系统集成，打通信息壁垒，与智能包装、在线检测装备互联，规范生产一线产成品包装及质检流程，优化仓储中心成品出入库流程，包装工艺员在条码系统中接收 SAP 下发的生产订单制作生产单，生产单模板贯穿整个检装车间自动物流包装线的全流程工序环节，有称重环节需要的品种、ERP 品名、纱团重量等，有包装环节需要的工业参数要求如包装材料规格、标签样式、缠绕膜道数等。

图 15 条码系统生产单

MES 系统 生产制造执行系统，SAP 系统会同时下发生产订单到 MES 系统和条码系统，在 MES 中自动生成拉丝、络纱、检装等各个工序的生产工单并与条码系统中生成的生产单相对应，MES 和条码系统联动可以根据条码系统中每托产品的唯一标识二维码或条形码追溯到拉丝、络纱和检装各个工序的生产数据，同时条码系统推送产品包装信息至 MES 用于管理层对包装材料的计划排产和成本核算。

LIMS 系统 实验室信息管理系统，业务主要涉及产品物性检测、特殊性能检测、原辅材料进厂检测、原辅材料半成品检测、环境检测等，与 SAP 系统和条码系统集成自动生成原辅材料和产成品的报检任务，检测报告通过产线、品名

智 能 制 造　23

图 16　MES 工单执行

和生产日期和条码系统中的入库产品批次对应,条码系统在完成产品出库时推送出库码单信息给 LIMS 系统,然后在 LIMS 系统中通过扫描码单条形码打印出场检测报告。

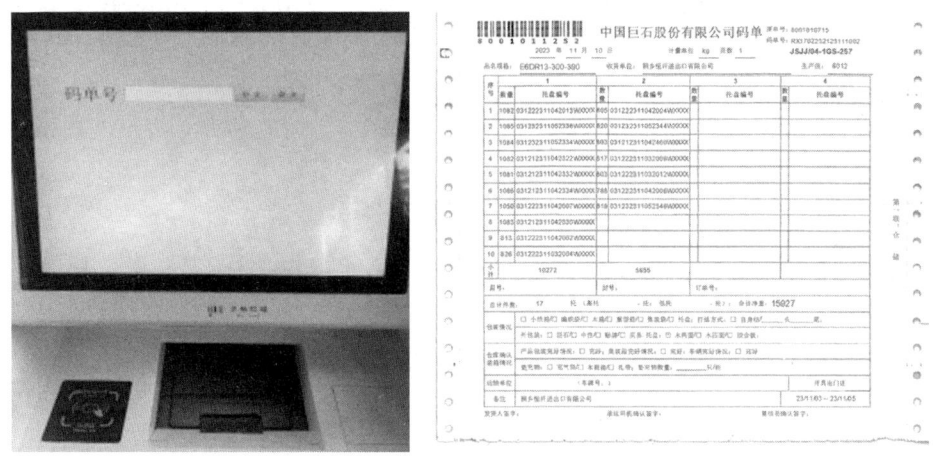

图 17　扫码单打印检测报告

工业互联网平台　平台包含包材显示、纱团标签自动贴标、唛头自动贴标、漏标检测、完工入库等各项子系统贯穿整个包装物流线,以工业以太网为基础实现设备互联互通,深度集成各种信息化系统,实现包装生产的数字化场景。

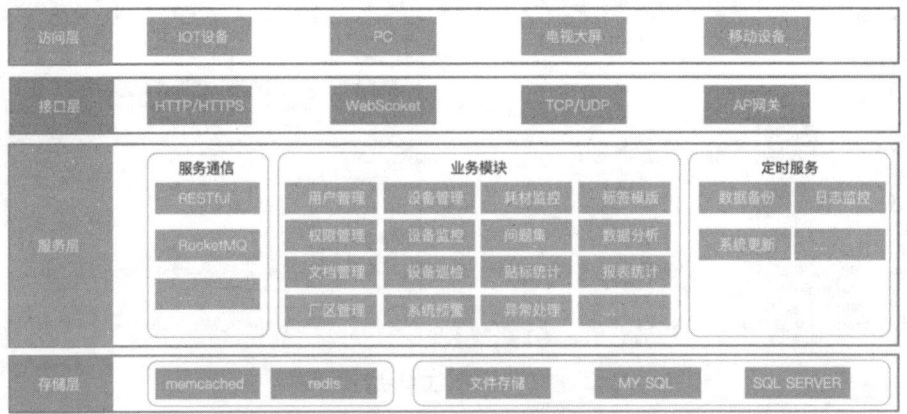

图18 工业互联网平台基础架构

图19 工业互联网平台业务模块数据

三、产品包装运输全自动数字化管理取得的成效

巨石九江公司数智化包装仓储物流是针对玻纤产品包装入库工序搭建全自动包装物流线系统,以多种数字化工业设备为硬件基础,包括工业机器人、轨道秤、纱团自动贴标机、AGV小车、自动打包机、自动缠膜机和唛头自动贴标设备以及多种红外感知设备,以工业以太网为互联基础,以工业互联网为平台深度集成多种信息化系统,实现产品从称重、包装、标签打印粘贴和成品入库的全程自动化智能控制。

场景实施的数字化升级成效显著,通过优化现场工人的人员配置结构提高人均产量,全自动包装方式降低工人劳动强度,提升生产效率同时大大降低出错率,减少客户的反馈和投诉。

在经济效益方面,取得了人员成本优化和效率质量提升;在智能化程度方面,取消了以前靠人工打包、缠膜、贴标,人工开叉车运输等劳动强度大、人工成本高的生产环节,减少了因人工贴标经常出现产品和标签不对应导致客户投诉反馈的概率,减少经济损失;在带动效应方面,数字化的实施同时加大了公司其他生产环节的自动化程度。条码系统和SAP系统数据同步生成入库单,取消手工入库台账,包装车间和仓储车间不用每天核对包装数量和入库数量,提高信息化程度和数据精准性;LIMS系统集成能自动生成产品的检测报告和出厂报告,取消了包装车间和检测中心每天打印物检报告和出厂报告的繁重工作,最终实现高效高质生产。

四、产品包装运输全自动数字化管理的推广意义

一是解决玻纤行业中传统包装方式效率低下、产能跟不上、生产成本高的问题;二是解决传统包装方式中经常发生的产品种类和标签不对应的问题,具备较强的创新性。目前巨石集团国内中、东、西部3个生产基地和美国、埃及2个生产基地共计30余条大型玻纤池窑生产线,实现全面推广应用,并对于国内外同行企业均具有成套推广应用价值。

结　语

随着近年物联网技术的不断发展,包装设计也变得更加智能化,更加高级化。互联网技术中的射频识别技术、NFC技术、大数据技术等的发展和使用都能够使包装设计及管理实现远程化、智能化。巨石集团九江有限公司率先打造的基于物联网+AGV技术的玻纤行业数智化包装仓储物流不仅在公司内部实现提速增效,同时也是推动整个玻纤行业包装方式转型升级的重要标杆,项目通过采用国产智能装备和智能制造集成方案促进国产设备商和系统集成供应商的科技研发能力,能够促进上下游产业链的全面智能化。

昌兴航空：智能制造数字车间

引　言

当前，数字化、智能化技术的高速发展和推广应用已经成为全球制造业推进体系性变革和加快能力转型升级的新动能。美国推进"数字工程战略""数字空军"等系列工程，欧美航空巨头已将数字化、智能化转型作为共性战略，正对我国航空装备产品发展形成新的挑战。我国高度重视，持续推动航空制造业数字化转型升级，其中《制造业技能根基工程实施方案》中明确提出加大对航空制造业政策支持力度。《江西省"十四五"产业技术创新发展规划》重点布局航空领域产业创新链，以南昌市、景德镇市为重点区域，围绕"航空制造＋航空运营＋航空服务＋临空经济"四位一体协同发展产业体系，重点支持大飞机、无人机和中型推力发动机等技术研发。

航空制造业的大力发展，需要大量先进的高精度的三轴、五轴数控加工中心等设备来保证制造件的精度，尤其是需要保证高精度、多型面的复杂航空工装及飞机零部件的生产制造。昌兴航空作为一家专业从事航空航天领域零件、设备设计制造的企业，通过信息化、数字化、智能化将设备进行串联，积累航空零件机加的基础数据，通过智能总控系统的数据采集及统计能力可以最大程度地得到实际生产的第一手资料，系统分析工业生产能力，助力经营决策和工业生产的升级迭代，昌兴航空通过不断深入智能制造技术的研究及应用，促进工厂车间智能化程度大幅提升。

一、昌兴航空面临的问题

近年来,昌兴航空虽然取得了长足的进步,但在实现高质量发展上仍然面临着一些诸如生产效率低下、管理效能不足、质量控制困难等问题,数字化转型迫在眉睫。

(一)生产效率低下

航空制造业对产品的加工、装配等精度要求高,昌兴航空目前面临产品批量较小,当前企业自动化程度不高、设备利用率普遍较低以及人工操作和繁琐的流程可能导致产品生产周期延长和资源浪费等问题;此外,昌兴的生产计划往往涉及型号、科研生产、车间、班组等多级计划,容易产生多级计划、多车间计划协调难度大、变更范围广等问题,造成生产效率低下的局面。

(二)管理效能不足

昌兴航空是基于型号的项目管理,在生产管理上以型号计划为核心,围绕型号计划展开工艺、生产、质量、采购等业务,按照项目汇总生产进度,同时需要多型号任务、多项目并行交付,容易造成生产计划排产难度大,库存积压等问题。

(三)质量控制困难

昌兴强调生产一代、试制一代、研究一代,企业内部各类任务并行,尤其是研制产品,往往涉及较多的设计变更、工艺变更等,物料管理难度较大,物料齐套性较低,各型号抢物料的情况时有发生,且人工操作在监测和控制产品环节容易引入人为错误,影响产品质量。

二、系统化解决方案

数字化、智能化转型是一场系统性变革,涉及昌兴航空的业务经营、生产运营和组织管理等各个层面,不可能一蹴而就。为达到"高质量、高精度、高效率"目标,昌兴航空选择小切口进入,在"精度高、稳定性好、加工效率强"等方面升级了数控加工中心的硬件系统,投入了智能柔性敏捷制造系统,用于满足多品种、小批量零件的数控加工生产,其核心是基于工业机器人、数控机床、集成控制软件和标准化、模块化工装构建等,从物料流、人力流、数据流三个方面全面提升生产单元的信息化水平,实现自动上下料、数控加工、数字化测量全流程的自动化,大幅提高零件生产效率及稳定性,减少人力资源投入,实现对整个生产过程的实时监控及管理功能。智能柔性敏捷制造系统(简称"FMS")主要由一套总控系统(含软硬件)、四台三轴数控机床、一套上下料机器人、一套物料库、装卸工位以及安全防护栏等组成,总体布局设计如图1所示。

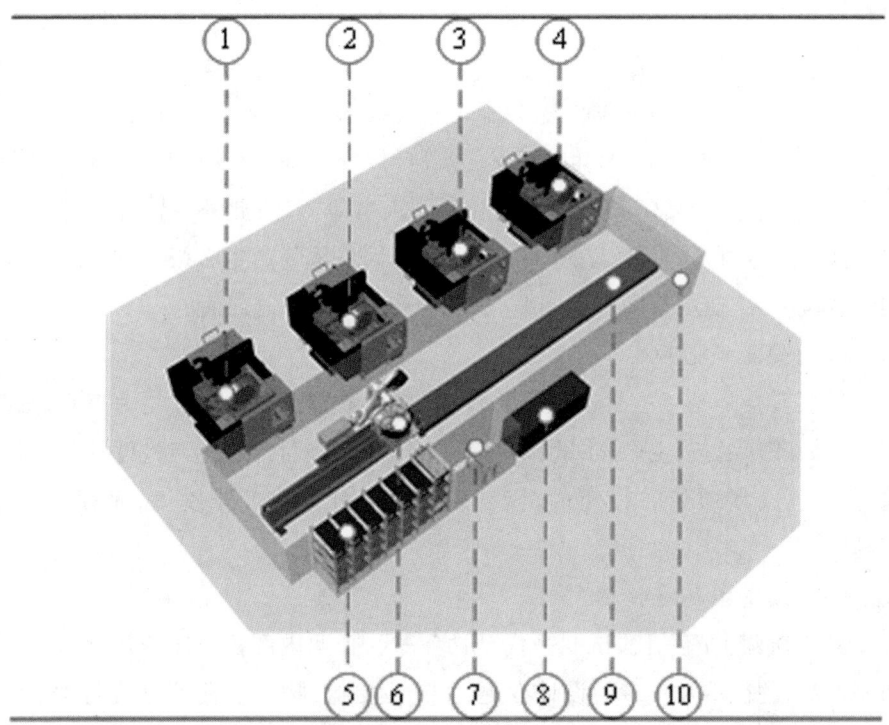

1~4:机床; 5:物料库; 6:机器人; 7:装卸工位; 8:总控台;
9:直线导轨; 10:防护栏

图1 布局三维示意

(一)物料流

物料由以往人工搬运、卸载统一升级为智能化机器运作,不仅高效,还减少人力资源耗费。如图2所示,总控软件新建任务并将其加载到任务运行区域;机器人开始执行入库操作,机器人从装卸工位取出待加工零件,根据任务信息对物料库进行轮询,并分配相应库位;成功入库后,开始执行上料操作,若任务中指定了机床,则判定该机床是否空闲,若空闲则开始上料并加工,若不空闲则等待；若任务中未指定机床，则系统对机床进行轮询，分配空闲机床；加工完成后，自动对加工完成的零件执行下料操作，并根据之前分配好的库位进行入库；任务中所有零件均加工完成后执行出库操作，机器人从物料库中取出零件至装卸工位，再由人工进行卸料。

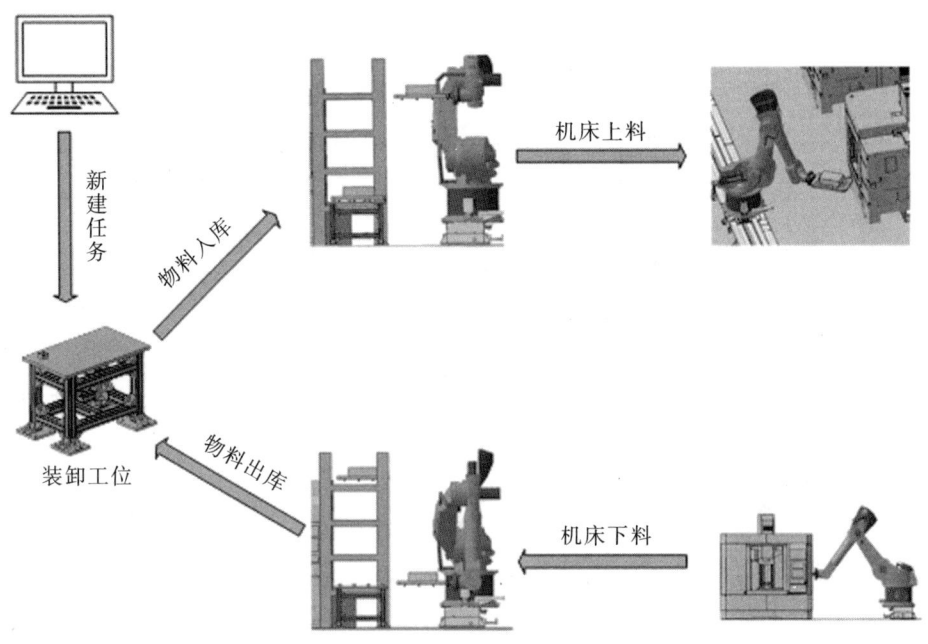

图2　系统运行流程

(二)人力流

以往生产流程中均为人工处理等方式，人员各司其职，但疏漏等情况亦时常发生，改造后的控制系统在各层级上都能协助管理人员登记、处理一系列流程，管理人员只需在控制系统中进行设置生产参数。控制系统的总体架构如图3所示，分为任务管理层、逻辑控制层、任务执行层三部分。任务管理层包含总控计算机，通过总控软件实现任务的创建、加载、删除等功能；逻辑控制层由总控PLC、交换机、机器人控制柜(机器人控制系统)、物料库总线耦合器、机床数控系统组成，通过接受总控计算机发出的任务信息，生成任务指令并传递给任务执行层；任务执行层主要包含机器人、物料库以及数控机床，通过接收核心控制层发出的控制指令完成任务操作。整个控制系统的逻辑控制基于任务信息和设备状态进行，这种运行机制相较于基于程序的运行机制更简洁、灵活，且对计划的变更响应更快,对突发情况应对更自如。

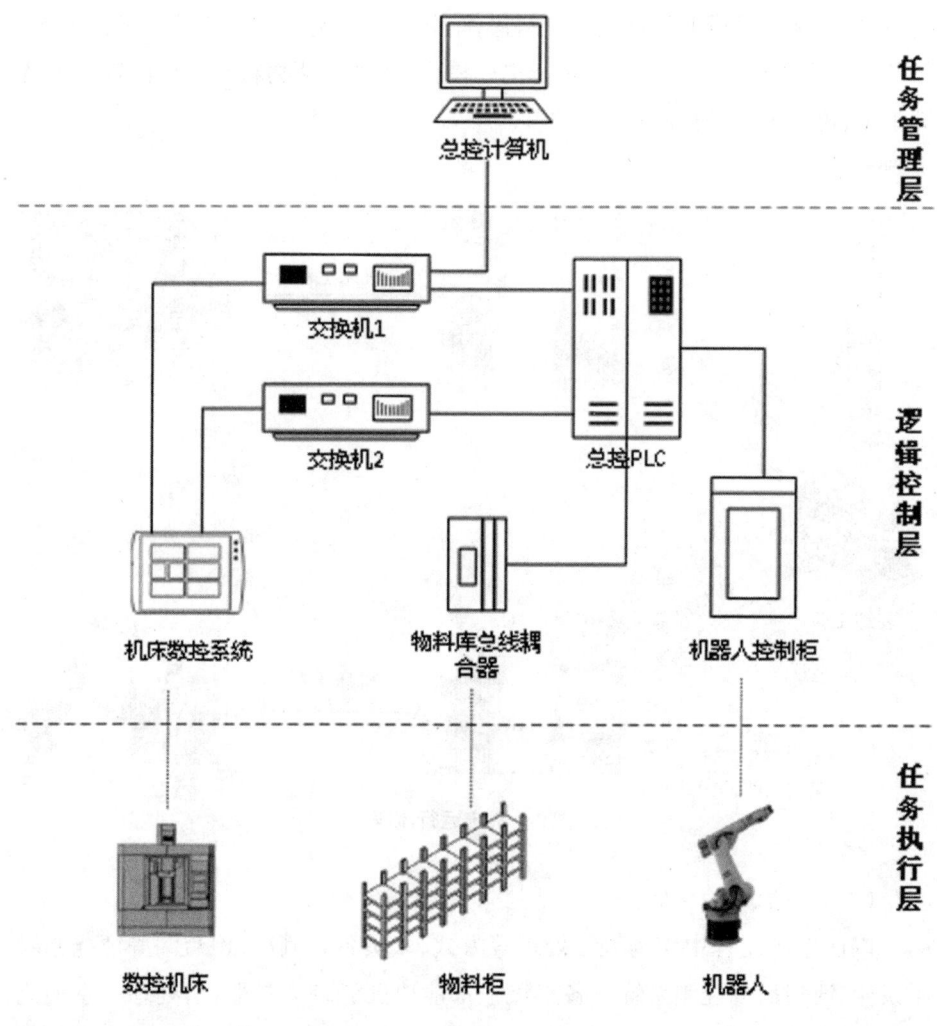

图3 控制系统架构图

如图4所示,任务执行设备直接根据任务信息进行作业,当计划出现变更时可以快速作出响应,直接根据变更后的任务进行作业;而基于程序的运行机制在计划出现变更时需要重新进行编制工艺单、编制程序等。

(三)数据流

昌兴航空传统的数据采集方法主要是电子表格(Excel)以及纸张,极易出现疏漏等问题。智能制造升级之后,数据采集的方法有了质的飞跃,管理人员

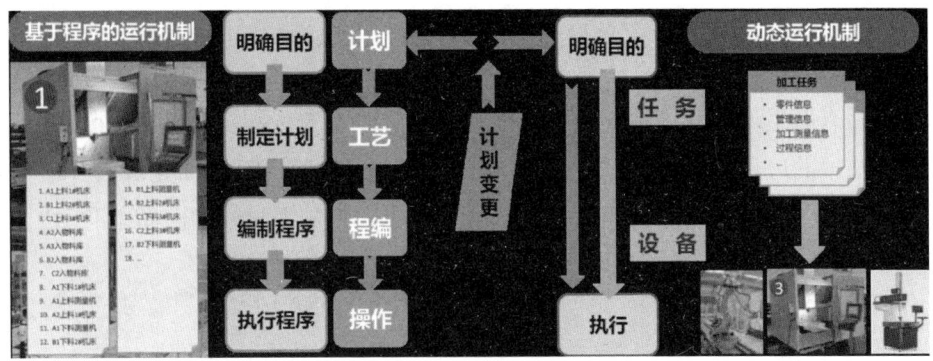

图 4　系统逻辑运行机制

能从系统中实时获取大数据并加以分析,生产的数据能通过 FMS 数据库流入 ERP 加以分析共享。总控软件是总体控制软件的简称,其核心作用是建立、管理和执行生产任务,并下发至总控 PLC,由总控 PLC 承担逻辑判断任务。如图 5 是总控软件架构图,管理人员通过用户登录机制限制各界面的访问,总控软件的设计以加工任务为中心,采用简洁、友好、易操作的人机交互界面。

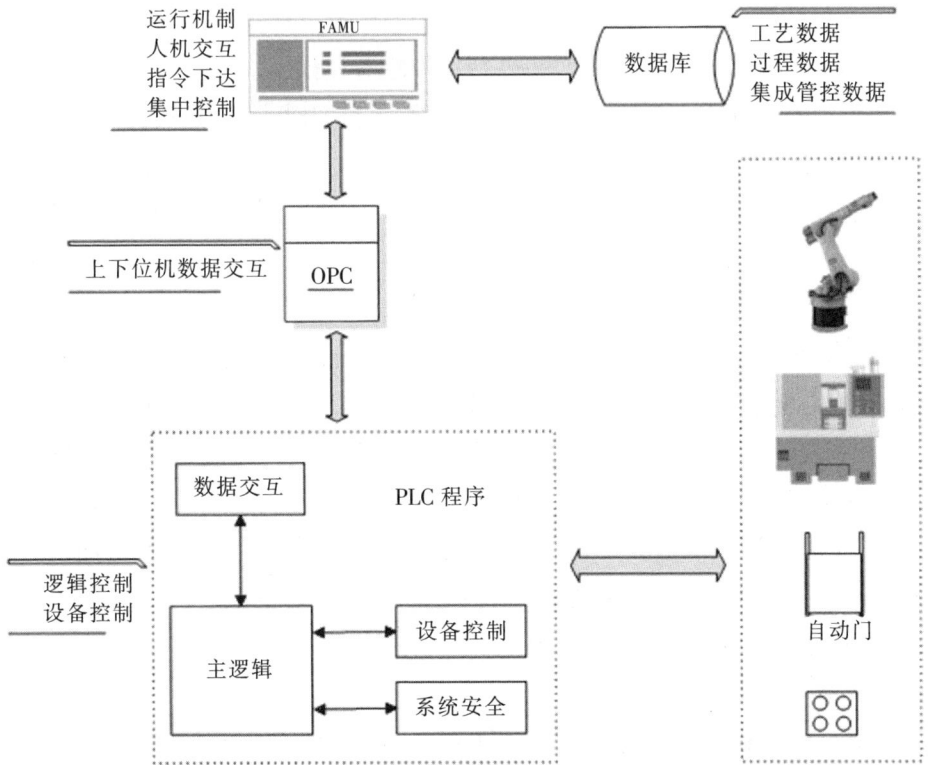

图 5　总控软件架构功能与用户界面设计

三、取得成效与应用前景

昌兴航空通过采用集成的数字化、智能化技术、方法和工具,不断深入智能制造技术的应用,对现有传统的生产体系数字化转型升级,全面建成贯穿航空装备产品全生命周期的现代化数智航空工业能力新体系,数字化、智能化、协同化全面实现,实现生产力整体跃升。

(一)取得成效

1. 效率提升

生产更加自动化和智能化,生产效率提升。昌兴通过自动化和智能技术,减少了手动和重复工作的需求,提高了生产效率,自动化的生产设备和机器人可以执行各种任务,降低错误率,提高生产质量和一致性。项目建成后将实现单班值守,24小时不间断运行,同时由于系统的稳定、快速运行,单机运转效率可达95%以上,整体运行效率相较单机提升40%以上。

管理效率提升,数据驱动决策。通过智能柔性敏捷制造系统,实现了信息的实时共享和协同工作,同部门和岗位之间的沟通更加高效,减少信息不对称的问题,实现数字化协作。同时昌兴利用传感器和数据采集技术,实时监测和收集生产数据,并用于分析和优化生产过程,支持实时决策和问题解决。集成稳定的智能柔性敏捷制造系统可快速反应,高效生产,同时借助系统内的数据分析、统计功能分析积累的实际生产基础数据,加快企业转型升级、产能评估,提高昌兴经营决策。

2. 质量提升

航空零件具有高精度、互换性强的特点,传统的人工操作、单机生产的方式,其人为参与度高,批量生产时各件状态不一致性强、生产突发状况多,严重影响产品合格率及质量稳定性。此项建成后零件生产采用系统排产,自动匹配调用加工程序,同时生产装夹使用模块化夹具,装卸搬运使用机器人自动化控制,重复定位定度高,装夹一致性强,再借助于系统监控及刀具寿命监测,相片模型对比技术全面控制了机械加工的各大要素,大幅降低了生产过程的不可控因素,整体提升质量稳定性20%以上。

3. 节能减排

优化能源利用和环境监测,实现了更高的能源效率和环境可持续性,智能设备的能源管理和排放控制功能可以减少能源消耗和环境压力。整套系统将实现单班值守，24小时不停工生产，大幅降低晚班、夜班人力投入及工厂照明等配套消耗。

（二）应用前景

该场景可实现对整个生产过程的实时监控及管理功能，如智能仓储可实现实时监控堆垛机的当前位置、工作模式、工作状态、工作任务、工控类型，操作站台的当前状态，实时检测货位的运行状态、显示设备的运行状态等，也可通过图形界面直观地显示产品生产状态，并通过管理软件菜单界面直观地反映出产品所在工序和所需物料、当前状态等。

场景的应用提高了仓储空间利用率、车间设备的使用效率，降低了人工的依赖，提高了工作效率。由此，航空制造很好实现了"精度高、稳定性好、加工效率强"等目标指向。

结　语

数字化转型是当今航空制造业企业发展的必然选择。随着科技的迅速进步和全球市场的竞争日趋激烈，企业必须不断适应变革，寻找新的增长动力。昌兴航空在智能制造数字车间改造的过程中，实施一系列关键的策略和举措。建立了强大的数字基础设施和信息技术系统，以支持数据的收集、存储和分析，通过全面整合和利用数据资产，深入了解市场需求、产品性能和生产过程，做出更加精准的决策，实现更高效的生产流程、更优质的产品和更卓越的客户体验。这不仅仅是一项技术的升级，更是一种战略的选择，是昌兴航空实现可持续发展的重要驱动力，同时为航空工业的发展做出更大的贡献。

数字"赣格",铸造赣南家电制造丰碑

引 言

制造企业智能化的转型是国家支持的方向,《中国制造2025》中提到,建设世界制造强国要"以技术创新驱动为主题,以新一代信息技术与制造业深度融合为主线,以推进智能制造为主攻方向,实现制造业由大变强"。随着大数据、云计算、人工智能等技术的不断突破,传统制造企业主动向智能制造转型已是大势所趋。中国是世界第一的家电制造大国,空调、冰箱等家电的产量都超过世界总产量的一半,自2015年以来,中国家电行业抓住消费升级的契机,积极进行供给侧结构性改革,转型升级成效显著,技术创新能力大幅提升。格力电器作为家电行业的龙头企业,积极响应国家产业数字化转型号召,在赣州南康部署赣州格力智能制造基地,成为格力电器智能化程度最高的基地之一,为家电行业的转型升级起到了良好的示范作用。

一、布局五个目标,打造赣州"中国制造2025"的新标杆

格力电器(赣州)有限公司于2020年7月10日正式落户南康,系珠海格力电器股份有限公司在全球布局的第十五个空调生产基地。赣州格力延续着"让世界爱上中国造"的企业使命,坚持"创新驱动、质量为先、绿色发展、以人为本"的基本方针,依托强大自主研发集成国内外先进自动化装备及工业机器人,引入集团首创"七云一中心"智能工厂方案,打造绿色化、智能化精益标杆工厂,引领"中国制造2025",推动智能制造生产模式的全新变革与升级。

赣州格力智能制造基地的建设目标是实现企业生产管理数字化、智能化，通过项目建设引进先进技术，改善生产管理现状，向工业4.0时代靠拢。顺利投产将引入大量上下游配套企业，快速构建家电产业链，助推南康向"家具+家电+家装"三核时代发展。不仅如此，赣州格力在湾区的示范作用将形成强大的集聚和联动效应，带动湾区优质企业数字化升级和更多优质企业落户，共同为新时代苏区振兴发展贡献企业价值。

2021年2月，赣州格力智能制造基地的筹备组在筹备现场的结构板房内，通过视频会议系统与集团公司研究院、联云科技中心、大数据中心等尖端科技骨干确认了赣州基地数字化应用五大目标：一是加大3D视觉检测投入，提升质量数字水平；二是重点建设智能化实验室，改善产品生命周期；三是力推智能物流方案，解决线边物料配送"最后一公里"；四是强抓设备联网，把数据采集落实到实处；五是培养优质信息化人员，推行大数据驾驶舱开发。

经由企业生产计划部、质量控制部、工艺设备部等多个部门开展持续半个月的峰会讨论，结合2022年度信息化、数字化规划，最终确认五个首推应用场景，以贯彻企业制定的五个目标。分别如下：

（1）首套线体充分部署3D智能视觉检测设备代替人工检验，提高质量检测的准确性和效率，投入量增加20%。

（2）引入全球领先的数智化实验室，建设数字集控中心，为公司产品研发提供先进的技术支撑。

（3）部署自主研发机器人+调度系统，解决智能调度与库存管理难点，布局空间限制与自动化项目实施干涉等技术难题。

（4）部署注塑机数采、钣金自动化喷涂线体，能有效监测设备的运行情况与产出，实现"黑灯车间"。

（5）基于大数据分析技术开发建设可视化看板、APP，部署各车间和调度办公室，有效解决数据孤岛，实现数据数字化呈现、联动，助力生产数据实时监测。

二、列阵五个板块，共筑赣州格力数字化示范前线

（一）应用场景一：3D智能视觉检测

从原材料入厂检验到成品输出过程中，项目组对各关键重点检验工序投入视觉检测设备，通过应用3D视觉检测技术，实现检验智能化、数据采集自动化，有效提高检验效率。如印刷品入厂检验原先检验一批次产品需要 10 分钟,引入视觉检测技术后检验相同批次物料只需约 3 分钟,检验效率提升 70%。规划以下(但不限于)3D 视觉检测设备:

①控制器配套件检验:遥控器视觉检测设备,引进多点激光传感器,利用视觉加激光测量技术,通过激光对电池槽内部实现多点测量,通过高度差计算来判定局部变形量。

②两器车间配套件检验:喷墨管视觉检测设备,可快速、准确检测出喷墨管,且发送 NG 信号给后端抱管机器人,通过分流动作实现喷墨管与合格长 U 管分离,确保长 U 管质量受控;内窥镜视觉技术检测设备,可伸入分流器、多回路管路件等物料内部对焊点缺料、焊堵、管路内部异物进行检验,有效提高系统漏堵检出率,保证两器件系统质量。内机电加热螺钉视觉设备,采用视觉检测技术,在原视觉设备基础上进行视觉软件升级,实现对分体内机电加热固定螺钉自动拍照比对,检测结果与产线关联互锁,确保电加热螺钉漏打不流入下道工序。

③总装车间成品生产检验:内外机外围视觉检测设备,通过设备替代检验人员建立模板,采用面板视觉检测设备代替人工目视检测。其设备由高分辨率 500W 像素的工业相机和镜头高清晰的百万工业光学镜 8.5mm 组成,可对能效标识上的数字、文字进行高精度采集,实现设备防呆,检测不合格启动报警,报

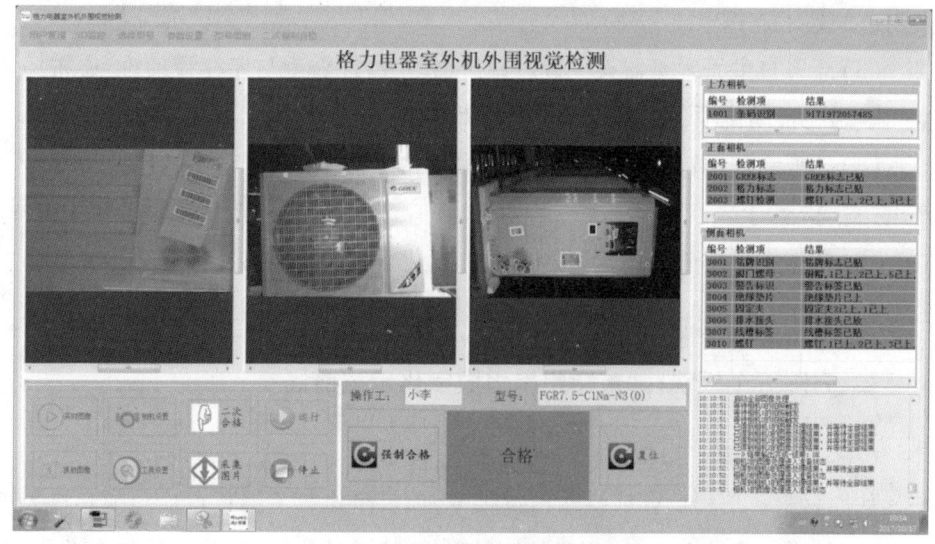

图 1　3D 视觉检测应用示范效果

警后生产线将停止,通过打包检验人员确认之后,按复位后开线,防止故障件流出。连接管防错漏视觉检测设备,通过视觉检测设备对套包前连接管装配情况进行检测,如发现漏装及时报警并停线,提示员工及时处理。通过光栅装置对套包过程连接管掉落进行监控,如发现掉落及时报警并停线,提示员工及时处理,实现连接管错漏的有效监控。

（二）应用场景二：数字化实验室

搭建数字化智能实验室,对新产品导入评审、量产整机抽测,对新产品的技术水平、产品设计进行工艺审查和测试鉴定。主要包括噪音实验室、性能实验室、长期运转实验室以及集中冷源与集控系统,能够实现数据采集自动化、数据记录无纸化、数据应用防呆化、数据判定智能化的实验全流程智能化。实现功能如下：

①大数据可视化：展示实验室测试计划、样机信息、测试进度,量化实验室设备运行参数。

②扫码系统：被检测样机入库出库、上下台均可通过扫描条码后从MES系统获取样机详细信息,并将信息传至实验室测试系统,便捷化获取信息。

③样机自动派单测试管理：送机测试信息登记,送机员手动录入样机信息后(或留有扫描读入样机信息功能接口,可以直接联网MES系统,读取相应的参数数据),可以根据实验室台的实验任务判断,自动派单测试,自动派到任何

图2　质量数智化实验室集中控制中心

一个测试台上等候测试,按时间优先、紧急程度优先、测试完成剩余时间优先自动分配到响应的实验台等候测试。可以即时实时显示前10条排队等候(时间信息),正在测试(时间信息)和刚完成的前1条测试记录(时间信息)。显示屏信息有:每个实验台安排信息窗口、总测试完成窗口(有标准时间比对,测试超时标注),形成数据库文件保存记录和文件方式发送。

④数据集成查询:建立上传测试样机实验报告总库,每条记录有测试结果、测试耗时等记录,该数据可以与公司网络连接或具备上传功能,测试完成的实验数据均能够在该系统查找,不影响且不占用实验室测试电脑的使用时间。

⑤测试电脑投屏功能:将所有台位测试软件界面集中投屏,便于统一查看测试信息以及数据对比分析。

(三)应用场景三:自研KIVA机器人智能物流项目

作为赣州基地配套车间之一的两器车间,在日常生产过程中需要不间断向总装车间输送冷凝器等部件,传输距离长且有明显的高度差异。为提升自动化水平,摒弃传统人工转运作业模式,改用"自研KIVA机器人+调度系统+平面库"实现自动物流。主要建设内容为在两器车间、总装车间下线或上线区域部署自研KIVA机器人实施转运,在存有高差区域建设提升机,在车间之间建设传送带。实现自动传输线完成跨楼层、跨车间自动转运模式,打通物流断点上的"最后一公里"。该应用试点目标效果如下:

1. 焊接下线

焊接产线下线时,用平板/PDA录入物料信息发起入库任务,WMS系统把任务指令下发给AGV系统,AGV分配AGV小车执行半成品入库搬运任务。

2. 氦检要料

氦检产线要料时,人工在平板/PDA发起要料申请,WMS系统把任务指令下发给AGV系统,AGV分配AGV小车执行出库搬运任务,优先使用输送线下线物料。

3. 空托盘组回收

码盘机码满后,自动产生空托盘组回收的任务,AGV系收到任务申请后,分配AGV小车执行任务,AGV前往码盘机取空托盘组搬运至空托盘组缓存区,实现空托盘组自动回收。

4. 空托盘入库

空托盘组输送至提升机口处的位置,由AGV搬运至一楼空托盘组平面库。

该项目采用自研 KIVA 机器人及配套中央集控系统(RCS 系统),与赣州基地 ERP、MES、PDA 等核心系统或硬件网络互联。试点成功将改善车间物流配送效率,且能够逐步推广至其他分厂。

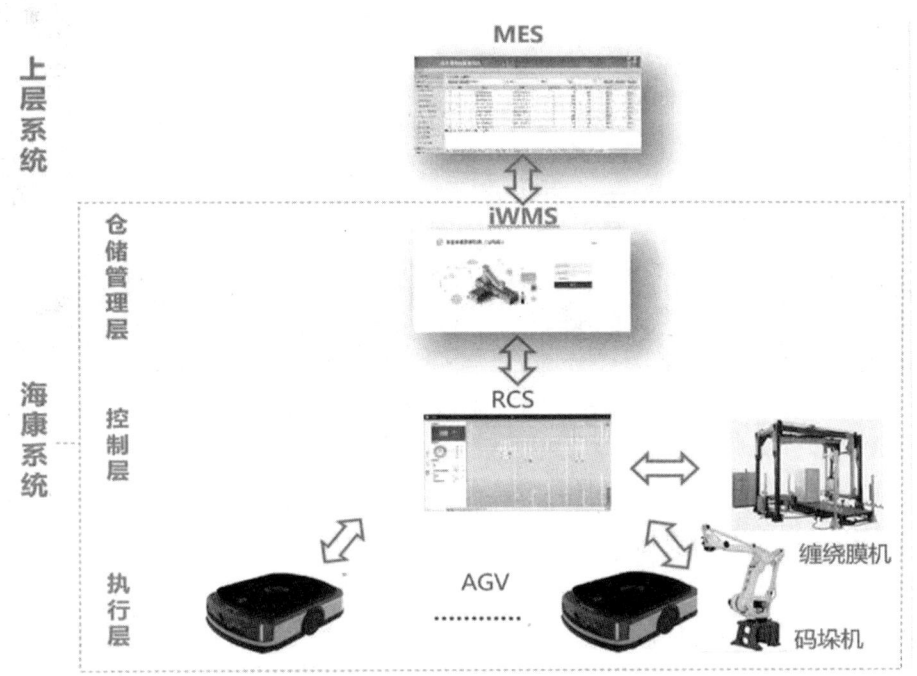

图 3　智慧物流 KIVA 机器人系统图

(四)应用场景四:注塑机可视化数据采集平台

可视化数据采集主要用于设备信息采集,实时监测及预警。选取注塑车间的注塑机为对象,通过加装数采模块,接入工业互联网,实现设备数据实时传输至数据中心。数据中心建设有可视化管理平台,对所采集的数据进行有序归档、清洗、筛选后展现在可视化看板,可在车间或办公室投放展示。基于设备数据采集及可视化监测,实现对注塑机设备数据数字化、设备数据实时化以及设备模型虚拟化等功能。当前投入生产的注塑机无法直接与工业互联网通讯,引入市场中成熟的 PLC 通讯模块,将设备信息由串口信号转化成网络信号进入基地工业互联网。

(五)应用场景五:车间大数据可视化综合看板

赣州格力建设有三大核心系统(ERP/MES/WMS),基于工业互联网实现与

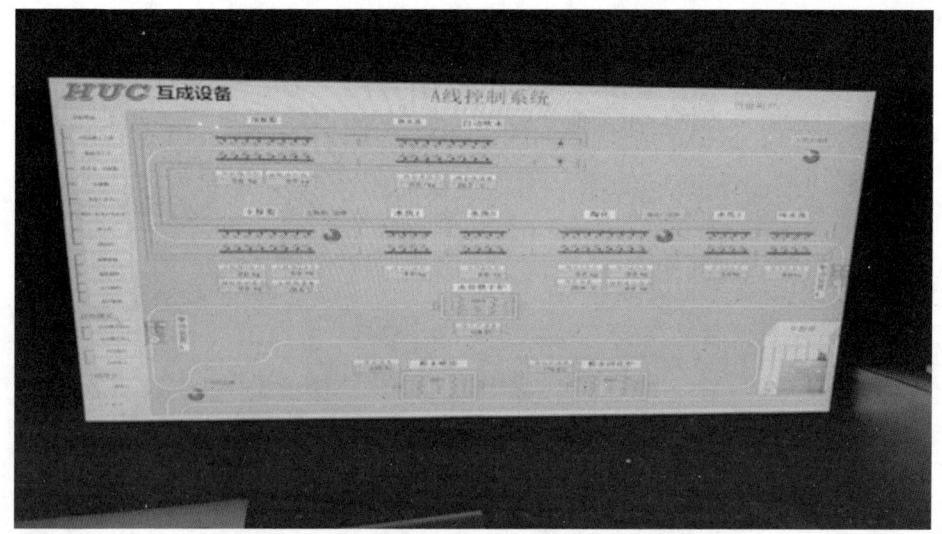

图 4 基于 WINCC 自动化喷涂线数据可视化

PDA、一体机、打印机、平板电脑、数采系统、生产设备实现互联互通。为了更好地服务生产过程,对信息的监测和预警更为有效,依托于大数据分析报表平台开展各类可视化看板开发,满足各单位展示、监测需求。本次项目规划生产过程看板、实验室与质量管理看板、钣金喷涂生产看板、成品与齐套数据看板等。各类看板将通过 LCD 拼接屏、大尺寸液晶电视或 LED 点阵巨屏展示在相应位置。重点安装位置有总装集控中心、联合办公室、各分厂生产线及预装线。同

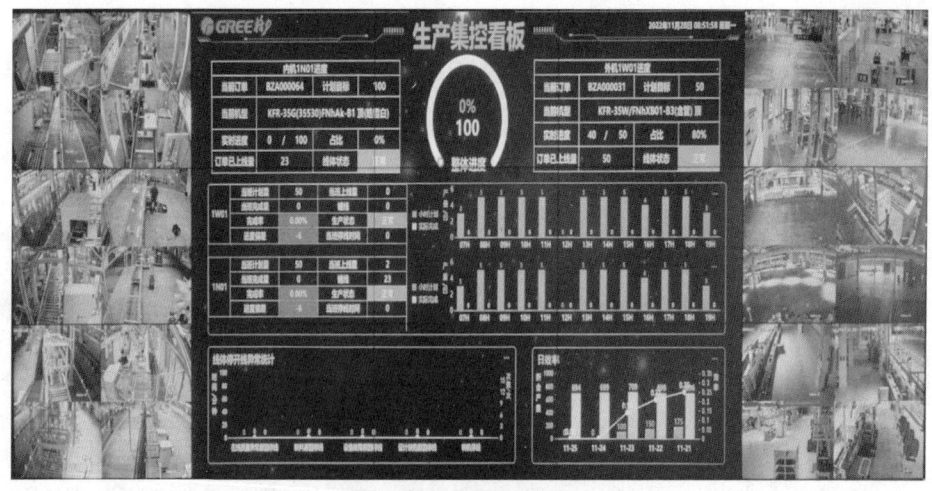

图 5 实时生产数据可视化

步开发独立客户端(赣格智管 APP)实现移动端生产数据查看。

三、迎下线、冲产量,数字化场景绽放科技魅力

2022 年 6 月 29 日,赣州格力首套空调顺利下线,江西省委副书记、赣州市委书记吴忠琼,格力电器董事长董明珠共同为赣州格力首套下线空调揭幕。2022 年 11 月 29 日,赣州格力顺利通过 3C/节能认证审核,标志着赣州基地生产的空调产品可以走向市场,意味着公司的生产经营和质量管理等方面得到了行业的规范性认可,也代表着实施的 3D 视觉检测、智能化实验室等场景通过了考验。

2023 年 2 月 27 日,赣州格力总装分厂实现单班单线产出产量 2500 台。从 2022 年 10 月开始,赣州格力便不断尝试产量目标突破,这不仅是对企业员工的巨大挑战,也是对全套应用场景和设备的高标准要求。2023 年 3 月,赣州格力下达日产超过 1 万台的任务目标,开启生产设备日夜不停线的征程,也等同于对数字化应用场景开展最后的考验。最后成效斐然,视觉检测设备故障率几乎为零,智能化实验室高效地解决了产品测验和资源管控,钣金自动化喷涂线的实时数采有效辅助保全人员解决停线异常,缩短故障时间。由信息技术科主导开发的各类数据看板,准确、实时、多方位展示生产数据,助力调度和应急响应。

该项目旨在提升赣州格力生产基地智能智造水平,其固有效益脱离不了企业年产 300 万套的经济效益。据埃森哲统计,数字化改造可提升 14%的营收、12%的利润,项目的应用试点将有效拓宽数字化生产线的普及,持续提升年产目标下的利润空间。

在赣州格力公司内部,信息技术提高全要素生产率(TFP),对企业的直接贡献相当可观,例如视觉检测及实验室的投资建设改善产品生命周期,与企业"十年免费包修"的服务承诺呼应,是对产品质量承诺的切实落地措施,KIVA 自动化物流综合评估可实现 8 人次减员,并有效改善配料效率,数据采集及大数据看板是结合工业 4.0 趋势衍生的必然改进,也是先进技术在生产制造领域的应用结果,其带来的效益会分别体现在工艺改善、人员优化、效率提升、防错防呆等多个方面。

赣州格力智能制造基地的建设成果将充分展现格力作为"标杆"的平台实力,不仅能够拉动上下游企业落户南康,提高数字经济产值,更能支持本地中小

企业创新科技成果顺利商业化，促进知识扩散，良性发展。

结　语

格力电器（赣州）智能制造基地的建成投产，对南康现代家具产业集群发展、赣州制造业发展，以及赣州对接融入粤港澳大湾区有着特殊意义，同时也成为赣州打造"中国制造2025"的"新标杆"。依托格力电器强大的自主研发能力，带来了先进的生产理念和制造技术，以"实体工厂+数字云平台"的模式，打造家电行业工业4.0样板工厂，为全市制造业的智能化升级提供了示范和标杆。

晶科能源:数字化助力企业供产销智能运营

引 言

2006年在江西上饶这片沃土上,晶科能源股份有限公司以600万元投资起步,从光伏产业链的一隅——硅料分拣业务迈入光伏行业。在光伏行业历经波折、暗潮汹涌的发展历程中,晶科能源异军突起,实现了"全球销售、全球制造、全球投资、全球服务"四大业务战略的全面升级。

晶科能源自2016年起,连续四年稳居全球光伏组件出货量榜首,直至2023年第一季度,累计出货量突破150吉瓦,稳居行业首位。晶科能源在全球光伏产业贸易冲突不断的大背景下,准确洞察市场趋势,持续改革创新,凭借非凡的决心、敏锐的战略视野与果断的创新执行,成功发展成为世界领先的光伏制造企业。在企业内部,数字化的硅片、电池片、组件垂直产业链一体化供应与销售管理,为企业的降本增效提供了关键助力,已成为企业核心竞争力的重要支撑。此外,晶科能源还积极推广太阳能技术应用,为全球可持续发展做出贡献。通过不断提升光伏发电效率,降低系统成本,晶科能源将推动太阳能产业持续发展,助力实现全球能源结构转型,为应对气候变化提供强大支持。

未来,晶科能源将继续坚持创新引领,推动光伏产业发展,致力于实现光伏发电的平价上网,助力全球能源转型。通过不断提升技术水平、优化生产流程和加强品牌建设,晶科能源有望进一步巩固其在全球光伏产业中的领先地位,为全球绿色发展和可持续未来贡献力量。

一、直面行业痛点,提出数字化转型目标

我国光伏产业的发展进程虽几经曲折,但现已构建起一套成熟且具有竞争力的光伏产业链。经过十年的发展,中国的光伏设备装机总量实现了1000倍的增长,电价下降了80%,使得中国在光伏技术、规模和成本方面成为名副其实的全球领先者,在规模方面也占据了全球70%以上的市场份额。

短短十年间,中国光伏产业实现了从追赶、并行到全面超越的华丽转身。然而,这一华丽的转型是在上一阶段的投资热潮背景下完成的,投资热潮直接导致了我国光伏制造业产能的快速扩张,也直接导致现阶段我们面临着低端产能过剩、自动化生产水平不高、智能制造和数字化进程仍需加强的问题。

对于晶科,同样面临着光伏产业的数字化转型升级问题,且这一问题亟待解决、迫在眉睫。

主要的挑战涵盖了以下几点:

1.智能制造装备的总体水平仍然有待提高,这使得我们无法充分发挥智能制造系统的优势。目前,制造业中的关键设备数控化程度仍然相对较低,这无疑限制了智能制造进程的推进。

2.在生产过程中设备的管理和监控方面,存在严重的信息录入效率低下的问题。信息录入的速度和准确性对于制造流程的顺畅进行至关重要,而目前在这方面存在较大的提升空间。

3.业务管理系统之间仍存在相互独立的现象,这使得信息无法顺畅地在各个系统之间流通,从而对企业的协同效率和整体运营效果产生负面影响。

4.由于制造业依赖人工进行产品质量检测,产品质量的一致性和稳定性受到了影响。采用自动化和智能化的检测手段可以显著提高产品质量,并降低人工成本。

5.制造信息和管理信息的全程透明度和共享性未能实现,这限制了高度智能化生产的实施。高度智能化的生产系统需要实时共享和监控生产过程中的各种信息,以便实现更加高效和精确的生产管理。

6.在光伏产业数字化领域,由于缺乏成功的经验和相关的标准,使得可复制推广的数字化新模式的试点示范成为一个难题。成功的数字化新模式需要经过充分的试点验证,以确保其在实际应用中的稳定性和可靠性。

为应对上述情况,晶科能源股份有限公司在2020年提出了智能化、数字化、信息化"三化战略",目标是到2023年,智能光伏工厂建设成效显著,自动化、信息化、智能化取得明显进展;智能制造技术与装备应用实现突破,光伏智能制造的软件应用显著提升;智能光伏产品供应能力增强并形成品牌效应;全产业链智能运维水平大幅提升并在全球基地推广应用。

二、破解企业困局,实施晶科数字化方案

(一)拟破解的实际问题

晶科能源的新型太阳能电池组件已成功推出高达30年的功率质保服务,且随着产量的日益增长,传统的手工档案存储方式将消耗大量的物理空间,且产品追溯查询的过程也显得尤为繁杂。目前,终端客户普遍要求上游与中游的企业提供关于光伏产品的生产信息溯源,这使得企业必须对硅片、电池片以及组件的全产业链生产线进行智能化与数字化的改造与升级。晶科能源启动的全产业链数字化协同项目的主要目标是解决以下实际问题:

1. 运营成本过高的问题

目前,大部分传统生产车间的工作流程相互独立,各设备间亦缺乏联系,由于原材料的多样性及大小批量的复杂性,许多传统的串焊等工序往往依赖于人工操作,人工成本在加工成本中的比例高达60%至70%。除此之外,传统的人工排程和调度系统的精度较低,工序间的等待浪费现象突出,使得其难以适应实时或预测产能,从而频繁调整排程计划,进一步加剧了排程的被动性,对生产的稳定性造成影响。

2. 企业信息孤立的问题

在业界,晶科能源率先建立起了从硅片至组件的垂直整合全产业链生产模式。其旗下在中国、马来西亚、越南及美国等地共设有14个全球生产基地、8个研发中心,以及35+个全球服务中心和35+个海外销售公司。然而,各基地、子公司间的业务流程与管理存在相对独立性,上下游业务的融会贯通程度不够,资源配置也存在隔离,协同效率较低。此外,对累积的大量数据缺乏整合分析手段,从而无法为管理层提供有效的智能决策。

3. 产供销协同效率较低

公司产供销协同性不强,其计划制定过程中未得到科学的指导。传统车间的生产计划制定与产能、库存、采购和销售等环节的情况存在一定程度的脱节,各环节数据无法实时获取,导致环节间衔接出现问题,从而无法实现最优的库存管理,以及预测需求变化、供应链波动和产能异常等。这导致无法进行计划策略的实时调整和优化。此外,数据可视化程度较低,缺乏基于数字孪生模型的分析和预测方法,导致生产运营决策的效率较低。

(二)实施方案的具体举措

1. 项目目标

借助新一代信息技术(云计算、大数据、物联网、人工智能),以业务需求为驱动,针对企业内供产销一体化、全产业链追溯、订单全链路跟踪等数字化难点,开展技术创新与应用。通过提升数据应用水平,连接流程、系统、人员和设备,实现垂直一体化全产业链数字化协同,从而推动产品品质提升、优化业务运作模式,提升用户体验,以满足产业链各环节数字化的需求。这些行动旨在助力我们公司完成业务数字化转型,解决运营成本高、业务信息孤立、生产销售协同效率低下的问题。

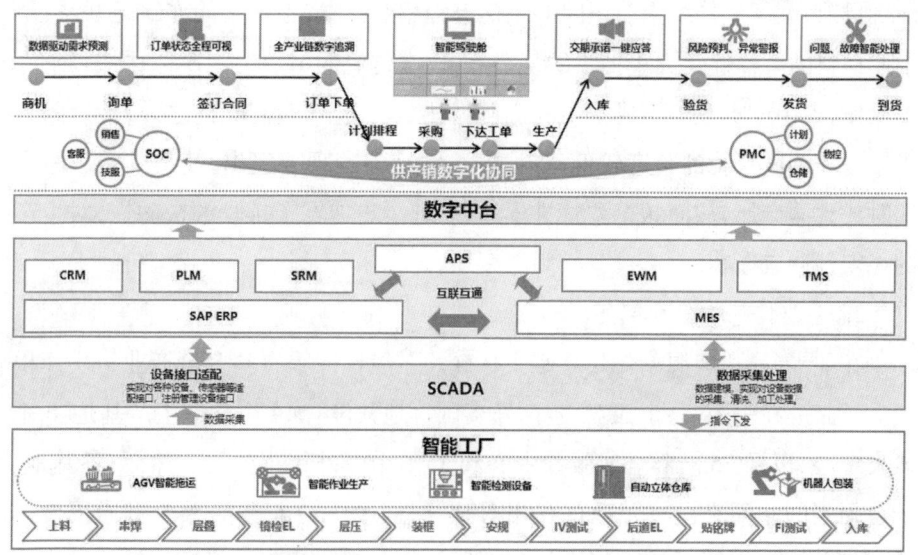

图1 打造供产销数字化协同新模式

2. 技术手段

通过运用物联网、人工智能、大数据、云计算、RPA、RFID 等技术,构建并优化诸如 SAP、ERP、APS、EWM、PLM、CRM、MES 以及数字中台等系统,以实现全产业链业务的数字化协同。

3. 实施步骤

全产业链业务数字化协同项目的构建是一个循序渐进的过程,整个过程以整体规划、分步实施为导向,旨在实现项目的稳步推进。该项目分为两个部分:供产销数字化底座建设与大数据应用建设。在项目的第一阶段中,主要工作涵盖供产销数据的改造、APS 自动化排程、智能工厂的优化升级、PLM 数字化工艺管理、CRM 需求协同预测和 SRM 供应链生态数字化连接等任务。项目的第二阶段是关于大数据应用的建设,包括订单全链路数字化旅程、全产业链数字化追溯以及数字化看板等内容。

为了提升太阳能电池组件在多产品兼容方面的性能,晶科以全过程自动控制为目标,涵盖从原料生产、组件组装、设备调试、检测至产品加工等所有环节。借助工厂间的互联信息网络系统,实现了生产、物流和系统管理的数据采集与可视化。利用虚拟工厂和规划策略,进行了生产模拟,优化了生产工艺并提升了生产效率;通过对全过程的数据监控,设备运行状态以及生产线的监控,晶科创建了可视化的集成控制中心,实现了生产及产品全生命周期的可追溯性,提升了产品质量的稳定性。晶科以智能工厂开发与运维平台为核心,构建了集成控制中心,开发了多产品线高效的光伏组件制造管理系统,对原料、生产、设备、供应链、物流等多个部分进行综合管理,实现了数据信息的数字化和共享,为生产和运营提供智能化决策支持。

以供产销平台为底座,融合 ERP、MES、SRM、CRM、TMS、CMS、EWM 等系统,实施供产销一体化,实现高效协同与集成;以大数据平台为支撑,构建订单全生命周期、全产业链追溯等系统,通过 BI 及驾驶舱平台展示,支持全产业链环节供、储、产、销、运全面协同。

4. 建设内容

(1) 贯通基础数据。通过 PLM 系统对生产主数据进行集中化管理,进一步实现生产主数据管理的系统化,助力全球生产基地灵活应对营销端客户需求的变化,为客户需求的迅速回应与柔性生产提供有力支持。同时,全球生产基地集成系统的管理也保障了全球主数据的协调管控。

（2）打通产销协同。打通营销端、计划端、产品端各个业务环节，为客户提供可选配的定制化产品，提供从商机询单开始即能通过系统预排方式，自动匹配库存或预排生产基地，自动回馈基于目前供应能力的可承诺货号时间，确定生产基地和材料搭配等，为订单评审提供系统计划数据的支持。打通前、后端系统数据交互，实现营销端下单自动化、流程化、系统化，细化商机询单与销售订单的信息录入，实现库存匹配的线上自动运算，极大减轻人力成本。订单变更与交期模拟的线上运算，并依此反馈结果，快速响应客户需求。

（3）协同生产计划。利用 APO 自动排产平台，实现自动化排程，取代纯手工排程，优化并固化排程逻辑，利用系统排程的高效性，可进行每日优化排程，以快速响应供应链环节的各种不确定性，同时系统提供各类计划结果分析和预警报表，计划人员可提前预警各类计划异常和变化。通过供产销业务平台建设扩大供应计划覆盖范围（销售业务机会、备货需求、公司业绩等）和延长计划展望期，对销售机会和远期需求提供可靠供应计划支持，协助销售提高成单率及准时交货率。从基于人为判断的 Excel 计划改为计划引擎驱动的、基于规则的自动计划，缩短计划演算周期（Planning Cycle），把计划人员从事务型、救火式工作中解放出来，转变为分析型、预见式计划，提高预见性。综合考虑库存与排程结果，快速确认客户订单交期，确保订单履行，并在需求订单变更（插单、删单、延单、换单）时，快速响应需求和订单的变更，自动再平衡。完全颠覆原有手工计划模式，实现计划的系统自动运算，重新梳理并统一规范所有前端业务流程，重新整理并细化系统内计划相关的主数据，搭建系统化的自动计划平台。

（4）链通供应商。通过 SRM 平台系统建立供应商协同沟通的统一平台，使得公司的采购需求快速传达到供应商，加强沟通协作，信息交互，实现订单、物流、财务对账及发票等业务模块的供应商协同。通过 SRM 平台加强采购全流程自动化管控，建立即时、整合、预警的平台，提升执行效率。

（5）订单全生命周期管理。实现销售订单业务流程的管理，从而降低交货期；销售订单在企业中的整个生命周期进行全程管控；对接单、设计、计划、采购、生产、入库、发货、开票、收款等各个业务环节中发生的业务过程进行全程追踪；及时发现异常、分析问题，提高订单的准时交货率和客户满意度。打通前、后端系统数据交互，实施销售订单开始到产品交付完成、持续改善的全过程管理,实时掌握订单、工单的进展情况,确保生产过程透明可控;可准确预测新订单的交期,快速回答客户交期确保承诺的可靠性,增强客户信任感;当有新订单或急单时,能够自动插单到适合的顺序,实现有序插单大幅降低计划人员工作量,提升计划排程速度和质量;能够创建稳健的生产计划,计划排程结果受异常波动影响较小避免频繁调整生产计划,轻松应对各种异常情况。

（6）数据集成。通过应用间的数据交换从而达到集成,解决公司各系统——Salesforce CRM（云、API 接口）,SAP（HANA、BW）, MES（Oracle、SQL Server）,TMS、CMS（Oracle、SQL Server）,财务共享（Oracle、HANA、BW）,泛微 OA（Oracle）,HR 系统（SAP、SaaS）,各类文件系统（Linux、Windows）,考勤、门禁等行政系统（SaaS、Oracle、MySQL、SQLServer）,SCADA 等工业制造系统;IoT 系统等数据的分布性和异构性的问题。通过大数据平台统一集成各系统数据,形成数据中台,提供高速、稳定、安全的数据支撑各应用平台;促进系统中的数据流。

（7）BI 数据可视化。BI 数据可视化主要旨在借助于图形化手段,清晰有效地传达与沟通信息,应用 3D 图形展示数据更加生动与形象。对数据进行数据分析后,结果可视化帮助用户更好地理解数据信息,挖掘数据价值。让数据进行视觉对话,将数据分析技术与图形技术结合,清晰有效地将分析结果信息进行解读和传达。数据和数据可视化进行相辅相成,数据赋予可视化以依据,可视化增加数据的灵活性。通过 BI 直观、全面地展现企业日常业务的情况;公司

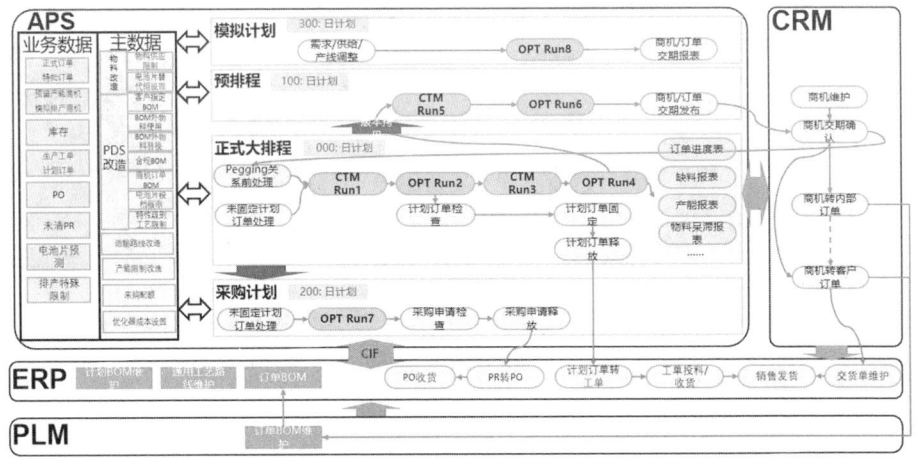

图2　打造供产销数字化底座,实现供需自动匹配

领导层可以通过图表快速、直观地了解到目前公司的生产数量、品质、库存、销售等情况;通过 BI 系统减少人工处理,提升工作效率,自动化生成相关报表;通过智能 BI 报表倒逼,统一公司指标、消除争议。

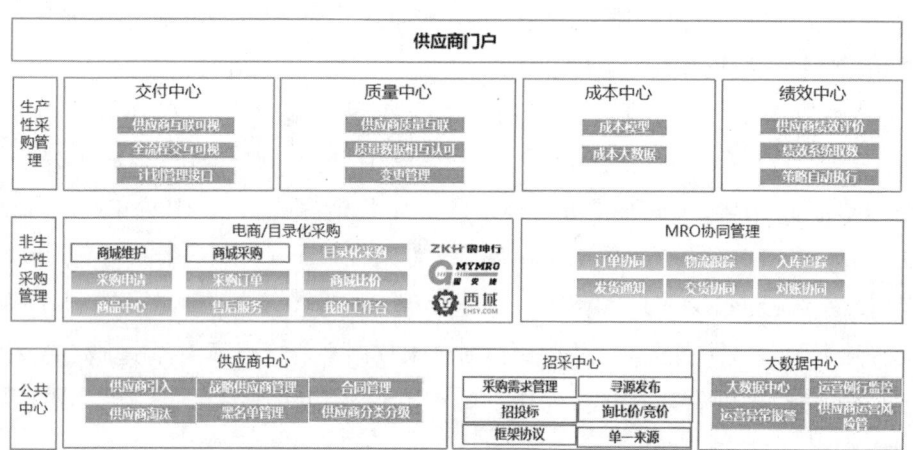

图 3 构建供应商协同平台,实现供应链全流程贯通

通过两大主线建立正反向全流程全产业链追溯体系,依托 CRM、SAP HANA、MES、大数据平台,以合同号实现正向追溯,以组件序列号实现逆向追溯,连通组件、电池、晶硅全产业链生产过程数据,规范生产过程管理,助力产品品质提高,满足客户、销售、品控、售后等用户对产品的追溯需要,提升用户体验。

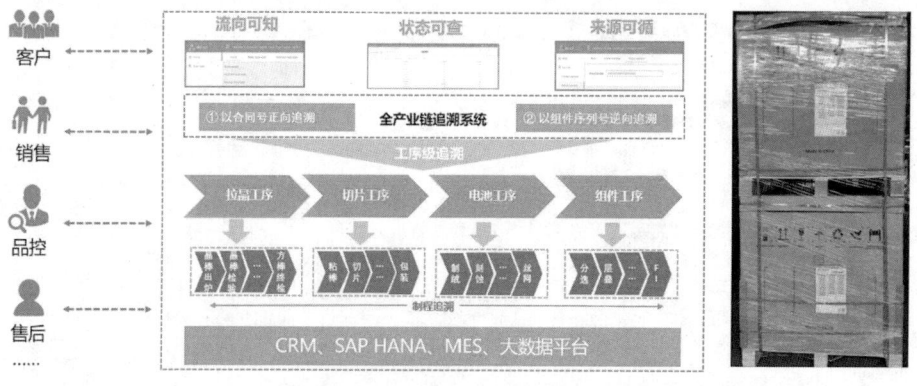

图 4 产业数字化升级,支撑工序级全产业链数字化追溯

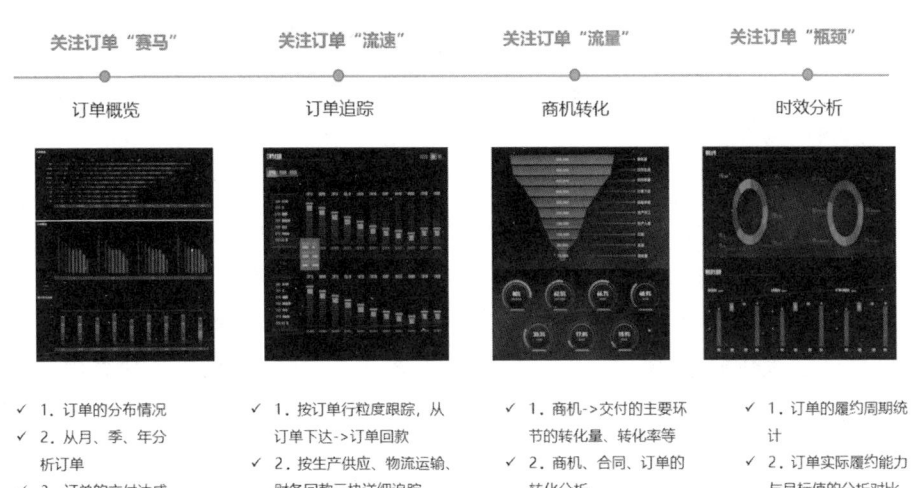

图 5　订单全链路数字化旅程,业务连接更智慧便捷

三、项目成效显著,形成晶科数字化示范

(一)项目取得具体成效

(1)供需匹配效率获 10 倍以上提升,实现研发、市场、销售、供应链、服务的端到端业务流程打通,支撑供需精准匹配,匹配效率提升 12 倍,供需匹配效率由 48 小时提升至 4 小时。

图 6　晶科能源超级智能工厂

（2）提高订单时效、人效、回款效率，集成销售订单、生产、库存、收款、物流等过程信息，形成产销联动的数字化展示，提高了订单时效、人效、回款效率，使订单交付周期缩短25%。

（3）库存周转天数降低15%，启用产销协同新模式，实现单据、收发、财务一体化、线上一拖一批次，库存匹配更便捷，快速支撑公司简库存调拨业务，柔性适应贸易路线变化，库存周转天数降低15%，年节约库存周转资金上亿元。

（4）产品功率命中率提升至99.7%，供产销平台连通组件、电池、晶硅全产业链生产过程数据，依据后台大数据智能推荐最优物料组合，产品功率命中率由98.2%提升至99.7%，每年减低分档损失2亿元。

图7　晶科能源BI数据可视化

（二）晶科数字化模式经验

1. 项目创新亮点

（1）构建供产销协同平台。打通生产、销售、供应链条，做到供需自动匹配；全面整合集团各业务系统，实现所有环节的数据共享，提升了集团供产销协同、全渠道营销、业务财务一体化。

（2）搭建供应商协同平台。建立供应商协同沟通的统一平台，使得公司的采购需求快速传达到供应商，加强沟通协作，信息交互，实现订单、物流、财务对账及发票等业务模块的供应商协同。

（3）建设大数据平台。本项目配置的大数据平台，晶科能源基于云计算等技术的数字模式，将现有的网络化制造和服务技术同云计算、云安全、高性能计算、物联网以及各种评价筛选模型等技术进行融合，从而实现各类数据资源的统一、集中智能化管理和经营。

（4）产品数据拉通。通过 PLM 系统实现生产主数据的管理系统化，支撑端灵活支撑营销端的客户变更，助力客户需求快速响应与柔性生产，全球生产基地集成系统管理，实现全球主数据协调管控。

（5）全量全要素数据采集。应用 RFID、物料物联网、现场总线、以太网等通讯方式，全面打通设备与设备、人与设备、人与人的交互通道，全面实现生产制造全要素的连接和反馈。本项目在建设过程中，以现场总线、以太网等通讯方式，打通设备与系统之间、系统与系统之间双向传输通道。设备配置逻辑控制器 PLC，实现用户端实时获取机台的运行参数，通过数据分析和可视化集成，打破不同设备的数据壁垒，实现数据透明共享。

（6）数字化运营。充分利用数据的挖掘与展示、通过大数据平台可满足及时了解工厂生产过程和质量信息实现智能运营的需要；使工厂"透明化"，满足管理层和员工"看得到"实时信息的要求。

2. 项目推广价值

在业界率先构建起全产业链数字化协同平台，积极推动行业数字化进程，起到良好的示范和引导作用；全产业链追溯系统有效满足海外对于"双反"及客户对产品生命周期追溯的需求，为国内企业应对全球化挑战积累宝贵经验；这项工作还推动了行业内上下游产业链产、供、销、财务等全流程的协同。晶科能源公司成功承担了一系列国家级试点示范项目，如"智能制造试点示范项目""工业互联网应用试点示范项目""人工智能与实体经济深度融合创新项目""物联网集成创新与融合应用项目""大数据产业发展试点示范项目"等，取得了"智能制造优秀场景""中国光伏绿色制造创新贡献奖""中国光伏智能制造示范应用创新推动奖"等成果。

结　语

产业数字化已成为驱动晶科能源高速发展的新引擎。未来,晶科能源将积极探索数字化技术在全产业链的应用,加强数据价值的挖掘,丰富应用场景,创新业务模式,不断提升产业链垂直一体化的核心竞争力,引领绿色能源发展,助力我国实现"碳中和"宏伟目标。

智慧城市

党的二十大报告提出,"加强城市基础设施建设,打造宜居、韧性、智慧城市"。建设新型智慧城市,是群众对更美好城市生活的向往,也是城市高质量发展的必然追求。随着数字技术的迅猛发展,当今社会逐步迈入数字化新时代,数字技术正深刻影响着经济社会各领域各环节,为城市治理提供了科学化、精准化、智能化的工具,越来越多的"数据跑"替代"群众跑",为人民群众生活带来实实在在的便利。本篇精选了六个智慧城市案例,譬如新余和上饶的城市大脑项目、赣州和萍乡的城市运行管理平台项目、赣江新区的数字孪生等,旨在为江西省其他设区市、县开展智慧城市建设提供一些经验参考。

以城市大脑数聚虔城,智绘新赣州

引 言

党的十九大以来,习近平总书记视察江西南昌、赣州等地,希望江西全面贯彻落实党中央决策部署,统筹推进"五位一体"总体布局,协调推进"四个全面"战略布局,努力在加快革命老区高质量发展上作示范、在推动中部地区崛起上勇争先,描绘好新时代江西改革发展新画卷。《江西省国民经济和社会发展第十四个五年规划和二〇三五年远景目标纲要》提出要"建成南昌、九江、赣州、鹰潭、吉安等地'城市大脑',推进城市空间的'一张图'数字化管理和城市运行'一网统管'";《"智联江西"建设三年行动方案(2021—2023 年)》(赣府厅字〔2021〕31 号)文件中,明确要求赣州开展"城市大脑"项目建设。

当前,赣州市正聚焦"作示范、勇争先"目标定位和"五个推进"重要要求,加快建设省域副中心城市和国家区域中心城市。赣州市紧抓历史发展机遇,以"数治赣州"智慧城市运行管理中心(赣州市"城市大脑")建设为抓手,通过体制机制创新,深化数据资源共享利用,打造城市建设发展的新基础设施、城市治理现代化的新平台、服务市委、市政府决策的新载体,促进政府职能转变和治理能力提升,增强民生服务保障,优化营商环境。

一、赣州"城市大脑"项目背景

"城市大脑"是基于城市学的生命体、有机体理念,以系统科学为指引,利用人工智能、云计算、大数据、物联网等先进技术,为城市交通治理、生态环境保护、城市精细化管理、区域经济管理等构建的系统。它是利用人工智能、大数据、5G、物联网、数字孪生、VR、AR 等新一代信息技术,为城市交通治理、公共安全、应急管理、网格防控、医疗卫生、旅游、环境保护、城市精细化管理等构建的人工智能中枢,推动建设并打通各类城市数字化管理平台,利用实时全量的城市数据,及时修正运行短板,优化城市公共资源,实现城市治理模式、服务模式和数字产业发展的高质量突破。2020 年 3 月 31 日,习近平总书记视察杭州城市大脑运营指挥中心时指出,运用大数据、云计算、区块链、人工智能等前沿技术推动城市管理手段、管理模式、管理理念创新,从数字化到智能化再到智慧化,让城市更聪明一些、更智慧一些,是推动城市治理体系和治理能力现代化的必由之路。

建设"城市大脑"是实现高质量跨越式发展的内在要求,是实现城市治理体系和治理能力现代化的重要载体,是践行以人民为中心发展理念的有效抓手。党中央、国务院高度重视新型智慧城市建设。党的十九大报告提出,要推动互联网、大数据、人工智能和实体经济的深度融合,建设网络强国、数字中国和智慧社会。《中华人民共和国国民经济和社会发展第十四个五年规划和 2035 年远景目标纲要》提出要加快数字社会建设步伐,"分级分类推进新型智慧城市建设,将物联网感知设施、通信系统等纳入公共基础设施统一规划建设,推进市政公用设施、建筑等物联网应用和智能化改造。完善城市信息模型平台和运行管理服务平台,构建城市数据资源体系,推进城市数据大脑建设"。党和国家的一系列重大部署为我国"城市大脑"建设奠定了社会认识基础,指明了工作发展方向。2021 年 6 月以来,赣州市委、市政府多次主持召开项目建设调度会议,强调各地各有关部门要充分认识建设"城市大脑"是推进智慧城市建设、促进城市高质量发展的重要途径。在赣州市委、市政府的关心指导下,市国投集团推动成立了市领导挂帅的"城市大脑"建设工作领导小组、建设工作专班,通过定期调度、集中办公的方式,及时掌握项目整体进度,协调解决项目建设过程中存在的重点难点问题,抽调相关单位人员适时按需集中办公,合力攻坚项目建设。2022 年 9 月,市国投集团与市行政审批局联合制定了百日攻坚行动方案与实施方案,并召开项目启动会。2022 年 12 月以来,区块链基础平台、数字政务云大厅数据生命周期平台等重点平台已部署上线试运行。

二、赣州智慧城市建设现状及存在的问题

赣州市在智慧城市建设方面取得了一定成绩,但也存在体制机制、资源共享、创新应用、新兴产业发展及人才体系建设等方面一系列问题,对赣州市智慧城市的可持续、高质化建设发展造成了不利影响。

(一)缺少规划与顶层设计,纵横两向统筹协同难

智慧城市建设涉及通信、教育、医疗、能源、交通、商贸、公共安全和政府服务等众多领域,建设领域广泛,牵涉部门众多。目前赣州市在信息化建设中缺乏长远规划及顶层设计,也缺乏相应的工作机制统筹、协调、管理、指导全市智慧城市建设。多数单位信息化建设主要是以上级部门要求或业务部门自身需求为主,缺少规划与顶层设计,单位间缺乏足够的沟通协调,导致在纵横两个方向,信息资源共享不全面、应用系统不互通、环境业务不协同、信息化成效不明显。

(二)统筹共性技术平台少,数据资源分散难聚合

目前,赣州多数市直单位业务系统已经上云,各单位业务系统物理集中但逻辑上相对独立,系统应用及数据整合难度大,目前已建的共享交换平台,主要是针对政务数据的共享交换。且市级很多业务系统为垂管系统,数据不在本地,无法对业务数据进行归集并分析利用。从整个城市角度,目前的业务及数据架构,无法为市委、市政府领导提供科学决策的数据依据。赣州市在平台建设上目前还存在以下问题:一是对城市的体征实时感知、动态预测预警等仍然存在诸多不足,对城市管理各类数据信息的一体化集成、全方位共享不足,包括经济运行、环境监测、公共安全等信息,未能整合企业数据、互联网等社会数据,尤其在物联网日趋成熟、应用越来越广泛的情况下,全市尚未建设统一的物联网平台;二是赣州市尚未建设能够支撑整个城市海量数据采集、存储、实时分析处理的城市级大数据平台,并以此为支撑搭建城市级共性技术和业务的能力支撑平台,结合先进的人工智能等技术,对各类应用提供支撑和赋能;三是赣州市尚缺乏统一的城市运行体征监测分析及可视化呈现,数据未能有效关联分析。对于城市事件的统一受理、智能自动发现以及智能分拨,和发达城市相比存在相当大的差距,尚未形成市、区县、街道一体化的城市运行综合管理体系。

(三)信息惠民服务滞后,老百姓获得感不强

赣州当前各单位信息化建设还是以满足部门或行业需求为目标,智慧应用项目"以人为本、服务为先"的特点尚不突出,解决城市和市民需求的能力不显著,主要体现在以下方面。一是智能化服务方式欠缺。线上服务方式如网上办事、移动办事、移动查询等民生服务平台或其他渠道的推广不足;线下服务方式如智能终端、便民服务站等数量不足。二是智能化惠民服务内容较少。医疗领域如预约挂号、就医指导、健康咨询、社区健康养护等服务还不完善;交通领域如信息实时查询、证照办理还不完善,与民众日益增长的交通方面的需求不相

匹配。三是创新服务推广应用不力。如医疗卫生方面居民电子健康档案价值未得到充分发挥，包括信息推送、健康养护等。

（四）城市信息化建设投入不足，难以支撑重大战略

赣州市互联网与传统产业缺乏深度融合，物联网和大数据等信息技术手段在生产、流通、预测、决策过程中尚未深入应用，电子商务等创新的应用模式亟待推广，园区信息化基础设施与管理服务能力亟待提升，在园区招商、企业一站式服务、宏观经济运行等方面尚未建立有效的信息化支撑手段。企业信息化总体水平基本处于初始阶段，信息化应用主要集中在经营管理方面，研发和生产过程信息化程度不高。综观以上，都是对信息化建设缺乏足够的投入。

（五）新兴技术赋能文旅不足，影响产业整体发展

赣州市文旅信息化建设总体相对落后，景区、酒店以及旅行社等涉及文化及旅游的单位及企业数字化水平低，缺乏完整的信息化应用系统对旅游资源信息及其相关信息采集、存储、管理、分析等，从而难以对旅游资源产业进行系统化整合评估。而且大部分景区开发模式单一，同质化现象严重，旅游体验无特色，收入主要依靠门票，市场营销意识极为淡薄，尚未实现企业化运作，这种以接待为主的营销方式制约了赣州市红色旅游产业的进一步发展。各景点数据共享不畅通，旅游大数据平台业务应用不完善，旅游智慧化、智能化水平有待提升。

（六）信息化人才匮乏，信息化建设力量薄弱

赣州市信息化人才匮乏，特别是政府部门信息化专业人才数量偏少，尤其是既懂技术又懂管理的复合型人才，导致信息化建设与管理衔接不紧，人才资源结构性矛盾突出，政府整体信息化建设力量比较薄弱。受赣州市区位环境及薪酬等因素的制约，高级专业技术人才难以引进，各单位普遍缺乏完善的人才培养及激励机制。由于信息产业发展滞后，软件开发、系统集成等方面的技术研发人才储备不足，能够适应信息化建设研究分析需要并提供一揽子解决方案的高级人才和团队缺乏，严重影响赣州市智慧城市的可持续建设运营，难以为赣州市数字经济的发展提供保障。

三、"城市大脑"建设目标及建设内容

（一）建设目标

对标粤港澳大湾区数字化治理体系，按照政务服务"一网通办"、城市运行

"一屏统管"、应急指挥"一键调度"、社会治理"一网共治"、普惠民生"一码智联"、营商环境"一触即享"的要求建设赣州"城市大脑"。通过数字底座、智慧平台以及应用场景等的开发,将"城市大脑"建设成为城市管理综合指挥智慧平台,不断提升赣州市省域副中心城市和国家区域中心城市功能和品质,推动城市治理体系和治理能力现代化。

(二)建设内容

项目按照统一体系架构、统一标准规范、统一建设运维的总体思路,以"数治赣州"为核心定位,以"城市大脑"基础平台为支撑,以数据治理赋能为驱动,以智慧应用场景为牵引,按照"1+6+N"的总体架构,建设具有赣州特色的"城市大脑",构建"数治赣州"智慧城市新型治理模式。

1套数字底座 搭建基础云平台、区块链基础平台、数据生命周期管理平台、视频汇聚智能分析平台、GIS空间地理信息平台、城市运行管理平台、物联网平台、数据中台、业务中台、AI中台等一套共性支撑平台。

6大智慧平台 基于"数治赣州"核心定位,构建智慧城市数字化治理新模式,以智慧城市发展需求为要,融合各类城市运行数据资源,建设政务服务"一网通办"、城市运行"一屏统管"、应急指挥"一键调度"、社会治理"一网共治"、普惠民生"一码智联"、营商环境"一触即享"6大智慧平台,赋能N个重点智慧应用场景,为政府、企业、群众提供智慧化一体化综合服务。

N个应用场景 按照"新建一批""升级一批""接入一批"的原则,围绕城市治理、经济运行、决策分析、政务服务、营商环境和普惠民生等领域,为N个城市智慧应用场景提供数据支撑和应用赋能。

1. 总体架构

依托现有政务云和数据共享交换平台打造城市大脑基础平台,为城市大脑提供统一的计算服务、存储资源、云数据库、大数据处理、云安全服务等基础资源服务,同时支持全量城市多源异构数据即时连接、调度和处理,为上层城市各领域应用及城市运行管理中心建设提供数据和业务能力支撑。项目按照"1+6+N"的架构设计,包括1套数字底座、6大智慧平台、N个应用场景,具体如图1所示:

2. 数据架构

城市大脑作为赣州市核心数字基础设施,需要与各部门应用系统、外部数

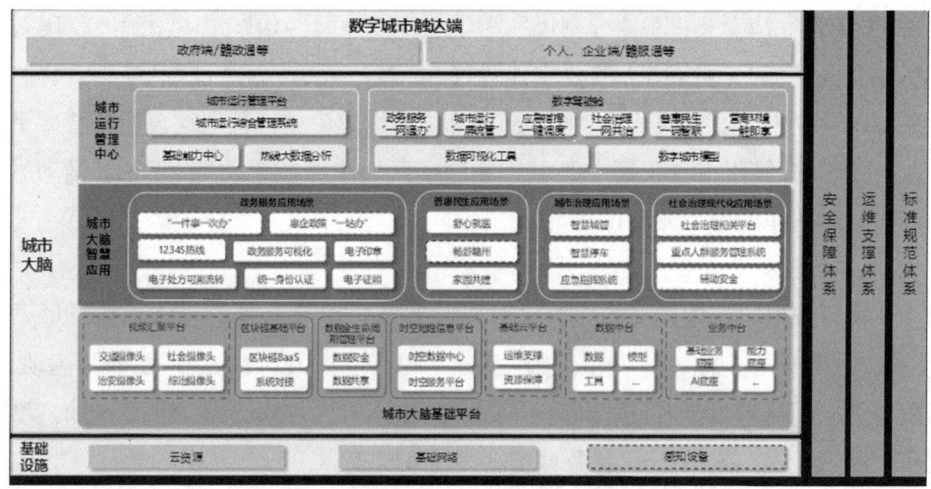

图 1　赣州市"城市大脑"项目总体架构

据进行数据共享和业务协同。城市大脑数据架构通过现有数据共享交换平台汇聚各委办局业务数据,并采集视频汇聚、时空地理信息和其他业务系统等数据,经过数据共享交换平台的数据清洗和治理,形成基础库和主题库,为城市运行管理中心以及各个智慧应用提供数据服务。各个智慧应用生产的数据回流到数据共享交换平台。城市运行管理中心提供事件智能引擎和智能算法,支持城市运行管理中心协同调度业务场景,与各委办局进行业务协同。数据架构图如图 2 所示:

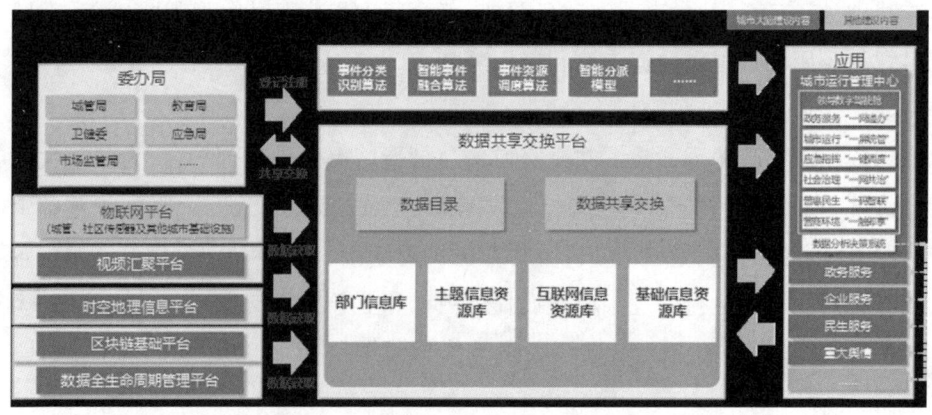

图 2　赣州市"城市大脑"项目数据架构

3. 网络架构

项目本期所有建设内容依托市政务云平台展开,市政务云平台总体规划为两个区,分别是政务区域和视频专网区域。政务区主要用于支撑各单位对社会公众提供的业务系统及政务部门、区县一级政府单位的非涉密业务;视频专网区域主要承载视频专网内的视频业务的分析处理。两个区的资源池独立建设,并通过网闸实现政务云区域和视频专网区之间的数据摆渡。政务区分为政务外网区和政务互联网区,两者之间通过防火墙和数据安全交换网闸来实现数据交换,满足数据安全和业务需求。

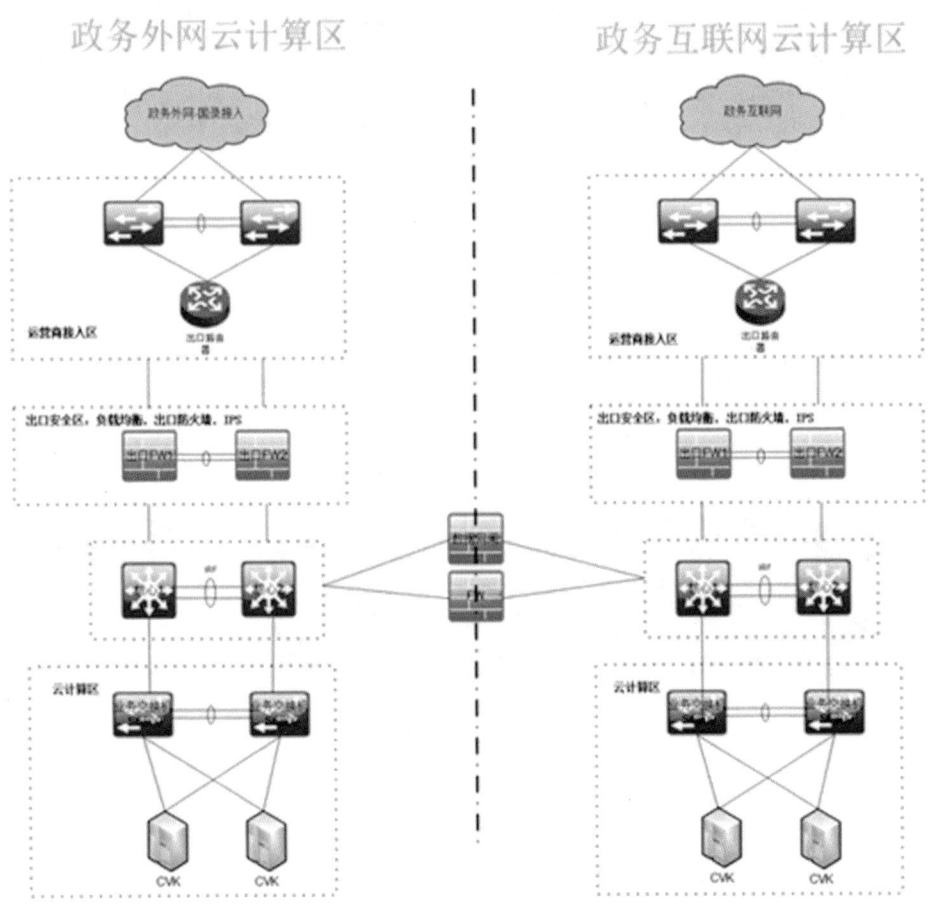

图3 赣州市"城市大脑"网络架构

4. 部署架构

政务互联网区主要部署城运中心移动端以及基于政府端和个人端的应用场景接入,政务外网区主要部署城市大脑基础平台及各个应用场景基础平台,数字驾驶舱(六大智慧平台及数据分析系统)按需从两个区分别接入政务外网数据和互联网数据,政务外网区和政务互联网区之间,通过防火墙和数据安全交换网闸来实现数据交换,在性能和带宽满足的情况下优先推荐使用网闸。项目部署架构见图4:

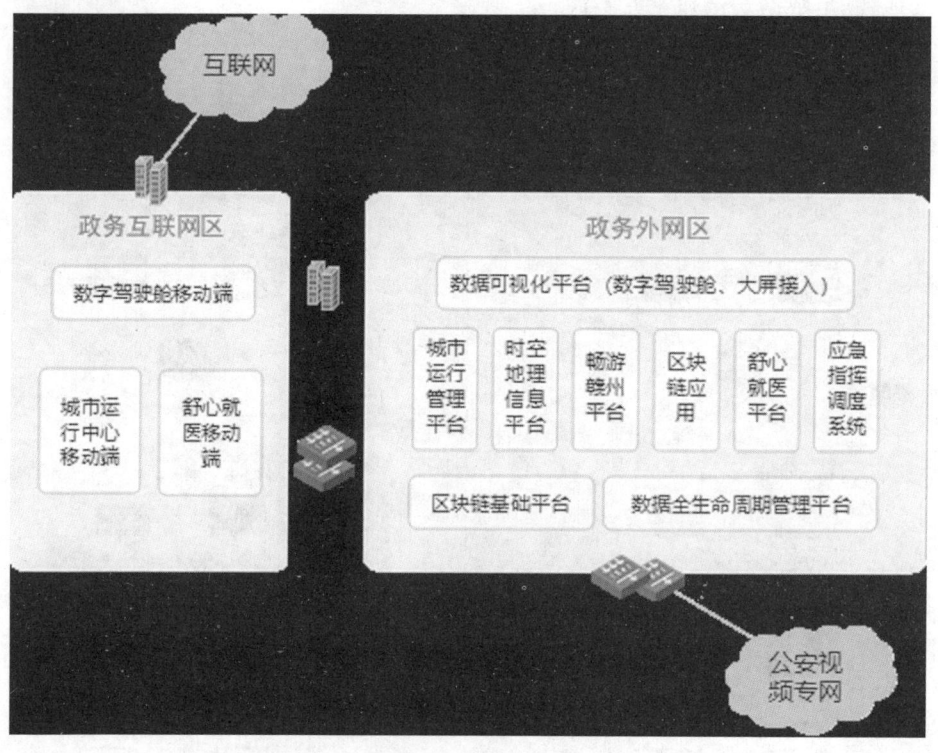

图4 赣州市"城市大脑"部署架构

5. 安全体系架构

(1)出口安全区

为了满足数据中心的全面安全防护需要,政务外网出口旁路部署框式高性能高端防火墙设备,吞吐量≥100G,并发连接数≥4000万,每秒新建连接≥80万。通过防火墙自身的1:N虚拟化防火墙功能实现对数据中心各业务区域安全域的规则划分及基础安全防护。部署入侵防御设备,采用入侵防御检测系统通过对数据中心访问流经该关键路径上的网络数据流进行2到7层的深度分析,能精确、实时地识别并阻断或限制黑客、蠕虫、病毒、木马、DoS/DDoS、扫描、间谍软件、协议异常、网络钓鱼、P2P、IM、网游等网络攻击或网络滥用,提供强大、实用的带宽管理和URL过滤功能。

部署WEB应用防火墙(WAF),支持基于规则的保护,支持丰富的规则特征库,并能够根据最新威胁实时更新。针对各种渗透攻击行为,用户开启这些规则对应用进行全方面检测,例如SQL注入、命令注入、cookie注入、跨站脚本、敏感信息泄露、恶意代码等安全策略,用于阻断来自互联网的渗透攻击行为。WAF提供双向报文检测,输入检测模块对WEB用户提交的Http请求协议头、请求内容进行细粒度解析,可分类解析URL、cookie、Method、Request body等字段,解析完成后对报文内容进行匹配特征库,当匹配SQL注入、跨站脚本攻击、命令注入攻击等特征后,对报文采用阻断、放行、仅检测、重定向等动作。WAF输出检测模块对服务器的响应协议头、页面内容进行解析,解析完成后对报文内容进行匹配特征库,当匹配目录遍录、错误信息、信息泄露等特征后,WAF对报文采用阻断、放行、仅检测、重定向等动作。

(2)云安全区

云安全区保障政务云内部安全。根据等保三级要求,分别在政务外网云安全区部署东西向防火墙、云负载均衡、漏扫等安全设备,构建立体、全面的安全防护体系。针对来自网络的常见攻击提供检测防御以及来自互联网的流量中隐藏的木马、病毒等各类恶意程序进行防御。在云安全区部署防火墙作为VPC业务网关,为多租户东西向流量提供防护,满足数据湖云租户间的安全防护需求。通过物理网络设备N:1虚拟化技术,简化网络部署,提高网络系统的可靠性。集成IPS功能,为整个云平台系统提供强大的安全防护功能。

在云安全区部署漏洞扫描设备,采用漏洞扫描系统,对整个数据中心Windows、Linux、DB数据库等进行扫描,能够在事前发现漏洞,分析和指出有关网络的安全漏洞及被测系统的薄弱环节,给出详细的检测报告,并针对检测到的网络安全隐患给出相应的修补措施和安全建议。系统漏洞扫描系统是提高内部网络安全防护性能和抗破坏能力,检测评估已运行网络的安全性能,为网络系统管理员提供实时安全建议等的主流工具。系统漏洞扫描系统作为一种积极主动的安全防护技术,提供对内部攻击、外部攻击和误操作的实时保护,在网络系统受到危害之前可以提供安全防护解决方案。并可根据用户需求对该系统功能进行升级。保证数据中心的安全,同时符合等保三级的要求。部署网页防篡改服务支持 Windows/Linux/Unix 系统,采用分布式和集中管控模式部署,支持常见 WEB 服务器如 IIS、Apache、Tomcat、WebLogic、Jboss 等;提供实时阻断、事件触发、核心内嵌、SQL 注入四重防护能力。

四、应用成效

(一)经济效益

1. 降低行政机关和商业的管理服务成本

通过建设城市大脑平台,实现公共管理服务信息化、网络化、智能化,提升协同共享工作能力,合理分配资源,提高公共管理服务的效率和效能,降低行政、商业与生活成本。

2. 减少信息化项目重复投资

赣州市"城市大脑"项目将统一建设市级政务云数据中心、公共服务平台、公共管理平台等基础设施项目,不断整合服务资源和服务手段,最大限度地利用现有信息化建设成果,整合存量信息化资源,防止重复建设,有效减少信息化建设重复投资。

3. 有利于深度挖掘数据要素价值

通过赣州市"城市大脑"汇集全市各委办局应用及数据情况,在政府允许的情况下,逐步探索数据产品市场开放。通过将业务场景进行抽象打包,形成场景化的数据产品,推动构建"以数据为核心、政府引导、市场主导"的数据交易模式,发挥政务数据要素的价值。

(二)社会效益

1. 促进"善政"

整合全市政务数据,打破信息孤岛,实现数据互联互通,充分发挥大数据对经济调节、市场监管、社会管理、公共服务的支撑作用,通过大数据的挖掘为政府在城市规划、环境治理、旅游服务、居民医疗、民政救助等方面提供强大的决策支持,提高社会公众对政府服务的认可度和满意度。搭建全市"市县同权"联动审批平台,分直接下放、下放实质性审核权、窗口前移三类事项,逐个梳理事项业务流程,实现118项事项"市县同权"联办。依托"一窗式"综合服务平台,建立"全市通办"功能模块,配置上线68项"全市通办"事项。

2. 推动"惠民"

通过建设与民生密切相关的智慧应用,如舒心就医、智慧旅游、智慧城管等,极大地拓展民众生活空间,改变传统"简单-平面"的生活常态,通过大数据的应用服务将使信息变得更加泛在、生活变得多维和立体,引领大数据时代智慧人生的到来。电子证照平台已完成与赣州通(赣服通)、赣州市一证通办系统、赣州市"一窗式"综合受理平台、赣州市不动产登记信息管理系统、赣州市住房公积金管理系统等10多个业务系统对接,签发电子证照492万余张,启用电子证照事项5514次。

3. 加快"兴业"

通过大数据的互联共享,使跨系统、跨领域、跨地域的数据共享成为可能,促进各类机构业务决策和管理决策更加精准、科学,推动行业融合发展,加快企业转型升级和商业模式创新,有效地带动大数据、人工智能、数字经济加快发展。

结　语

基于赣州市多年智慧城市建设成果,以大数据管理运营建设为核心,以城市运行管理中心建设为抓手,推动大数据、区块链、人工智能等新兴信息技术在赣州新型智慧城市建设中落地,将赣州打造成为"对标湾区,省内领先,智慧引领,科技创新"的新型智慧城市标杆,让城市更加精细,力争将赣州市建设成为全省市域社会治理典范城市。

萍乡市城管局："一屏观天下、一网管全城"

引 言

为贯彻习近平总书记关于提高城市科学化、精细化、智能化管理水平的重要指示精神，落实党中央、国务院关于统筹城市发展与安全、加强城市风险防控的决策部署，萍乡市城管局根据城市管理工作实际情况，以"善政、惠民、兴业、宜居"为建设目标，推动城市运行管理"一网统管"，提升城市运行管理服务水平，不断增强人民群众的获得感、幸福感和安全感，助推萍乡市数字经济发展。

萍乡市城管局以物联网、大数据、人工智能、5G移动通信等前沿技术为支撑，整合城市运行管理服务相关信息系统，汇聚共享数据资源，加快现有信息化系统的迭代升级，构建城市运管服平台"一张网"，通过对城市运行的态势全面感知、趋势智能预判、资源统筹调度、行动人机协同，带动城市治理由人力密集型向人机交互型转变，由经验判断型向数据分析型转变，由被动处置型向主动发现型转变，实现"一屏观天下、一网管全城"。

一、政策背景

2021年3月，《中华人民共和国国民经济和社会发展第十四个五年规划和2035年远景目标纲要》中明确要求，分级分类推进新型智慧城市建设，完善城市信息模型平台和运行管理服务平台，提升城市智慧化水平，推行城市楼宇、公共空间、地下管网等"一张图"数字化管理和城市运行一网统管。2021年12月，住房和城乡建设部印发《关于全面加快建设城市运行管理服务平台的通知》提出全面推动城市运行管理服务平台建设工作；2022年5月11日，江西省住房和城乡建设厅印发《江西省住房城乡建设领域推进数字经济"一号发展工程"实施意见》的通知，提出到2025年底，全省城市运行管理服务平台基本建成，形成国家、省、市三级互联互通、数据共享、业务协同的城市运行管理服务体系；2022年4月，萍乡市人民政府下发《萍乡市人民政府关于印发萍乡市开展城市运行管理服务平台建设工作方案的通知》，明确将平台建设纳入"数字萍乡"建设统筹管理，协调多部门联合开展建设工作，目前平台建设工作已基本完成。

二、自查自纠，直面城市管理困境

城市管理工作是城市健康运行和发展的重要的支撑和保障。随着社会的高速发展，城市管理的矛盾和问题日渐显现。萍乡市在近年来的发展中不断探索城市管理的方式方法，主动审视自身不足，挖掘城市管理痛点，旨在"对症下药"提升城市管理水平。

（一）城市管理手段不足

随着城市发展和市民生活水平的提高，人们对城市管理的期望也越来越高，传统粗放的管理方式越来越不适应现代城市发展的需要。以往的执法模式，主要聚焦在"发现问题—处置问题"单个流程，城市管理顽疾无法根治，如针对无证无照经营、跨门占道等城管执法高发案件，边处罚、边违规的现象频出，重罚之下不仅难以达到预想效果，而且还易激化执法矛盾。市容环卫缺乏全流程管理，对每一个设施设备缺乏全覆盖的监管，市政设施、园林绿化的基础数据、管养护、档案都没有形成信息化监管等。

（二）处理问题时效性不强

城管信息化建设不足，应用系统建设数量有限，很多方面还未建立智能化系统，例如市政、环卫、园林业务中出现问题，不能及时通知外包公司去解决问题，只能通过电话、微信联系，整个过程会占用双方大量的等待时间，处置过程缺乏监督，造成发现问题处理不及时，解决问题时效性差、效率低。

（三）公众服务能力欠缺

城市管理社会力量参与度低，对外信息服务窗口的建设不完善，在网上信息发布、公众信息互动、基础信息提供等方面较为欠缺，无法满足广大人民群众日益增长的公共服务需求。

(四)缺乏科学的数据分析

城市管理决策主要依靠经验进行决策。管理人员及行为特点等主观因素对决策结果影响较大,缺乏科学的数据分析手段和数据支撑,难以分析出高频多发事件,难以对城市管理大局进行准确的强弱分析和应对。

三、精细"智"理,打造韧性智慧城市

智慧城管平台信息采集监督员小张如常穿上工作马甲、戴上工作证、拿着手机,开始一天的巡查工作。他走街串巷,步履不停,在朝阳南路后埠街文化站发现一处暴露垃圾后,立即拍照、定位、描述问题,上传至智慧城管平台。作为城市的"移动探头",智慧城管平台信息采集监督员们每天穿梭在萍乡城区的大街小巷,以网格为单位,对共享单车乱停放、井盖缺失破损、沿街店铺占道经营等破坏市容环境问题进行巡查,并通过"城管通"App及时精准上报。

信息采集后如何被派发?多久能处置完毕?在智慧城管平台大厅内可了解完整的问题处置流程。占道经营、违章搭建、路面损坏、违章建筑、渣土撒漏等监督员上报的事件画面,在巨大的电子屏上快速切换着;平台操作员正对上报的信息进行核查,而后派遣至相应的处置部门;处置部门在接到处置任务后安排人员第一时间进行处理。"垃圾箱满溢、车辆违停等小问题在1至2小时内能得到解决,井盖破损、路面损坏等问题则在1至3个工作日内解决。"工作人员说,"问题解决后,我们还会再派监督员对问题地点进行回访,确保问题得到真正有效解决。"

萍乡市城市运行管理服务平台的顺利运行给人们的生活、城管的工作都带来巨大的改变。平台建设前,城管队员每日巡查辖区店外经营、占道经营等问题,工作量大,工作效率难以提升。如今,平台建成后运用视频智能识别、语音识别、图像识别、位置识别等技术实现更全面、更智能的案件采集、立案及自动任务派遣,并对处理反馈的内容实现远程视频核查、结案,有效地减少人工现场核查工作量。平台通过建立扁平化管理模式,将案件上报至结案减少为三个人工流转环节,即信息采集、处置反馈、审核结案,案件其他环节将由系统自动实时处理,包括案件自动分拨派遣、智能协同反馈等,同时部分案件还能实现智能立案、智能核实核查等。一件常规街面市容类案件,办理时间从过去的一两天甚至一周缩短到仅120分钟。

平台如何实现城市精细化管理？背后又有怎样强大的数据、系统支撑？萍乡市城市运行管理服务平台参照国家城市运行管理服务平台建设指南、技术标准、数据标准，按照应用体系建设、数据体系建设、管理体系建设和基础环境建设的体系框架，搭建了以"一图、一库、一平台"为核心的工作格局，展示了一个全新的城市"智"理模式，保障城市安全运行，实现城市管理向城市运行"一网统管"的转变。

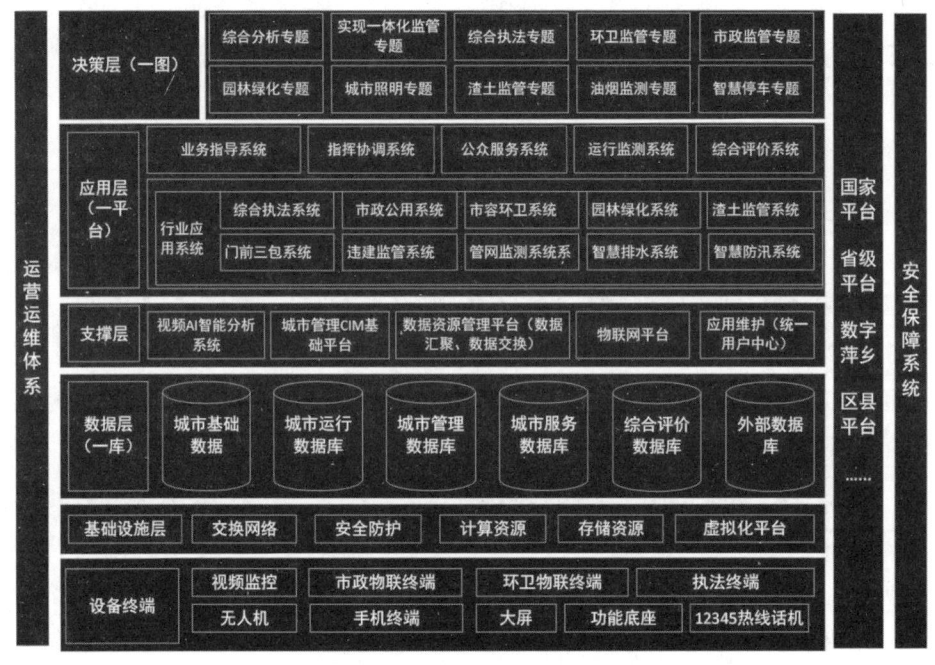

图1　萍乡市城市运行管理服务平台整体框架

（一）"一图"观全城

"一图"即城市运行管理服务一张图，是萍乡的智慧城市大脑，基于一张图可实现城市运行全局资源掌控。一张图汇聚各部门核心指标，能够精准呈现城市整体发展态势；一张图还能对行业业务进行精细化监管，可宏观展示萍乡市以及县、管委会的城市治理情况，包括城市治理综合分析、一体化监管、综合执法、环卫监管、园林绿化、市政监管、渣土监管等重点领域。

图 2 "一图"

（二）"一库"汇所有

"一库"即城市运行管理服务数据库，数据库充分利用和共享萍乡市数字城管建设的基础地理数据作为城市运行管理服务平台建设的基础数据，通过"数字萍乡"数据中台对已建"数字萍乡"基础数据资源及其他部门已有基础数据进行整合。对内整合城管数据，实现市政设施、市容环卫、园林绿化、城管执法、户外广告、建筑渣土等业务数据入库；对外对接跨部门业务数据，加强与资规、环保、水务、公安、交通等部门和单位涉及城市管理相关的信息共享，建立跨部门数据共享机制，推动城市管理业务信息资源的共享共用。形成面向内外系统、多应用的"大数据"资源中心，并与区县平台、省级平台、国家平台的数据对接。

"一库"包括城市基础数据库、运行数据库、管理数据库、服务数据库和综合评价数据库。城市基础数据库包括地理空间数据、城市信息模型数据、评价点位和统计年鉴等数据；运行数据库包括地下管线基础设施数据、管网数据、三维建模数据和防汛人员数据；管理数据库包括城市部件事件监管、城市管理行业应用、业务指导和监督检查等数据；服务数据库包括公众诉求数据，主要来自赣服通、微信公众号、12319和12345热线中形成的市民投诉、咨询等数据；综合评价数据库包括实地考察、平台上报、问卷调查、城市管理监督结果明细和城市管理监督成绩等数据。

（三）"一平台"聚应用

"一平台"即城市运行管理服务平台，包括业务指导、指挥协调、行业应用、公众服务、运行监测、综合评价和决策建议等子系统。平台纵向对接国家平台、省级平台,连通各县(区)、管委会平台,推动形成城市运行管理业务全覆盖、高效协同、"一网统管"工作格局。

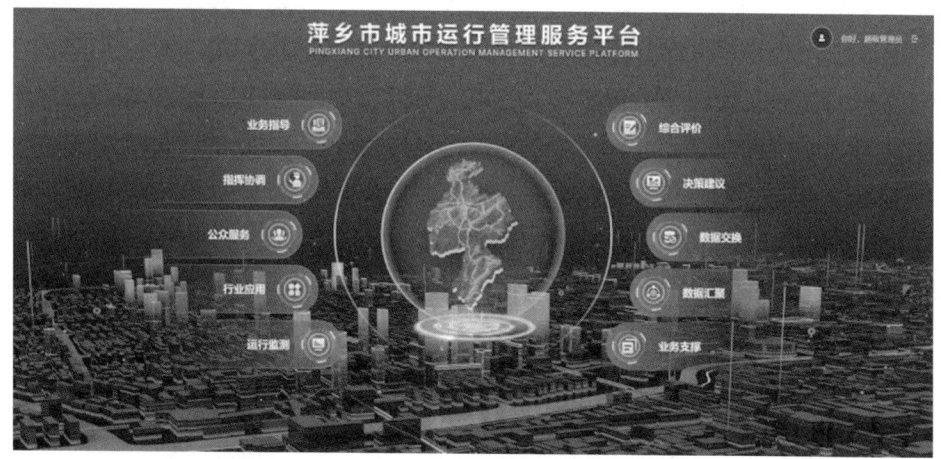

图3 "一平台"

1. 业务指导系统

业务指导系统包括政策法规、行业动态和经验交流子系统。政策法规子系统通过汇聚、共享城市管理领域相关法律、法规、规章、规范性文件以及标准规范等数据,实现对政策法规类信息的分类分级管理;行业动态子系统是通过汇聚地方推送的城市管理机构设置、队伍建设、执法保障、工作机制等信息,以及改革创新、专项行动、重点任务落实等工作动态,实现对城市管理行业动态信息的全面掌握;经验交流子系统是通过汇聚地方推送的城市管理好经验、好做法,通过平台向各地推广典型案例,发挥引领示范作用。

2. 指挥协调系统

指挥协调系统包括城管通、监督受理、协同工作、监督指挥、地理编码、数据交换、处置通七大子系统。

运管服平台城管通主要用于网格员上报巡查所发现的相关问题信息,接受平台分派的任务指令并反馈。该系统依托移动设备,采用无线网络传输技术,通过城市部件和事件分类编码体系、地理编码体系,完成网格巡查问题文本、图像、声音和位置信息实时传递。

监督受理子系统依托以问题发现、核查结案为核心内容的城市管理问题监督制度体系,受理来自网格员和社会公众的城市治理问题报告或举报,对他们

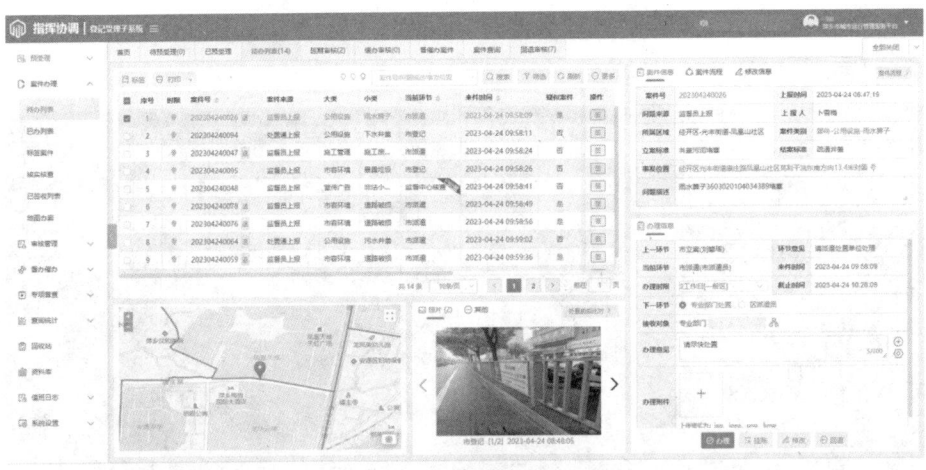

图 4　指挥协调

所反映问题进行核实,并对问题发生地点进行地图定位,经登记立案后批转给平台派遣办理。处置部门处置完毕之后,接线员再下发核查指令给网格员进行核查,核查通过则进行结案处理。

协同工作子系统依托市级重点工作受理反馈机制,以跨部门、跨层级"统筹布置、按责转办、重点督办、限时反馈"的闭环管理为要求,实现协同办公、信息同步、信息交换,并对审批流程进行检查、监督、催办。系统将任务派遣、任务处理反馈、任务核查、任务结案归档等环节关联,实现监督、指挥、各专业部门间的资源共享、协同工作和协同督办。不仅将日常业务信息集中展现在统一的办公平台上,还将各种信息通过快速链接与业务案件整合起来,使办公人员能够随时了解案件所有相关信息。

监督指挥子系统是城市运行管理服务的综合信息展示平台,该平台包括了体现城市运行管理服务平台总体运行体征的各项数据指标,还包括市政公用、市容环卫、园林绿化和城市管理执法以及城市部件事件等数据的分析展示。

地理编码子系统通过地理编码,将城市现有的地址进行空间化和规范化,在地址名称与地址实际空间位置之间建立对应关系,实现地址空间的相对定位,可以使城市中的各种数据资源通过地址信息反映到空间位置上来,提高空间信息的可读性,在各种空间范围行政区内达到信息的整合。通过地理编码技术对城市部件进行分类分项管理,最终实现城市管理由盲目到精确,由人工管理到信息化管理的转变。

数据交换子系统用于实现平台内部各级系统之间以及平台与其他业务系统间的信息传递与交换,交换信息包括部件与事件问题信息、业务办理信息、综合评价信息等。通过建立统一的政务信息交换标准规范及数据交换系统,实现城市电子政务信息的整合与共享。

运管服平台处置通是提供给专业部门、监管单位、前端案件采集人员使用的手持移动办公应用平台,通过该系统,相关人员可以及时接收指挥派遣的城市治理问题,在现场问题处置完毕后,可以通过系统将处置结果反馈到平台。相关人员通过系统,能够查看问题的基本信息、派遣意见以及案件的图片等多媒体信息,也可以查询案件办理的过程,处置部门能够将问题处理的过程通过填写表单和拍照等方式记录下来,并将结果反馈到协同工作系统。

3. 行业应用系统

该系统拓展了城市管理过程中综合执法、智慧环卫、园林绿化、市政公用、渣土监管等多个行业应用。

图5 行业应用

(1)综合执法

综合执法按照"行政执法三项制度"要求,全面规范执法程序和行为,运用执法记录仪等技术手段,建设移动执法、执法受理、协同办案、法律法规管理等功能模块。将地理信息、语音视频与执法过程有效结合,实现执法过程透明公开。建立业务部门管理与综合执法信息衔接机制,提升城管执法规范化水平,提高综合执法效率。同时以地图为基础门户,将违建融入到一张图,进行可视化执法应用与业务结合,实现违法建筑发现、核实、执法全流程管控。通过对"门前三包"主体(主要为沿街店铺、流动商贩等)以及当事人基础信息进行采集,并将采集的基础数据汇聚至执法"门前三包"主体库中,实现对门前三包执法全流程监管。

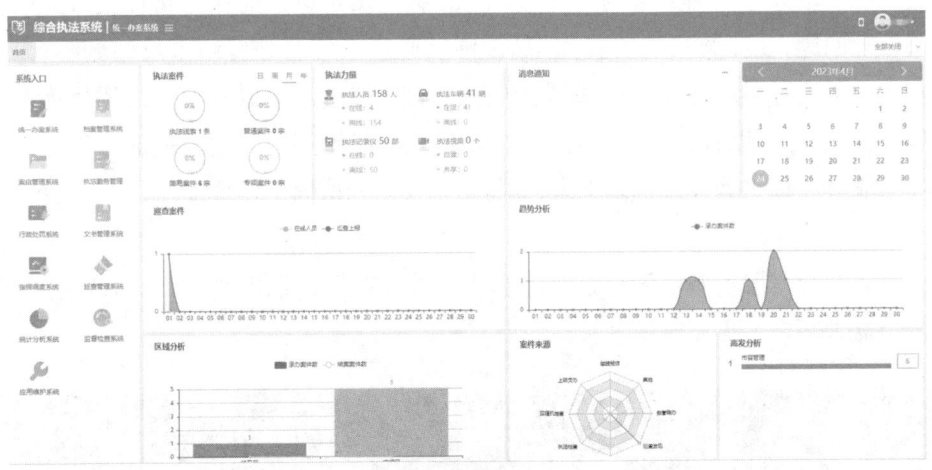

图6 综合执法

(2)智慧环卫

智慧环卫全面接入萍乡市3家市场化企业的1800多名作业人员、277台作业车辆作业以及全市垃圾收集站、垃圾分类投放点、公厕等环卫设施数据,对清扫保洁、垃圾清运、垃圾处置、垃圾分类全业务链条进行管理,实现环卫管理家底一个库、管理一张图、考核一张表。

(3)园林绿化

园林绿化对标国家园林城市考核标准,对全市园林绿化数据普查建库,精准掌握园林绿化家底,全方位提升城市园林绿化规划、建设、管理与服务水平。实现一张图直观展示全区域的园林要素,实时监控园林养护、管理过程,直观呈现城市园林工作状况。展现园林设施等基础信息,包含城市三绿指标、基础数据、公园雕塑、古树名木、物联网设备、视频、人员、车辆信息。统计分析园林业务数据,直观展示园林案件信息、园林管养情况。

图 7　园林绿化

(4)市政公用

市政公用通过安装传感器,借助物联网技术实现对重要市政设施的实时监测,通过监测预警及早发现问题隐患,及时有效处置。通过一张图可以直观展示市政设施的类别、在线监测数据、视频监控等重点设施及其分析结果。借助大数据分析技术发现设施管养、维修、故障原因及内在规律,从而有效开展源头治理。通过网格化管理模式,强化考核评价,实现市政设施的主动、常态化巡检管养,促进市政设施管养维修精细化,提升设施的管养水平和运行效率。

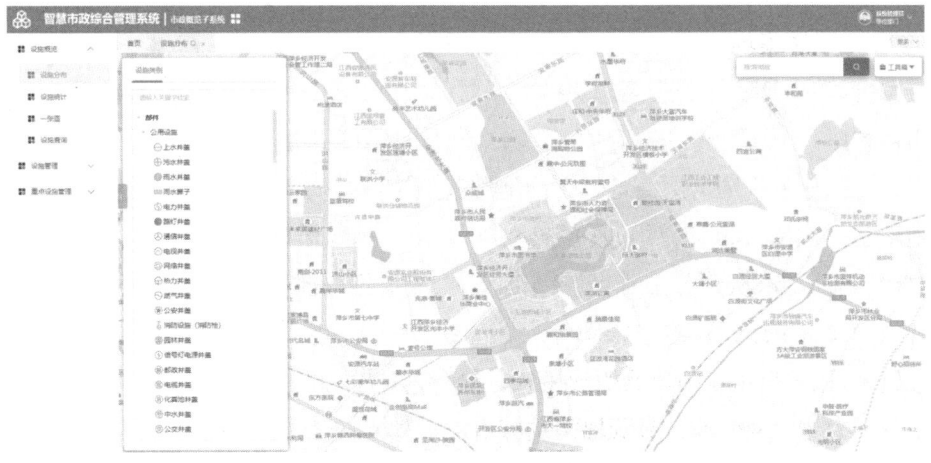

图 8　市政公用

(5)渣土监管

渣土监管实现对散体货车从申报到完成运输的全过程轨迹跟踪管理,实现主动管理、精确管理。基础数据管理方面,实现对散体货物全过程涉及的排放人、建筑垃圾运输人、消纳场等进行标准化、数字化管理,同时结合 GIS,对重要的设施设备进行可视化展现,并提供快速查询、信息查看等相关功能;审批管理方面,实现建筑垃圾排放证、运输证、消纳证、准运证的统一申报、审核、备案管理。通过对接建设管理部门工地数据库,对黑工地、黑车进行初步排查;建筑工地管理方面,接入建筑工地已有的车辆出入管理系统、视频监控,实现进出口统筹管理,车辆进入时进行身份识别,判断车辆是否为规范车辆,同时实现车辆车牌号抓拍管理,防止工地与车队暗箱操作。出工地时对车辆的车载情况进行实时监测取证,同时实现车辆洗车现场的远程监管;运输过程监管方面,主要对车辆清运路线的全过程进行在线监控,对异常作业问题进行在线报警。车辆定位信息统一接入至定位系统,渣土监管平台实时获取定位数据,通过卡口视频监控数据对散体货物运输车的密闭性进行智能化分析,对违规车辆进行智能识别。

4.运行监测系统

运行监测系统包括监测信息管理、风险管理、监测报警、预测预警、巡检巡查、风险防控、决策支持、隐患上报与突发事件推送等功能模块,其功能定位重在对燃气、供水、排水、供热、环卫、内涝、管廊、路面塌陷、建筑施工、危房、桥梁、隧道、人员密集场所等专项安全运行状态进行常态化的巡检巡查、监测报警、预测预警,核心是要实现安全隐患的第一时间发现、第一时间处置,变事后监管为事前预防。

比如地下管网监测由地下管网地理信息管理系统结合城市 CIM 平台,开展地下基础设施 CIM + 应用,具备三维模型展示、BIM 模型动态加载、IoT 数据实时接入等服务,实现分层加载、旋转、漫游、缩放等功能,包括地下管网一张图、智慧管网安全运行监测一张图等专题应用。系统自动将地下管网三维模型展现出来,地表呈现塌陷或透明的模式,用户可以从不同视角浏览场景,能控制场景的放大、缩小和旋转,直观地浏览城市地下管网安全情况及动态信息。

排水监测则通过智慧排水系统实现,通过监管专题图的形式对排水设施分布、物联设备汇总及整体运行情况进行分析和展示。系统集成满足分析需求的地

智 慧 城 市

图9　运行监测

图数据,对所辖范围的雨污水管网、检查井、混接点、易涝点、排水户、视频等的数据信息进行集中展示与专题分析。系统结合排水管网设施的拓扑关系和监测报警数据,实现对排水系统实时监测、运行分析、巡查养护等多维信息汇总展示。

防汛监测由智慧防汛系统实现,通过一张图的形式,在 GIS 地图上直观呈现防汛相关的基础信息,包括天气预报、水情信息、雨情信息、内涝点信息、工情信息和相应的视频监控信息等。

5. 公众服务系统

平台整合萍乡智慧城管 12319 热线呼叫中心、微信全民城管系统,作为公众服务系统的基础,并对接市 12345 平台及赣服通,拓展公众类移动模块,在受

图10　公众服务

理公众诉求基础上,强化便民服务功能。

6. 综合评价系统

根据城市运行管理服务评价工作要求,围绕"干净、整洁、有序、安全、群众满意"5 个方面,37 项三级指标、66 项四级指标,制定萍乡市城市运行管理评价办法,运用综合考评模型,进行实时或定期统计,将信息化技术与监督考评的工作模式相结合,应用到城市治理中。通过城市治理考评体系数学建模、运算评比,将绩效评价以图形化或表格化的方式显示出来。推进城市治理监督达到主动、精确、快速、直观和统一的目标,从而实现完善的城市治理考评体系,形成良好的城市治理监督机制。

7. 决策建议系统

汇聚业务指导、监督检查、监测分析和综合评价等数据,以及与城市运行管理工作相关的其他数据,通过大数据分析和常规软件工具等,进行数据挖掘、捕捉、处理,形成工作趋势分析、工作报告和决策建议等,为完善政策法规、部署工作任务、上报工作建议提供基础数据支撑。

四、应用成效及推广价值

自萍乡市城市运行管理服务平台运行以来,城市精细化管理水平不断提升。尤其是加强打造智能应用场景,成效明显。综合执法案件智能立案派遣、环卫工作全链条管理、市政设施维修管理精细化、渣土车智能识别、地下管网智慧监测等街头巷尾、台前幕后,随处可见萍乡市智慧城管建设成果。不仅提升了城管的工作效率,降低了城市管理成本,提升城市防控能力,同时平台对城市数据的集成和运用有效地增强政府城市管理的科学化决策能力。智慧城管让人民群众尽享高效和便捷。

(一)应用成效

1. 多源融合立体采集,城管工作效率大幅提升

为了改变传统城市问题发现靠人工巡查、盯着视频找问题为主的采集方式,萍乡市运管服平台建立了"巡查发现+智能采集+公众参与"全立体采集模式,接入了1000余路智能摄像头以及多个物联感知设备,并融入视频智能分析算法,实现对60余类城管违章行为的智能识别分析,构建"天上有云、中间有网、地下有格"的智慧化管理模式。平台能够自动判别城市管理动态事件,实现

城市管理动态事件的实时感知,做到城市管理问题主动发现、快速判断、精准定位、有效治理,真正实现"向科技要效率"的目标,解决了当前一线执法人员严重不足的问题,指挥人员可以综观全局、运筹帷幄进行动态管理。通过12319城管热线投诉、监督员采集、机器人抓拍等方式,案件平均日处理量达到300件左右。2022年通过智慧城管平台上报处理城管案件达10万余件,城市管理问题处置效率和群众满意度均大幅提升。

2. 创新运行监测机制,城市防控能力不断增强

依托物联感知技术,萍乡市积极开展城市基础设施物联网建设,建立城市智能在线综合监测系统,围绕城市道路桥梁隧道、公共停车场、渣土消纳场、城市照明、化粪池危险源、城市公共空间等风险防控重点,整合全市各类感知终端,加强平台在液位、井盖等方面的监测能力和数据采集能力,并统筹补位,形成共建共享的物联感知网。及时发现城市问题隐患,提供城市运行安全监管清单管理、风险分级分类管理、监测预警管理等场景,将风险清单自动分派至具体主管部门及管护部门,隐患处置过程通过平台可全程进行监管和督办,确保落实到人,及时处理,推动城市运行应急处置向事前预防预警转变,全面保障城市运行安全。

3. 巧用数据分析,政府科学化决策能力有效提升

得益于运管服平台的建设运行,管理人员可根据平台数据分析城市管理问题发生的规律,找出其中本质的原因,从根本上加以预防,提高了决策的科学性和管理的水平,极大地降低政府城市管理成本。同时,建立"用数据说话、用数据决策、用数据管理、用数据创新"的管理机制,实现基于数据的科学决策,推动政府管理理念和社会治理模式进步。

(二)推广价值

萍乡市运管服平台指挥协调系统按照"1 + 3 + 36 + N"的三级管理体系搭建,"1"为市级指挥协调一级平台,"3"为3个区级(安源区、经开区、湘东区)指挥协调二级平台,三级平台分为"36"个市属各部门、企业、社会团体责任单位处置终端,"N"个各区所属街道(社区)和各区属部门处置平台,形成市级大循环、区级小循环、街镇社区微循环,第一时间发现问题、第一时间控制风险、第一时间解决问题,协同高效处置一件事,做到城市问题一网统管,运行模式既符合住建部城市管理运管服技术标准,又符合萍乡特色,走在全国前列,为江西省地级

市智慧城管、运管服平台建设打造了标准样本。

结　语

萍乡市城市运行管理服务平台是江西省首个由多部门联合统建的运管服平台。平台在充分参考住建部建设指南、技术规范的基础上,结合萍乡市城市治理实际需要统一规划、统一建设,其中"一库、一图、一平台"的整体框架与工作格局、数据横纵联通的实现模式、城市运行安全监管思路、复用"数字萍乡"底座基础能力等多项建设举措,具备可推广性。平台规划完成后,已有宜春、九江等多个地市到萍乡市交流学习经验。

新余市大数据中心:筑智慧新余城市大脑绘社会治理崭新画卷

引 言

党的十九届五中全会通过的《中共中央关于制定国民经济和社会发展第十四个五年规划和二〇三五年远景目标的建议》,将"国家治理效能得到新提升"作为今后五年我国经济社会发展的主要目标之一,并对"十四五"时期推进国家治理体系和治理能力现代化作出重要部署。2020年新余市入选市域社会治理现代化试点城市第一批名单。新余市市域社会治理现代化"智治"提升暨"城市大脑"一期工程建设是国家战略在新余市的具体实践。新余城市大脑基于智慧城市总体规划设计,对标全国、全省先进经验,形成全市统一的"数字底座",建设市域社会治理现代化指挥中心平台,以形成"党委领导、政府负责、数据支撑、协同治理"的数字治理新余模式。

一、顶层统筹谋划,绘就"智治"蓝图

2022年4月,中央政法委在市域社会治理现代化试点工作指引任务分解清单(2022版)中明确要求试点城市"打造一体化的城市数据中心(城市大脑),逐步打通地方、部门、企事业单位之间的信息壁垒,构建覆盖全域、统筹利用、统一接入、灵活服务的数据资源共享体系,推动数据资源向社会治理各单位、各平台分级分层分权限共享,实现跨部门、跨区域共同维护和利用,促进业务协同办理",新余市启动城市大脑调研。

2022年6月,经市政府常务会议研究,正式印发《新余市市域社会治理现代化"智治"提升工程工作方案》,成立了以市长为第一指挥长、分管副市长为指挥长的"智治"工程建设指挥部以及下属工作专班,明确由市大数据中心组织、市数投公司筹资建设、市委政法委和市政府办协调、各有关部门参与项目建设,启动项目建设。

2023年3月,经过8个多月的深化设计、数据归集、项目实施、试运行,"城市大脑"一期工程基本建成。项目搭建政务大数据、视频、时空信息的"数字底座",完成"三屏联动"(指挥中心大屏、各成员单位电脑中屏、领导和工作人员手机小屏),"智治"能力达到试点工作要求。

二、直面痛点难点,打通"智治"关节

2022年6月,政协新余市委员会成立课题调研组,对当前新余市数字政府、智慧城市建设存在的主要问题进行了深入调研和充分协商,查摆了重复建设、信息孤岛、信息安全方面存在的突出问题,并对原因进行了分析,为城市大脑建设少走弯路提供了重要的支撑。

(一)重复建设仍然存在

存在现象:个别项目存在重复投资,少数项目使用率逐年降低,项目统筹执行不到位。主要原因:一是项目建设计划性不强。出发点是完成上级考核任务,或上级对某类项目下拨了资金,实用性、延展性考虑得少。二是地方创新探索与上级部署建设之间存在矛盾。市本级创新信息化项目建成运行后,在上级要求发生变化就迫使地方创新探索停止运行,造成建设资金浪费。三是缺少统一的数字底层架构和标准规划。缺乏统一信息基础设施以及相应的建设标准,分散建设现象更为突出,导致重复投资。四是信息化项目有其淘汰的客观规律性。信息系统生命周期较传统工程项目要短得多,3—5年就面临迭代演进,如果不持续投入升级或维护,很快将会被淘汰。

(二)信息孤岛破解难度大

存在现象:部门共享数据鲜活性和重要性不够,上级部署建设的信息系统对接难,行业部门和企业的数据难以获取,有些数据集中在行业部门和行业国有大型企业,地方也难以获取,共享数据的标准不统一。主要原因:一是部门共享数据的意愿不强。出于数据控制的"思维惯性"、对共享后果的"未知恐惧",

不愿主动进行数据共享,造成共享数据规模小、质量差、不鲜活。二是上级和专业数据难共享。据调查,全市各单位在用的政务信息系统341个,其中国家级、省级信息系统占75%以上,且数据集中在上级部门存储,数据难以回流"落地"。三是共享数据的标准化有待提高。共享数据的格式不规范,视频、图片、电子文档等非结构化数据标准参差不齐,无法进行自动化处理;各信息系统建设厂商不一、标准不一,共享往往涉及高昂的对接费。四是数据资产缺乏有效确权。数据的产生者、所有者、管理者、使用者和运营者之间的权责不清晰,对数据共享产生负面影响。

(三)信息安全亟待加强

存在现象:系统安全防护不到位,部分单位在信息系统规划时以业务需求为主,未考虑安全设备和等保测评费用。数据安全防护难度大,缺少必要的数据安全保护设备和管理制度,数据在采集、传输、存储、使用全过程中的"加密""脱敏"和追溯能力不足。个人数据信息采集不规范,部分软件设置限制条件,扩大范围收集不该收集的个人相关信息。内容安全仍需加强,部分单位网站和政务新媒体的信息内容审核发布把关不严不实,内容保障不到位,存在长期不更新、内容和链接错误等现象。主要原因:一是信息安全意识较为薄弱。部分单位缺乏整体安全观念,等级保护、数据安全、内容安全等制度贯彻不到位。二是重建设轻运维。免费维护期后项目运维经费没着落,项目安全无保障。三是专业人才资源不足。人才保障是数字政府建设的重要基础,技术型专业人才严重缺乏。

三、打造城市大脑,夯实"智治"基础

新余市城市大脑通过数据中台、视频中台、业务中台等一批新型基础设施实现全市政务数据的汇聚、共享和应用,统一为各级各单位提供信息基础设施服务。同时对标国家市域社会治理现代化试点"千分制"考核标准中的"智治"指标,建设市域社会全景和综治、民生、应急、交通、城管等6个"一张图",创新"道德积分银行"平台特色应用。实现"一个中心管全城,一个底座汇数据,一张全图览全域,大中小屏三屏联动,虚实映射数字孪生"的核心建设目标,形成"共建、共治、共享"的市域社会治理新局面。

(一)建设基础设施支撑体系

新余市构建了集云、网、脑为一体的全市信息基础设施支撑体系。一是"一

朵云"。建成全省首个信创政务云,构建了底层算力基础设施以及算力服务管理平台,算力可根据需要实现弹性扩展,实现了服务器、芯片、操作系统等底层信创基础设施的统一服务。二是"一张网"。完成视频专网升级改造,实现政务外网和视频专网打通,突破视频资源专网限制,为视频资源利用奠定基础。三是"一簇台"。在已有数据共享交换平台基础上,融合了新一代数字技术,统一建设了城市级数据中台、CIM 平台、视频中台、业务中台等,全面提升了"采、汇、管理、分析、挖掘、可视化"综合能力。

(二)形成全域数据资源体系

新余市通过城市大脑建设实现了多源多类数据资源汇聚共享,全域数据资源共享水平全国前列,全省领先。一是政务数据"能归尽归",推动全市公共数据的集中管理和高度共享,汇聚全市 64 个部门、6415 个数据目录、10 亿条基础数据资源,发布服务接口超过 4 万个,共享交换 6000 多万次。二是视频资源"应融尽融",视频数据共享对接单位 12 家,公安、安防小区、矿山等部门的 2.2 万路视频资源已全面接入,正在接入出租车、渣土车、网约车等移动视频约 400 多路,拓展了视频资源类型,部署视频算法 49 种。三是时空数据"应上尽上"。基于已建成的 CIM 平台,形成了新余市城市"底板"数据,完成空间数据对接单位 8 家,对接专题数据 6 大类,接入图层数 183 个、图斑数 1056 万个,发布地图服务 113 个。四是信息系统"应接尽接"。实现应用系统应接尽接,到目前为止累计接入全市业务系统近 90 个,覆盖 30 个单位,为全市跨部门联动、跨业务联通提供系统支撑。

(三)构筑全市一图统览体系

城市大脑项目整合 27 个部门数据,立足全市视角,打造 1 个市域全景图,"大综治、大交通、大城管、大应急、大民生"5 大专题图。

一是市域全景图。市域全景图作为城市大脑观全局、览全域的入口,分经济运行、党建引领、社会综治、城市管理、智慧民生、应急管理、智慧交通、热点事件、信息资源 9 大板块,200 多个主要指标全面刻画了城市运行的现状,还原了全市 42 平方公里范围的数字孪生场景。

二是社会综治一张图。社会综治一张图整合了公安、政法等 8 个委办局的 220 余个指标数据,在地图上可以查看全市网格概况、网格力量、事件信息、人员信息、组织信息、建筑信息、视频监控,实现了基层社会治理要素的底数清、人员

图1 "城市大脑"全景图

明、设备通。除此之外,全市875个重点场所、1309个九小场所、城区79个社区也都实现了位置上图找得到,人员信息可联系,周边视频可查看。

三是智慧交通一张图。智慧交通一张图整合了交通、公安、卫健、公交公司4个来源近100个指标,重点展示了全市道路建设情况、机动车保有情况、道路运输情况以及特种和运营车辆详情。建设了公路治超视频AI分析专题。针对全市120急救车、公交车、两客一危等车辆实时上图展示行进状态和轨迹。

四是智慧城管一张图。智慧城管一张图整合了城管、统计、生态环境局、自然资源局等9个委办局60个指标,围绕城市规划、城市建设、城市生态、城市部件、城市管理事件五大板块展示城市管理的主要概况;实时展示城市管理有关事件、预警清单、空间详情、处置流程和相关的视频情况。如城市部件上展示园林、环卫有关基础设施/部件的位置和详情。

五是应急管理一张图。应急管理一张图整合了应急管理局、消防支队、安监局3个委办局70余个指标。展示了近一年全市的自然灾害、全市消防安全、电梯运行监管、矿山安全治理、危化品监管,以及应急资源及配置6个方面的概况。地图上展示全市应急避难场所、重大危险源、电梯等空间分布和详细信息。

六是智慧民生一张图。智慧民生一张图整合了住建、政务服务中心、教育、卫健、公安、民政等8个委办局110余个指标,展示了公租房保障、政务服务、教育、卫生、养老5大板块的总体概况。

(四)推行联动指挥运行体系

新余市建成多层级的市域社会治理现代化调度指挥中心,覆盖市、县、乡、村、网格五级的"城市大脑"AI智能发现事件、12345热线事件、综治民生类事件、基层网格上报事件和群众"随手拍"事件,做到"看得见、管得了、叫得应、调得动",形成"发现—分派—处置—问效"的业务闭环,实现大、中、小三屏联动和"平时处置调度、战时应急指挥"的目标。截至目前,已汇聚各类事件共计24万余件,参与处置部门146个。

四、聚焦以人为本,凸显"智治"成效

城市大脑是新余市治理体系和治理能力现代化的数字支撑体系,实现了城市状态一网感知、城市数据一网共享、城市事件一网调度、基础治理一网协同和决策信息一屏统观。

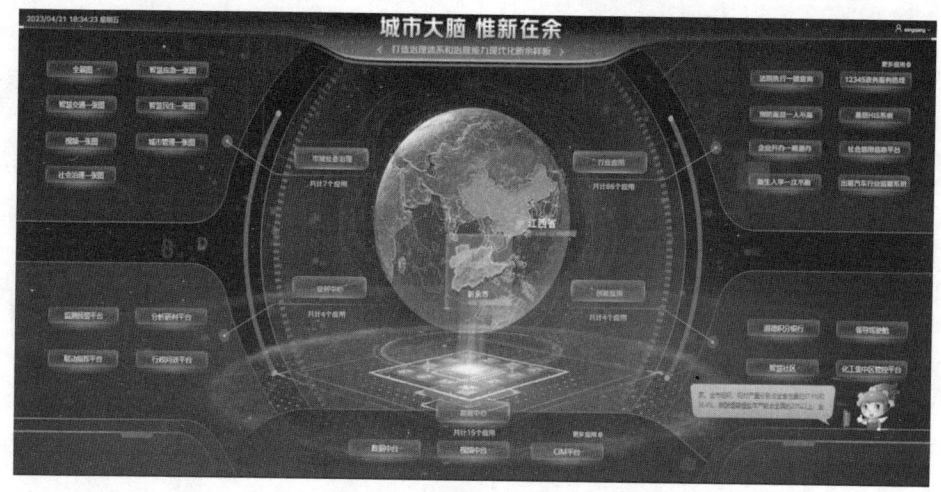

图2 "城市大脑"一期入口总览

(一)城市慧眼,智能预警

治理是手段,防范才是根本,用AI算法很好地解决了人力不足和无法24小时不间断监控的问题。目前已部署5大类49个算法,分为公共安全、城市管理、交通识别、人脸识别、食品安全等,比如城市管理类中的占道经营、出店经营以及公共安全类中的聚众识别等。视频AI智能发现事件自动推送到监测预警平台,基于"分析—预警—发布"流程,构建全景、跨部门、实时的市域社会治理监测预警风险防范体系,实现从事后的"堵漏洞"向事前的"防风险"转变。基于已部署的算法任务,近一个月共识别出预警事件3.9万件,其中告警数较多的包含消防通道占用、出店经营、积水识别、占道经营等方面。

(二)观管防处,智慧调度

一是事件处置三级联动。城市大脑目前已汇聚全市综治、城管、应急等各类问题事件,搭建统一联动指挥平台,建设一套覆盖事件发现—指挥—处置—问效的全流程闭环的事件处理系统,实现一件事跨地区、跨层级、跨部门的高效联动处置。联动指挥平台目前已实现汇聚12345市平台、省综治平台、AI监测预警、110非警情、网格员上报、市民随手拍等各类型来源事件,依靠统一的事件库、预案库来打通不同层级、不同体系的指挥系统,通过智能辨重、智能分拨等辅助能力,实现市指挥中心根据事件实际情况将相似事件进行合并、手动下派或自动分拨至相关职能部门,联动市级、区县级、乡镇街道等各级处置力量对事件进行处置,同时支持跟踪事件处置全流程及考核处理结果。

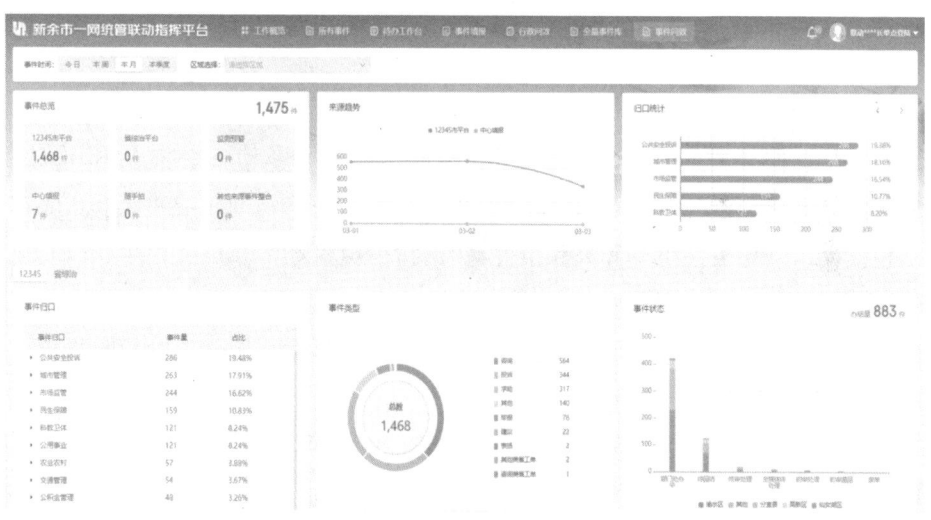

图3　新余市一网统管联动指挥平台

二是应急处突双景调度。城市大脑项目通过城区21个高空鹰眼结合2万余路地面摄像头,做到了全市视频高低点联动和数字孪生呈现多维视角,支持重大事件现场全面可视和指挥调度。以聚众监测事件为例,当城市大脑智能发现某处存在人员聚集的预警,指挥调度人员通过AR实景指挥平台的天地联动实时调阅现场画面,确认有风险后,将该事件推送至附近网格力量,网格人员受理该事件后进行现场处置协调,若不能得到控制,可通过指挥大厅值班民警联系社区片警前往处置，形成"智能发现、远程调度、基层协同、实景可视"的指挥调度新局面。

图4　AR实景联动指挥

（三）赋能行业，全面实践

一是辅助决策"一舱统览"。城市大脑将大小市情、分析研判报告和400余项关键数据指标以"领导驾驶舱"方式推送至领导手机，辅助领导决策。大小市情包括提请领导关注事件和高频事件，数据指标覆盖经济、综治、民生、交通、城管、应急6类主题，实现新余市情日日达、分析研判专题报，做到上报信息有速度、指标分析有广度、专题研判有深度、事项督办有力度。领导驾驶舱与指挥中心联动，支持应急处突等指挥调度。

二是法院执行"一键查询"。城市大脑通过将被执行人的不动产、公积金、市场监管等13类数据共享至各级法院的执行信息查询平台，只要鼠标轻轻一点，实现案件财产信息情况"一目了然"，有效地破除了执行领域中的信息藩篱，填平执行领域数据鸿沟，执行人员的工作负荷、执行重复劳动呈几何级下降，个案办理时间缩短50%以上，相关经验在江西省各级法院推广。

三是新生入学"一次不跑"。城市大脑通过共享公安、卫健、不动产等多部门数据，全力解决跨部门间数据提取和交叉对比问题，打通了长期以来制约入学网上报名的难点和堵点。通过数据共享，自动查验核对是否符合学区条件，实现入学报名掌上办理"零跑腿"，免去了学生家长各项证明材料的现场提交，每年惠及新余市3.3万名学生。同时，全面推广"一次不跑"后，录取和分班结果完全由数据比对生成,让招生全程处于社会和群众监督之下,减少人为因素干扰,有效杜绝了"条子生"现象,最大程度保障了教育的公正公平。

四是企业开设"一照通办"。新余市在全国率先推行"一照通办"改革,以电子营业执照为信任源点和载体,将"一照通办"平台所形成的市场主体电子证照、备案信息应归尽归、全量归集,建成"新余市电子证照库",证照信息一应俱全,开办企业全流程市本级2小时办结,县(区)1个工作日内办结。"一照通办"改革实施后,37个部门278项电子证照全覆盖和全国互通互认,真正实现手持电子证照"走天下",企业办事时间缩短80%以上,提交纸质材料减少80%以上,纸质证照减少80%以上。

五是返贫监测"一人不落"。在共享医保、卫健、教育、残联、低保、农业等11个行业部门数据的基础上,新余市开发建设了全市防返贫监测系统,通过大数据对有致贫或返贫风险的农户和居民,常态化开展信息比对、及时预警、动态监测、精准帮扶,既能及时弄清监测对象的家庭基本情况、返贫风险、帮扶需求等,也能精准"过滤"不符合帮扶条件的个人,大大提升了帮扶效率。自系统上线运行以来,全市累计预警人数达5.45万人,其中绝大多数是来自筛查比对出来的公共服务推送数据,监测总户数684户,人数1712人,没有发生一人返贫致贫现象,真正利用大数据赋能,实现小康路上一个人都不掉队。

五、探索以数养数,变现"智治"价值

(一)数据赋能,要素变现

一是推行"大数据+普惠金融"新余模式。新余市积极探索数据要素市场化改革,在全省率先推出"政务数据+个人征信+商业银行"三方合作新模式,将41个市直部门约7亿条公共数据汇总处理后建立金融共享库,在政务数据不出域和个人授权查询前提下,将分析结果脱密脱敏后提供给金融机构,为金融机构发放信贷提供数据支撑。目前已经签约金融机构5家,上线银行应用产品9个,总授信户数3.1万户,金额30.72亿元。

二是率先在全省完成首笔数据交易。基于城市大脑,在信创环境下新余市建设了新宜吉数据要素联合促进和交易平台,将公共数据资源平台的公共数据,利用多方安全计算、联邦计算等技术进行加工,实现了数据不对外泄露前提下的分析计算和产品生成,达到"公共数据不出域""数据可用不可见"的目的。

2023年3月,"新余市在线智能核保服务"数据产品上架新宜吉数据要素联合促进和交易平台后,引起了国内保险公司的关注。众安保险公司通过数据交易平台,与数据产品供应商达成了首笔线上交易,这是全省首宗数据产品交易,为全省推进数据要素市场化配置改革提供了可借鉴的思路。

(二)积分银行,创领江西

依托城市大脑数字基座,新余市将道德积分模式从农村推广至城市、从线下推广到线上,以道德积分为导向、以"物质积分"为补充进行市场化运行,建立善行义举、文明实践、社会治理21项正面清单和20项负面清单,营造市民自治、积极向善的良好社会氛围,实现群众、党委政府、数字经济多方共赢,形成多方共赢的良性循环,具有全省推广的价值。截至目前,我市已经在暨阳社区开展城市试点,开户总数达468户、城市道德积分发放总数达到4.6万分,物质积分发放总数达到71万分,兑换27万余分(100积分兑换1元),"随手拍"上报事件总数为50余件,深受试点区域市民欢迎。一是提升居民群众参与水平。市民通过扫码监督、做好人好事、每日抽奖等行为可以得到道德积分和物质积分奖励,提高市民凝聚力和社会事务参与度。二是提高基层社会治理水平。借助"道德积分"体系,激发群众主动参与社会治理的主人翁作用,降低治理成本,提升基层社会治理效能。三是形成数字治理良性循环。将平台打造成一个集基层社会治理、便民服务、政府效率提升和市场化运营于"一身"的智慧民生服务平台,形成自我良性循环的可持续发展模式。

结　语

城市大脑、惟新在余,新余市通过融合数字技术打造好用管用、常用常新、人民满意、有获得感的城市大脑。接下来三年左右时间里,在一期筑"基"汇"数"基础上,实现三步走。第一阶段是继续夯"基"蓄"数",场景拓展,深度应用。具体路径是建强感知、智能预警、建设场景、行业赋能、健全指挥、横纵联通。第二阶段是全面推广,全市一体,打造城市大脑2.0。底座共享、数智共享、统筹共性、满足个性,实现全市大联动、区县中联动、街镇小联动、社区微闭环。第三阶段是进入城市大脑新阶段,实现数字治理、数字经济融合发展,深入开展数据要素市场化改革,形成社会治理共建共治和数字经济共享共赢"新"局面。

赣江新区：先导数字孪生，智赢城市未来

引 言

《国民经济和社会发展第十四个五年规划纲要和二〇三五年远景目标纲要》明确提出"以数字化助推城乡发展和治理模式创新,全面提高运行效率和宜居度",要"探索建设数字孪生城市"。数字孪生不仅仅是一种技术,也是一种发展新模式、一个转型的新路径、一股推动各行业深刻变革的新动力,是新型智慧城市建设发展的必由之路和未来选择。赣江新区充分结合城市发展需求和创新发展理念,围绕数据融合供给能力、可视化呈现能力、全要素数字化表达能力和运营服务能力开展数字孪生城市建设,支撑城市"规建管"、交通出行、民生服务、社会治理等业务应用,促进城市智慧化建设和精细化治理,从而推动城市运行数字化转型。

一、蓄势待发，快速响应国家指示

数字孪生技术作为新型智慧城市建设的创新引领性技术,有利于打造孪生城市运行空间,强化城市大脑基础能力,实现全域时空数据融合。数字孪生技术在推动智慧城市建设方面的作用已越来越明显。

(一)政策基础

2021年3月,国家"十四五"规划纲要明确提出"探索建设数字孪生城市",为数字孪生城市建设提供了国家战略指引。此后,国家陆续印发了不同领域的"十四五"规划,为各领域如何利用数字孪生技术促进经济社会高质量发展作出

了战略部署。

江西省委、省政府《江西省国民经济和社会发展第十四个五年规划和二〇三五年远景目标纲要》中提出的新型智慧城市规划和建设,赣江新区聚焦全省"作示范、勇争先"目标定位,打造"全域一体"联动发展、"一区两城"(中医药科创城、儒乐湖新城)特色鲜明、"生产、生活、生态"融合特征显著,国内领先、国际一流的高品质、智慧化发展样板区。

(二)政策响应

数字孪生是一种将现实世界中的实体或过程数字化的技术,通过收集、整合、分析和模拟数据来创建数字化的副本,以便更好地理解和管理实际系统。其核心是通过传感器获取物理实体的数据,并将其转换为数字化的三维模型。传感器可以采集物体的形状、大小、温度、湿度、压力等信息,并将其转换为数字信号。这些信号可以被计算机处理,生成数字化的三维模型。数字化的三维模型可以反映物理实体的几何形状、材料、结构、运动等特性,以及其与环境的交互作用。通俗地说,数字孪生就是把一些模糊的理念变得看得到、摸得着,再把人们脑海所想象的画面,具象化地展现出来。

数字孪生对智慧城市的主要影响有:

(1)城市规划:数字孪生技术可以用于建立城市的数字模型,使城市规划者能够更好地了解城市的结构、交通、建筑和资源利用情况,并对城市未来的发展进行规划和优化。

(2)城市管理:数字孪生技术可以监测城市的运行情况,提高城市的效率和安全性,例如,通过实时监控交通情况和预测人流量,提高城市的运输效率。

(3)智慧城市:数字孪生技术是构建智慧城市的关键技术之一,通过数字化城市的各个方面,从而实现城市的智能化管理、资源共享、生态环保等目标。

结合以上几点,赣江新区通过综合考量,将数字孪生技术与城市建设规划相结合,意在实现智慧之城、数字之城、科技之城。

二、初露端倪,精准觉察问题源头

基于进一步深化智慧城市化,数字产业化、产业数字化、治理数字化、数据价值化实践,赣江新区在寻求科技与城建共同发展的进程中,依然面临着普遍性的问题与困难。

（一）瞄准突出问题，抓住主要矛盾

赣江新区通过数字孪生技术加强对智慧城市的及时科学衡量，用互联网、大数据、人工智能技术为寻求新区各类工程、招商引资等项目提供决策依据，促进路径探索。然而在追求数字孪生技术的进程中，面临着一些挑战：

1. 城市现代化治理能力待提升

当前社会形势下，化解城市问题、维护城市秩序、保障城市安全、促进社会公平、提高市民安全感和获得感、幸福感已然成为各政府单位的重点工作方向，迫切需要城市现代化治理能力对各领域业务进行赋能。主要表现在城市管理者的学习研究能力、决策统筹能力、改革创新能力、打击防范能力、基础管理能力、群众工作能力、舆论引导能力、狠抓落实能力、专业服务能力等。新冠疫情的防控，暴露出城市治理能力存在相当大的问题，比如有资源没调度、有数据没分析、有人力没组织、有网络没效率等。数字孪生城市具有精准映射、虚实融合、模拟仿真等核心能力，由此衍生出城市风险自动发现、城市运行规律主动洞察、人和物轨迹追踪回溯、事件精准定位管控、决策分析推演、预案仿真演练、预案优化和执行、要素资源高效配置等多种能力，将对构建城市现代化治理体系和治理能力提供强有力的支撑。

2. 城市信息模型亟待整合

数字孪生城市源于"一张图"的 GIS、BIM、CIM 实践，但高于条线"一张图"建设。城市管理部门对城市数字底图都有强烈需求。一般城市至少存在三张底图，即住房和城乡建设系统推进的城市信息模型平台，自然资源和国土规划主导的时空大数据平台，公安政法条线依托进行城市安全和综合治理的城市底图。每个底图自成体系，一般仅支撑本系统内应用，无法随需、随时支撑其他部门调用，且数据积淀已久，难以放弃也难以整合。

赣江新区正处在各项智慧应用的起步阶段，各部门均对三维城市模型提出了明确的业务需求，如生态环境局计划建设智慧环保平台，需要一套数字底座来实时获取赣江新区的地形、河流、生态环境等三维场景数据，以便于赣江新区的环境管理和污染源预防和监测；行政执法部门急切需要将城区立体、直观地搬上管理平台，形成虚拟城区，整合现有城管人员、事件和部件信息，形成智慧城管的基础；公共安全方面，需要将面向用户集中展示核心数据指标在全区三维场景中实时呈现，实现从宏观上对赣江新区社会治安防控态势进行全局了解和把握。为满足赣江新区的快速发展以及各业务部门对三维场景数据的需求,急需一套统一的数字孪生城市基础底座打造新区"一张图",整合数据,实现一次数据采集,多系统共享的良好策略。

3. 数字化数据标准需统一

赣江新区计划打造数字孪生城市的核心在于构建 CIM 平台,难点之一是统一时空框架表达。当前,数字孪生城市尚未形成可兼容异构信息系统的统一标准的时空数据底层框架,机构和厂商各自推进,难以确保统一编码、多模态数据的精准融合表达。难点之二是城市矢量时空、建模、政府业务数据、物联网等多源数据的融合处理存在一定困难。矢量数据、栅格数据、模型数据、点云数据等涉及多个专业,存在多种数据采集或设计建模软件标准格式,格式间存在数据融通的壁垒。各部门业务系统数据格式不统一、数据权限不明确、数据对接机制不健全,都将制约数字孪生城市作用的发挥。

(二)紧抓问题根源,实行推动策略

在推广实施新区智慧城市化的初期,难免遇到各式问题,数字孪生是一个涉及多个领域的概念,需要开拓者们具有多面性思维:明确目标,确定数据来源,认知技术需求,确保安全性和隐私,积极推广和培训等工作都需要所有从业者共同努力。

江西省赣江新区创造性地提出以数字孪生模型为底板,构建城市虚拟化数字实体,打造规划、建设和管理全过程可视化、可模拟、可分析能力,赋能土地规划、工程建设、城市管理等"规建管"应用场景,全面提升城市规划与建设管理数字化、智能化水平,实现城市规划自动修正,城市建设全程可控,城市运行精准呈现。

1. 多措并举培育应用

一是从局部封闭区域切入,逐步拓展覆盖范围。受管理机制、数据协调和技术成本等因素影响,数字孪生城市应从社区、园区、校园、港口等小范围的封闭区域开始,逐步向城市全域、城乡一体化以及陆海空天一体化的孪生大世界过渡,局部切入逐步外扩。充分考虑数据源质量、区域大小、区域属性,形成"一张白纸"的新城新区版以及建成城市版。

二是建立高低多种配置版本,实现不同孪生颗粒度。充分考虑不同地区采用的数据和信息的类型、数据和信息的颗粒度、数据和信息的时效性等因素,同时考虑场景渲染、数据集成、空间计算、模拟仿真等技术能力成熟度,形成不同孪生精度的配置版本,便于城市(区)管理者选择。

三是建立基于统一底座发展多样服务的数字孪生应用体系。针对规划部门、建设部门和社会管理等部门需求,基于城市统一数字孪生平台,分别建立支撑规划、建设、城市治理的数字孪生城市应用体系。

2. 建立相关数据标准

一是加快确立城市信息模型标准。研究制定CIM框架标准,形成兼容不同数据类型、不同信息系统的统一城市信息模型,实现多源空间、模型数据准确集成,以及多模态数据融合表达。

二是加快完善多元异构数据融合处理标准规范。将矢量、栅格、网格、模型、点云、政务、感知等各类数据统一格式、编码,形成全周期的数据标准规范,构建多源异构数据的融合处理能力,形成面向CIM平台的信息资源与空间位置服务规范标准。

三是建立城市级海量数据的实时接入服务标准,研究数据动态加载、数据供给、数据服务等标准,实现跨行业、跨领域的数据实时接入。建立政府与社会各行业数据联动机制,制定数字孪生城市信息共享制度和数据安全保护规范。

3. 明晰方向统筹推进

一是厘清数字孪生城市发展方向,赣江新区的各企业目标导向与需求导向统一。因地制宜做好数字孪生城市顶层设计,避免在行业信息化、智慧城市等传统业务上直接贴标签,要将数字孪生城市与城市治理现代化场景、业务需求紧密结合,同时考虑城市未来发展规律和信息技术演进方向,稳妥务实、以点带面推进数字孪生城市落地应用。

二是建立统筹推进的组织体系和管理机制,避免条线分割的单兵作战。建议数字孪生城市建设由城市管理者一把手牵头设立专项工作组,由大数据局或数据资源管理部门作为实施牵头单位,住建局、规划与自然资源局、城管局、公安局等主要部门协同配合,共同参与。

三是统一共性需求,协同推进CIM建设。对数字孪生城市CIM平台和应用项目进行整体立项,在立项前实现部门协同,统一征集各部门对城市一张底图的共性需求。针对现有条线系统的城市底图和数据资源进行评估,选择技术先进、数据完整、拓展性强的CIM平台或时空大数据平台,以此为基础扩展成为城市级的 CIM 平台,如果改造成本高、时间长、难度大,那么由大数据局部门牵头,高起点建设新平台也是一种合理的选择。

4. 基础研究和创新实践并行

一是加强数字孪生城市基础研究。真正达到精准映射、孪生并行、虚拟服务现实的要求,有大量的基础理论需要深入研究,大量的技术方案需要探索,大量的应用场景需要验证,大量的机制规范需要突破。在创新实践的同时,应加强基础研究,筑牢数字孪生城市根基。

二是加强产业生态合作。数字孪生本质是一个知识集成、技术集成、数据集成、算法集成、工具集成、应用集成等智力集成的巨大工程,必须有一个强有力的产业生态提供支撑并进行紧密协作才能成功。产学研应加强战略、技术、标准、市场等全方位协作,针对基础共性技术和应用基础技术,形成齐心协力、协同攻关的局面。

三是城市层面开放数据和相关资源,支撑方案不断成熟。政府层面,应主动开放数据资源,为数字孪生城市技术方案和应用场景迭代开发与测试验证创造条件,促进建设方案不断成熟,应用不断深化。

三、稳中求进,严密布局未来规划

在稳中求进的原则下,海致将严密布局,缜密规划数字孪生在赣江新区的未来,致力于为区域发展带来巨大的推动力和竞争优势。

(一)打造数字孪生全国示范区域

海致计划将赣江新区打造为全国数字孪生智慧新区建设的示范区域,树立数字孪生技术运用于智慧城市管理的全国标杆,制定新区孪生城市的规、建、管、养、用、维新型标准体系,以管理创新为抓手,加大监督和服务力度,提升标准实施水平,树立数字和现实空间共生的全国样板。建设数字孪生城市系统,高度符合赣江新区坚持新发展理念,引领区域新发展。可助力于研发国际一流的数字技术,塑造多元化的城市创新基因,构建可持续的数字创新生态系统,引领未来数字和现实城市互动共建的新方向,成就科技优先的内涵式发展的世界典范。

(二)配合打造高效精简审批模式

配合新区各部门提升管理效率,提升新区经济价值数字孪生智慧城市底座,对地信、地质、规划、建筑、市政、园林、水利等统一归集,集中建设,避免重复建设,有助于降低电子政务总投入。通过多源、多尺度、多时空的信息融合与应用,打造信息共享与业务联动的高效精简政务审批模式,将大大减少各部门的重复审批、处理工作,减少城市管理中各行业单项管理审批平台的开发投资成本,进而实现规划、建筑、市政、地质、交通、国土、园林等多行业、跨领域的业务协同,为新区各部门的电子政务和智慧管理提供底层系统,极大降低协同新区智慧产业区系统的建设成本,提高各部门管理效率,并且提升了政府创新服务的人文内涵;坚持改革创新,推进共建共享的四大原则规划建设,未来将成为江西乃至全国科技创新的重要承载地、展示地、体验地。

(三)促进政产学研一体化发展

运用数字孪生技术积极带动产业价值,实现政产学研一体化发展。通过底座平台运营将数据作为资产来运营,面向新区各部门、科研机构、企业等不同用户,支持"无条件"开放和"有条件"开放模式,面向互联网+政务服务、政务数据资源开放共享、各部门应用场景等构建服务能力,提供有效、及时、丰富的数据服务和能力支撑。建立资源门户,提供对外展示和使用的门户入口,结合本地已有的产业基础和学校,可实现政产学研一体化发展。

四、数字孪生技术创新应用及成效推广

(一)创新应用

赣江新区数字孪生城市基础底座平台实现一张图把握产业发展脉搏,更精准把握赣江新区发展态势(企业情况、产业招商等)、治理态势(工地建设、环境碳排放等)、服务直达状况(惠企政策服务等);实现各类态势数字化映射,一图观全域,一平台管各类场景。数字孪生从城市"规建管"、交通出行、民生服务、社会治理四个方面切入,切实可行地提高了人们的工作效率。

1. 全面提升工地建设水平

数字孪生技术在赣江新区开展工地建筑时提供了大量帮助。与以往的传统建筑不同,如今赣江新区的建筑工地融合了数字化、多维度的应用科技,如工地规划方面,通过三维建模,使建筑生在数字孪生中模拟建筑物在真实世界中的操作和效果,从而避免错误和冲突,根据不完全统计,相比传统的图纸规划,误差率降低30%。数字孪生技术同时帮助了建筑工地管理,通过将传感器数据和监视视频等信息与建筑物的数字孪生模型相结合,可以实时监测和跟踪建筑工地的状态和进度,从而帮助建筑师和监管机构更好地管理工地。

图1　赣江新区数字孪生城市基础底座平台

2. 助力城市交通安全运行

赣江新区正在飞速发展,主干道路(新祺周大道、国药大道和神农大道)平时的车流量巨大,在上下班高峰期可谓是寸步难行,车辆的交通事故频出,每次事故也需要调配大量警力。针对此问题,新区政府与各企业共同开展数字孪生融合的交通方案研究,将交通与数字孪生相结合。利用仿真推演能力,可以针对突发的事故信息,启动中微观一体化的交通仿真,对由事故引发的未来一段时间的交通运行情况进行预测,帮助交警判断交通态势,及时处置事故,并疏导交通拥堵。交通仿真平台采用厘米级精度多数据维度的高精地图,采用跟驰模型和变道模型来规划车辆运动,采用参数校准算法来预测更真实的交通运行情况。换道模型分为强制换道和自由换道两种情形。在强制换道中,车辆有确定的目标车道,需要在一定区间内必须完成换道,如匝道和合流、分流和交织区域等。针对不同场景采集真实交通数据,并通过遗传算法对上文中提到的需要校准的参数进行校准。

在融合过程中,事件回溯功能也有效地疏通了主干道路的交通。事件回溯功能是对发生的历史事件,提供机动车、非机动车行人、信号灯、感知设备状态等数据按照时间序列存储,并且灵活提取和回放的功能。事件回溯功能利用车辆动力学算法对机动车、非机动车、行人的轨迹进行平滑和滤波,实时计算车辆位置;基于自由度车辆动力学实现,对 CPU、内存占用小,可以应用于高并发场景。

3. 构建全新招商引资模式

现如今赣江新区万创科技城在招商引资初期,应用数字孪生技术,创建了一个准确的城市或园区的三维模型,将其与实际地理信息结合起来,为投资者提供真实的场景感受。这可以让投资者在不必亲自前往城市或园区的情况下,对潜在的投资机会有更好的了解,这一应用的投入,使得园区内招商引资的成功率提升了 30%,原本投资方屈指可数的园区,如今也是盛况空前。数字孪生技术也帮助了政府规划师和城市规划者预测城市和园区的未来发展情况,并基于这些预测作出更好的决策。这可以使政府能够更好地了解未来潜在的招商机会,并有机会为投资者提供更好的投资环境。与此同时,数字孪生技术还可以更好地管理园区的基础设施和提供服务,并提高城市和园区的运营效率,最后通过分析收集到的大数据,为决策提供强有力的支持。数字孪生的出现使得政府及投资方双方互惠互利,政府可以更好地了解当地的招商环境,同时投资者也可以获得更好的投资建议。

4. 营建智慧公共安全场景

在赣江新区公安办案中,数字孪生技术可以应用于犯罪现场的重现、证据分析、案件研判、嫌疑人追踪等多个方面,从而提高公安办案的效率和质量,进一步提升公安办案的效率。具体而言,数字孪生可以帮助公安机关在案件现场实现三维重建,快速还原案发现场的情况,分析案件的可疑痕迹,提供线索和证据。数字孪生还可以将案件研判和侦查活动纳入虚拟环境中进行,实现虚实结合、实验仿真,快速确定可疑区域和人员,并有效提高嫌疑人的抓捕率。此外,数字孪生还可以对公安机关的日常工作进行模拟和优化,提高公安工作的效率和质量。

(二)推广意义

1. 提升城市管理水平

数字孪生技术可以实现对城市的实时监测、模拟和优化,帮助城市管理者了解城市运行状态、预测未来发展趋势,并进行智能决策。通过数字孪生技术,赣江新区可以实现高效的城市规划、交通管理、环境保护等,提升城市管理的科学性和精细化水平,预计可以将城市交通拥堵率降低 10%,减少交通事故发生率5%,提高城市公共服务满意度至少15%。

2. 推动产业创新升级

数字孪生技术可以应用于赣江新区的各个产业领域,通过建立数字孪生模型,实现对产品设计、生产流程、供应链等方面的优化和智能化管理。这将推动赣江新区产业的创新驱动和升级转型,提高企业的竞争力和产业的可持续发展能力。预计可以提高企业生产效率10%,降低生产成本8%,并推动新产品研发成功率增加20%。

3. 优化资源管理与环境保护

数字孪生技术可以实现对赣江新区的资源利用和环境状况的精细管理。通过实时监测和模拟预测,可以优化资源的分配和利用效率,减少浪费和损耗。同时,数字孪生技术也能够帮助赣江新区进行环境监测和预警,加强对污染源的控制和环境保护,推动可持续发展。预计可以降低能源消耗10%,减少水资源浪费15%,并实现废物处理效率提升20%。

4. 促进科研合作与创新成果转化

数字孪生技术可以为赣江新区的科研机构和企业提供平台和工具,促进不同领域之间的合作与创新。通过数字孪生技术的应用,科研人员可以进行虚拟试验和仿真模拟,加速科研过程和成果的验证。同时,数字孪生技术也为创新成果的转化和商业化提供支持,推动科技创新与产业发展的有机结合。预计可以增加科研合作项目数量20%,提高科研成果转化率10%,并推动新区的科技创新产值增长15%。

结　语

群众可能感知不到自己的生活正在因为科技而悄悄改变,真正带来革新的,往往只是一种种潜移默化的行为方式。街道愈发通畅,堵车与交通事故的次数逐渐变少;建筑周期越来越短,建筑安全质量、寿命也会得到极大提升;校园也将可视化,校园安全度大幅提升。数字孪生是赣江新区城市智慧化进程中举足轻重的一环,在赣江新区政府与企业的共同努力下,数字孪生的理念被不断践行和深化,产品价值实现机制的不断完善,尤其是将数字孪生的受众面变得愈发的广阔,这必将激发更多创新思路,为群众带来充满智能化、生活质量更加优渥的宜居城市。

景德镇中国陶瓷博物馆全感沉浸式互动新体验案例

引　言

中国陶瓷工艺源远流长,其精湛的技艺和独特的文化内涵深深吸引着世界各地的游客和艺术爱好者。作为中国陶瓷之都,景德镇承载着丰富的陶瓷传统和历史,而景德镇中国陶瓷博物馆则是这座城市文化瑰宝的集结地。近年来,全感沉浸式互动技术的发展为博物馆展览带来了全新的体验方式。这项技术将现实与虚拟相结合,为观众带来身临其境的感受,将传统文化与现代科技完美融合。景德镇中国陶瓷博物馆为满足现代观众的审美与参观体验需求,更好地传播古代陶瓷所蕴含的深刻文化内涵,将第二展厅清代部分的核心展项进行提升改造,融合元宇宙数字化技术,以数据为纽带,以体验为核心,以"全景呈现、全新体验"为目标蓝图,为游客构建"感知即交互"的博物馆元宇宙体验。

一、博物馆数字化转型孕育新业态

我国高度重视中华优秀传统文化的继承和弘扬,多年来,政府为推动博物馆数字化信息资源建设采取了一系列有效措施,包括加强政策支持,为其发展提供相应的制度保障,形成文博事业信息化发展的政策环境等。相关政策的出台,有利于建立健全博物馆数字化信息资源建设政策支持体系。2021年,中宣部、国家文物局等9部门联合发布《关于推进博物馆改革发展的指导意见》,指导新时代博物馆行业全面深化改革,激发发展活力,实现由数量增长向质量提升的根本性转变,解决发展不平衡不充分问题,更好地满足人民美好生活需要。《意见》强调,要加快推进藏品数字化,完善藏品数据库,加大基础信息开放力度;要强化科技支撑,大力发展智慧博物馆,逐步实现智慧服务、智慧保护、智慧管理。党的二十大报告提出,"增强中华文明传播力影响力,坚守中华文化立场,讲好中国故事、传播好中国声音,展现可信、可爱、可敬的中国形象,推动中华文化更好走向世界"。"必须坚持在发展中保障和改善民生,鼓励共同奋斗创造美好生活,不断实现人民对美好生活的向往。"

江西省按照党中央决策部署和要求,抢抓数字经济发展机遇,加快推动文化领域数字产业化、产业数字化,以数字化赋能文旅产业高质量发展。省文化和旅游厅发布的《关于推动数字文旅产业高质量发展的实施方案》(以下简称《实施方案》)明确支持以5G、云计算、物联网等为代表的新型文旅基础设施建设,鼓励龙头或骨干文旅企业为文旅产品和服务的升级提供支持,开展智慧图书馆、数字博物馆、数字文创馆、数字非物质文化遗产馆、数字文化馆(公共文化云)建设。

景德镇市构建了层级分明、功能互补的产业发展新体系。不断优化政策环境,规划编制《景德镇国家陶瓷文化传承创新试验区发展规划(2019—2035)》《景德镇市"十四五"文化旅游产业发展规划》;出台并实施了《关于加快文化产业发展的实施意见》《关于促进旅游产业高质量发展的意见(试行)》等政策。

随着社会经济与科技的进步,各行各业都在向着数字化、信息化方向发展。博物馆作为历史文化的传播者、见证者,在国家政策的支持和计算机技术发展的影响下,也不断探索开展符合自身发展的数字化、信息化建设。在数字化信息资源建设过程中,结合计算机技术、大数据技术、物联网技术等对博物馆的资源进行开发和再建设,有助于进一步提高公共建设质量、提升综合效益,同时实现对文物管理方式的创新。数字图像化的文物管理方式提高了文物资源的协调管理水平,提高了操作的规范性、安全性,也符合新时代公众对文化的新需求。

传统博物馆的参观模式是观众在展柜前欣赏文物,而文物则被固定在冰冷的玻璃展柜里,使得游客被动获得知识且缺乏积极探索的乐趣。如何摆脱这种略显说教意味,并令游客觉得枯燥的展览局面,如何将历史知识和藏品承载的艺术语言用现代讲述方式呈现给游客,实现让游客从"看"展览到"融"展览的转变,沉浸式体验文化汲取知识,是博物馆传统展览形式当前亟待解决的一大难点。

元宇宙数字技术则让博物馆沉浸式互动体验呈现出新的状态。元宇宙所构建的沉浸式的交互场景体验,通过全景视频、图像和全程直播等动态方式,结合文物产生的时空环境、文化生态、生活习俗等背景资料,实现文物时空场景接近人性和真实的全感官的再现,营造出全新的沉浸式体验,让文物"活起来",推动业态的虚拟化、沉浸式、数字化发展。

二、陶瓷博物馆现状

景德镇中国陶瓷博物馆,原名景德镇陶瓷馆,于1954年1月1日正式对外开放,馆址临时设于景德镇市中华北路301号天主堂,1955年迁馆至莲社北路21号。1969年至2002年期间,景德镇陶瓷馆由江西省陶瓷工业公司管理,自2002年始,划归为景德镇市文化广电新闻出版旅游局管理。2015年迁址景德镇市昌江区紫晶北路1号新馆。景德镇中国陶瓷博物馆是新中国成立后国内第一家大型陶瓷专题博物馆,并于2020年被评为国家一级博物馆。

景德镇中国陶瓷博物馆现采取除节假日外,周二至周日免费开放、周一闭馆的运营模式。博物馆总占地面积5.9万多平方米,建筑面积3.2万平方米,其中展厅面积1.1万平方米,教育空间面积1260平方米,此外博物馆还设有学术交流区、公共活动空间、休闲商务区、办公区、多功能区、库房区等,可满足收藏、展示、研究、培训和教育等多种功能需求。

陈列展览区主要展示古代陶瓷文化的发展历程和代表性作品,分为中国古代陶瓷、景德镇陶瓷、近现代陶瓷三大展厅,包括汝、官、定、哥窑等各个历史时期和地区的陶瓷文物。其中,中国古代陶瓷展厅展出了中国古代陶瓷的发展史和代表性作品,包括新石器时代、商、周、汉、唐、宋、元、明、清各个时期的陶瓷。景德镇陶瓷展厅则重点展示景德镇陶瓷的历史和现代发展,包括明代御窑、清代官窑、民间民窑、近代民国时期的景德镇窑和新中国时期的景德镇陶瓷等。博物馆系统的诠释景德镇1800余年瓷业薪火相传,发展脉络完整的历程,让观众从中品味景德镇由瓷器而形成陶瓷产业,进而独步陶瓷制造业高峰,成为"瓷都"的发展历史。

景德镇中国陶瓷博物馆是我国第一家陶瓷专题博物馆,集陶瓷工艺展示、历史文化传播、陶瓷理论研究大成,在响应国家和谐社会建设,保护国家珍贵历史文物方面取得了一些成果和进步,是一个合格的文物保护者、艺术传播者和历史文化教育者。但是我们在回顾以往的工作经历,总结工作经验时,也发现文物承载的文化未能得到高效传达。

文物是人类在历史发展过程中遗留下来的遗物、遗迹,各类文物从不同的侧面反映了各个历史时期人类的社会活动、社会关系、意识形态以及利用自然、改造自然的情况,是人类宝贵的历史文化遗产。文物之所以珍贵,是因为其所蕴含的历史文化内涵,但传统的静态展示手段在向参观者传播这些文化内涵时,其效果差强人意。具体如下:

一是环境氛围单一,传统陶瓷博物馆在布展时通常采用相对严肃的风格,展览布置单一,缺乏丰富多样的元素。这样的展览环境对游客缺乏吸引力,也难以营造出浓厚的文化氛围,使得游客容易感到疲倦和乏味。

二是展品呈现方式单一,传统陶瓷博物馆的展品呈现方式主要是静态展示。展品被放置在展柜中,游客只能通过观察器物表面进行欣赏,难以真正领略到器物的文化底蕴。因此,游客对陶瓷的认知往往停留在表面层次上,难以真正感受到陶瓷所蕴含的文化内涵和艺术魅力。

三是解说语言单一,传统陶瓷博物馆的解说语言主要采用文字和图片等形式。这些内容通常比较专业和枯燥,不利于陶瓷文化的普及和传播。一些游客对这些解说内容的理解和接受度也较低。

四是互动性不足,博物馆目前已有的展示手段包括文物、图片、展柜、VR线上虚拟展示等形式,缺乏互动性的展览方式,游客无法与展品进行互动,难以真正参与其中,体验感不佳,难以激发游客的创造性和想象力。

三、拥抱元宇宙,打造全新沉浸式体验

景德镇中国陶瓷博物馆以服务景德镇陶瓷创新试验区为主线,主动寻求科技赋能,将第二展厅清代部分的核心展项进行提升改造,拥抱元宇宙技术,将深厚的陶瓷历史文化进行解码,以公众需求和体验为核心,增加个性化、沉浸式的体验,探索以新方式、新手段活化历史细节,拉近馆藏文物和人们生活的距离,建构起观众与博物馆展品互动交流的展览空间。

改造过程应用元宇宙技术,打造场景、服务、故事三合一的博物馆体验,增

强博物馆与游客的互动性,使游客成为展览的参与者而不仅仅是观看者,有助于消解历史背景与时代断裂的错落感,强化游客和历史的互动感。同时,景德镇作为"一带一路"上的一颗明珠,是重要货源地和重要起点之一,精美的景德镇瓷器走向世界,极大地改善和影响了陶瓷之路沿线人们的生活,成为跨文化交流的重要媒介及人类文明互动的使者。通过全景化立体传播的方式,深入挖掘景德镇优秀灿烂的陶瓷文化与"一带一路"的关联。

改造完成后,游客通过多视角的递进,耳中聆听着博物馆的解读,内心也会随着这亦幻亦真的光影美景暂时放空忘我,享受着"人在画中游"的沉浸式体验。具体包括器之芳华、陶瓷历史、历史水道、海上丝路等场景。

图1 沉浸式全幕投影

(一)器之芳华——虚拟数字人

随着元宇宙概念爆发,对接虚拟与现实的虚拟数字人正成为国内数字展厅发展的新突破口。虚拟数字人具有独特的可塑性和创新性,在展厅虚拟数字人的应用场景下,能够更好地将场景进行趣味化演绎,对陶瓷文化进行生动的讲解,让陶瓷文物"活"起来,让更多人了解陶瓷历史文化、海上丝绸之路的历史变迁与文化交流。在展厅的墙面区域、墙柱上通过技术以及订制营造场景,虚拟数字人具有真人难以企及的特征和相对高度,形成"虚拟人物+"展厅设计新时代。

虚拟数字人+导览讲解:虚拟人化身导游,针对展馆清代陶瓷文化进行文

图2　虚拟数字导览代言人

物导览、展馆讲解等介绍需求,生动形象地展示陶瓷特色,通过语音和语意识别系统,观众可按照设定的内容向讲解员提出相关问题,讲解员针对提问予以回答,相比传统人物讲解,更具有科技性和趣味性,营造一种神秘的视觉效果和高科技的体验。

虚拟数字人+文明使者:虚拟人化身海上丝绸之路上的文明使者,以性格迥异、充满魅力的人格特征与现实生活中的群体互动,虚拟文明使者人可通过外形、故事、场景等方式放大海上丝绸之路的特征,相对固定的形象也为用户的认知和长期情感沉淀提供了锚点,虚拟数字人为文物守护与优秀传统文化宣传推广注入活力。

虚拟数字人+故事演绎:海上丝绸之路是古代中国与外国交通贸易和文化交往的海上通道,也称"海上陶瓷之路"和"海上香料之路",具有悠久的历史。通过虚拟数字人,对海上丝绸之路的历史故事进行场景演绎,展现不同历史时期下的海上盛况,以瓷器为核心的文化交往的故事演绎。

虚拟数字人+展品演绎:在陶瓷展馆的设计过程中,其实也可以将虚拟人应用在陶瓷文物的展示环节,演绎清代陶瓷的制瓷工艺,对各种釉彩进行细节演绎。"古风"与"科技"相遇,打造跨越时代的视觉盛宴的同时,提供更加细致的展品演示,让观众了解瓷器的魅力。

(二)陶瓷历史——全息陶瓷

全息投影技术是利用干涉和衍射原理记录并再现物体的真实图像记录和再现技术,不仅可以产生空中幻影,还可以自由交换任务或场景。在此创新性技术支持下,观众可以不佩戴任何辅助工具直接用裸眼观看立体影像,由于影像的清晰度及色彩还真度高,立体感强,所以非常逼真。以无介质成像的方式展示清代各种釉彩大瓶,包括金彩、珐琅彩、斗彩、青花等制瓷工艺的巅峰代表作品,可以给观众以新奇、玄妙的视觉冲击,激发观众的探究欲,并可以起到聚集现场人气、加深参观者印象、提高清代陶瓷知名度的作用,表现出具有立体视效的影像,让观看者产生强烈的3D立体观感。

图3 全息无介质成像技术

陶瓷展品成像:陶瓷文化的核心内容在于陶瓷艺术品的材料、工艺、历史、艺术价值等方面,这些都主要体现在"陶瓷器型""纹饰纹样""器形工艺""釉色技术""绘画工艺""烧成工艺"等形式和特征上,真实展品因年代久远会有损坏与瑕疵,且瓷器较为贵重,而通过全息无介质成像技术,能够较好地复刻陶瓷展品的所有细节。

陶瓷制作场景：清代瓷器制作技艺大概有七个步骤："选胎""打图""上线条""填色""洗染""结果""落款"。想为观众重现曾经的制作技艺，离不开数字化的技术支持，以全息无介质技术生动再现每一个陶瓷制作场景，让观众身临其境感受陶瓷制作过程、文化底蕴。

（三）历史水道——时光码头

建造一条连接商船的登船码头，运用沉浸式投影及地面互动技术，通过计算机多媒体控制声音、视频等同步显示，采用遥控手控、感应式控制，加强游客和历史的互动感觉，打造实物与数字化相结合的时光码头。

码头两侧利用投影投射技术全方位、立体化地向参观者展示清代码头商运的每一个细节，通过体感互动及脸部识别技术，模拟出相同面貌的清代商人。略微昏暗的灯光，逼真的海水投影，行走的脚步也会在地面形成层层涟漪，耳中聆听着博物馆的解读，与清代商人一同缓步登上木船，营造出沉浸式虚拟现实的历史文化空间，带给观众极大的视觉冲击力和舒适感。

（四）海上丝路——互动海浪

利用场馆建筑原本结构样式，巧妙地将展馆内承重柱设计成商船桅杆形式，搭建一艘清代木质商船模型。船身设立镜面全息成像系统电子屏，展示商船内部构造及清代陶瓷商人搬运瓷器过程，通过添加红外摄像头等设备捕捉人体动作以此来实现人机互动，甚至是多人同时与"镜面"产生互动。

船上设立夹板、货舱、客舱等区域，利用互动橱窗投影及全息投影技术，构建多个陶瓷展柜。伴随着翻涌的海浪，清代的商人开始出海贸易，也就是在这一时期，确定了景德镇陶瓷向绘画装饰方面发展的大趋势，为景德镇现代陶瓷在世界陶瓷业中占有一席之地打下了牢固的基础。

四、创新创造瓷器文化传播高地

景德镇是海上丝绸之路的重要起点，瓷器也是东西方文明沟通的纽带。该项目围绕清代"海路瓷珍"全景动画主题渲染＋清代馆藏精品器型、图案三维立体多媒体互动投影形成整体沉浸式互动体验氛围，以多媒体技术综合应用方式增加静态展览的感染力，提升传播中华优秀陶瓷文化的感召力，完美呈现陶瓷专题博物馆专业、特色的震撼效果，继而在博物馆陶瓷主题类展陈展示上，创新创造国际一流、国内顶尖的数字化建设体验示范标准。

图 4　清代商船展示 3D 水浪光影

（一）特色成效显著

景德镇中国陶瓷博物馆作为一个经济、社会、文化的综合体,其数字化改造项目在数字创新、融合应用、产业生态等方面成效显著,具有带动引领作用。具体如下:

技术创新方面,结合目前国内外最先进的激光投影技术、沉浸式 3D 透视技术、3D 扫描仪、激光人机交互技术融合,渲染处理等核心关键性技术手段,实现多角度、多维度、全方位地打造艺术化的全沉浸式互动体验空间。通过文化精神层面的沉浸及科技创新手段,更好地传承璀璨的中华传统文化。

融合应用方面,数字化应用+文化展馆,数字展厅融合了声、光、电、多媒体技术,营造出强烈的沉浸感展览氛围,让优秀的传统文化借助科技手段"活"起来。与传统展厅相比,数字化展厅具有更强的空间表现力和感染力,可以为参观者创造不同的时间和空间体验,它给人一种身临其境的感觉。

产业生态方面,在文化旅游、融合媒体、教育培训等方面多产业链联合,实现新的突破,打造创新示范平台,作为展示景德镇悠久的陶瓷文化的窗口,符合现代社会特点的活动开展策略,旨在提高博物馆对大众的吸引力,寻求博物馆开展社教活动的新方向。

（二）示范推广场景

景德镇中国陶瓷博物馆全感沉浸式互动新体验建设方案,为中国博物馆数字化改造和沉浸式互动体验提供了一个极具价值的案例。该方案充分利用了现代科技手段和数字化展示手段，通过创新展示方式和个性化参观方式，为游客带来了更加真实、生动、全面的陶瓷文化体验，极大地提高了游客的参观体验和博物馆的传播效果。此方案具有较强的示范推广前景，具体如下：

一是具有"艺术＋科学"双重互动体验。随着科技进步、展览形式多样，观众对展览的要求和兴趣也越来越高，人们对博物馆的数字化的需求已成为文化刚需。利用科技创新将藏品数字化应用开发对博物馆来说，不仅适应了经济社会发展趋势，也为观众提供更丰富的互动体验，满足人民群众文化和旅游的新期待、新需求。当前大量文博单位积极整合博物馆数字展馆资源，以"艺术＋科技"的全新数字化展陈方式，不断提升游客参观体验。

二是具有历史教育价值。博物馆数字化发展趋势势不可挡，未来更是不可预测。进入新发展阶段，面对多样化的发展机遇，博物馆把数字红利转化为发展红利，从更多维度来把握自身未来，构建新的展览业态。这不仅对展馆起到很好宣传效果，还可以形成一种展览文化，在观展成为一种文化和时尚之后，博物馆的藏品可以更好地发挥其文化、历史与教育价值。

三是争当国内外数字化体验示范标杆。景德镇中国陶瓷博物馆设立该项目，预期取得成效旨在围绕清代"陶冶图说"全景动画主题渲染＋清代馆藏精品器型、图案三维立体多媒体互动投影形成整体沉浸式互动体验氛围，以多媒体技术综合应用方式增强静态展览的感染力，提升传播中华优秀陶瓷文化的感召力，完美呈现陶瓷专题博物馆专业、特色的震撼效果，继而在博物馆陶瓷主题类展陈展示上，创新创造国际一流、国内顶尖的数字化建设体验示范标准。

结　语

近年，博物馆游掀起全民热潮，大量的博物馆沉浸式空间设计不断更新换代，为景德镇中国陶瓷博物馆的持续创新提供了宝贵的经验。景德镇中国陶瓷博物馆通过多维的沉浸式文化体验将馆内文物活化起来，构建与游客平等对话的文化传播窗口。用陶瓷语言讲述"一带一路"上东西方文化的汇融，实现文物与现代的对话，是景德镇中国陶瓷博物馆拥抱数字经济、创新数字模式的新实践。

信州区"智慧城市大脑"：
一键联网格，一屏观全域，一网治全城

引言

城市化进程加快推进，城市规模快速扩大，城市人口快速增加，城市管理需要覆盖的区域和管理的内涵不断拓展，对城市治理提出了更高的要求。上饶市经济工作会议指出：加快智慧城市大脑建设，加速打造市域数字化治理示范城市。信州区委、区政府紧紧围绕"新型智慧城市建设"定位，聚集城市精细化、城市品质与城市治理水平提升。

一、付诸实践，见诸行动

2022年4月，中央政法委在市域社会治理现代化试点工作指引任务分解清单（2022版）中明确要求试点城市"打造一体化的城市数据中心（城市大脑），逐步打通地方、部门、企事业单位之间的信息壁垒，构建覆盖全域、统筹利用、统一接入、灵活服务的数据资源共享体系，推动数据资源向社会治理各单位、各平台分级分层分权限共享，实现跨部门、跨区域共同维护和利用，促进业务协同办理"。信州区成立以区政府主要领导为组长的信州区新型智慧城市建设工作领导小组工作专班，多次赴浙江杭州、绍兴，山东青岛、临沂实地考察，在充分借鉴发达省份城市的先进经验的基础上，启动建设国内领先、全省首个县级5G智慧城市大脑。

以"可用性、可视化、可复制，直达网格一线"为原则，以"一键联网格，一屏观全域,一网治全城"为目标,全面梳理党政机关核心业务,从治理与服务两个维度形成业务事项清单,立足于城市管理体制、机制和方式的创新,依托现代信息技术,采用"网格管理法"和"城市部件管理法"等多种方式,将现有城市管理资源整合,全方位打造"1+2+N+未来"智慧城市大脑建设,为科技赋能城市管理提供全新的信州实践。

(一)一套智慧城市指挥平台,紧扣智慧城市"最先一公里"

统筹城管、住建、人防、市管、教育、农水等部门协同作战,相关部门平台值守人员统一入驻指挥中心,形成网格化工作"五个统一",即统一机构设立、统一网格划分、统一归口受理、统一工作流程和统一考核评价。实现了"西市格格"从数字化管理到"信州格格"2.0智慧化管理的全新升级。全面提升精细化治理、精准化服务水平。

(二)两个精细化智慧治理,走好智慧城市"关键一公里"

一是城市精细化智慧治理。搭建"一网统管"的智慧城管体系,实现"一屏观全域"。聚焦打造"智慧城市",建立城市管理问题"信息采集、案件建立、任务派遣、任务处理、处理反馈、核查结案、绩效考核"7个阶段的闭环管理。通过"监管分离"城市管理的模式,把涉及城市管理的各类问题,使用一个屏幕实时反映,搭建了"第一时间发现问题,第一时间处置问题,第一时间解决问题"的集成运行机制。二是平台精细化管理。搭建智慧城市运管服务平台,实现"一键联网格"。充分发挥信州"西市格格"国家级基层社会治理品牌效应——网格化在5G智慧城市大脑构建中的神经末梢作用,全面提升城市服务管理水平。对全区案件店外经营、乱堆物料、沿街晾晒、违规广告等10余类违规行为全天候实时监测、自动抓拍,把问题一键直达基层网格员,并对上报的问题进行受理、处置、上报,确保"事事有回音、件件有结果"。搭建城市部件物联感知网络,实现"一网治全城"。对首批1000多个重点城市部件进行物联感知改造——智能井盖、智能路灯、智能垃圾箱、案件高发点位固定视频智能分析,打造"入口多源、出口统一"的全面一站式智能网络,为智慧城市大脑提供集中管理、感知"城市健康"状况,一张数据网治理城市的良好效果已初步显现。

(三)N个行业应用平台,打通智慧城市"最后一公里"

信州区全面盘活城市管理、平安城市等数据资产家底,将已建覆盖全区城乡4000个天网雪亮监控点位全部接入5G智慧城市大脑,避免重复建设。在智慧城管、"完整社区"智慧治理两大核心应用的基础上,先后谋划建设智慧小区、防溺水预警、智慧工地、智慧物管、智慧农贸5个应用场景,打造各行业数据共享、业务协同的区级智慧城市数字化底座。

智慧小区安防。信州区完成以丰溪老旧小区、江光老旧小区等50余个老旧小区的安防智能化改造,其中建设了人脸识别摄像头、全结构摄像头、高空球机、车辆道闸,监控总数达到2346个,每个小区平均监控数量达到近50个。智慧小区安防智能化平台接入智慧城市大脑,提升了小区管理应用效率。防溺水预警。信州区打造了全市第一个重点水域全覆盖的县级5G防溺水预警平台。依靠"人防+技防+物防"叠加互补、全方位防控,2022年信州区创造"零溺亡"的新纪录,为人民生命财产安全提供强有力的保障。智慧工地。信州区将秦峰集贸市场建设项目、沙溪园区配套服务中心建设项目、上饶市第四中学三江校区建设项目、上饶市佳和小区建设项目等8个重点项目接入智慧工地平台,加强施工现场安全管理,降低事故发生频率,杜绝各种违规操作和不文明施工,提高建筑工程质量。智慧物管。在全省率先自主研发由政府主导的"智慧物业管理平台",统一物业管理标准规范服务体系,实现物管"全区一张网、一个标准",为居社互动、多元共治增彩添色。智慧农贸。信州区智慧农贸市场系统,计划覆盖全区20个农贸市场,包括溯源电子秤、商户信息公示屏、市场信息展示屏、市场触摸一体机、食品安全快速检测仪、客流检测仪、AI行为检测分析系统等内容,实现管理数字化、交易智能化,提升农贸市场管理效率和服务水平,构建食品安全保障体系。

(四)构建"完整社区"智慧体系,铺垫美好城市"未来一公里"

根据上饶市统一安排,信州区万达社区、茶山路社区、吉阳山社区作为首批试点的3个"完整社区"试点社区。同时,信州区通过初步摸底,将自我加压扩大试点,在原有基础上新增7个社区作为区级"完整社区"试点,将纳入信州区5G智慧城市大脑建设重点,突出"改造+服务"双提升,开启全民合力共建共享的智慧生活新模式。一是突出"服务理念"。积极响应居民生活"堵点""难点"问题和投诉建议。推进智慧物业管理服务平台与智慧城市大脑、智能家庭融合应用,提供一体化管理。搭建以智慧管理、政务服务、公共服务、生活服务四大模块为主的智慧物业应用系统,为小区居民提供安全、舒适、便利的现代化和智慧化的生活环境。二是实现"基层减负"。围绕人、地、事、物、情、组织六大类别,构建"智慧报表",打通线上报表收集渠道,实现常用报表即查即用,共享上级政府基础数据,指导基层干部快速作业,减轻社区基础数据录入负担,为基层基础工作去任务、提质效、减负担发挥积极作用。三是建设智慧社区。依托社区多元数据,提供畅通的居民沟通渠道,为居民提供信息发布、志愿招募、困难救助、意见反馈等服务功能。通过展示社区网格、微网格分布,社区网格分布划分,将社区四网合一网格动态分布配置在地图上,形成社区网格,便于工作调度决策。四是打造智慧生活服务圈。创新公共服务模式,补齐社区公共服务最后100米短板。整合家政保洁、养老托育、小店"一店多能"、连锁企业进社区等到家服务。结合"完整社区"智慧平台,促进线上线下服务融合发展,提高15分钟生活圈的办事效率,让"群众少跑腿,数据多跑路",丰富居民侧多元化的服务场景与业务创新,为居社互动,多元共治增彩添色。

二、因地制宜,精准施策

(一)"三结合"推进

一是结合外地好的经验做法。从全国找样板,赴省外山东青岛、临沂,省内南昌、赣州,学习借鉴智慧城市建设经验做法,抬高信州区智慧城市建设起点。二是结合当前市区几项重点工作。紧盯当前重点工作需要,提供居民出门预警信息,试点网格吹哨报到,创新小蜜蜂+无人机巡逻手段,让智慧城市建设成果进疫情防控、进创文创卫、进"十大行动"。三是结合城市难点、痛点、堵点。贯彻城市经营理念,瞄准城市痛难点,下力解决高空抛物、电动车进楼道、占用消防通道等城市顽疾。

(二)"四更加"见效

一是数据更加全面。从物到人,从区指挥中心到镇街分中心,从环卫、执法、燃气到市政设施设备,全面整合资源,力克数据不联、接口不通瓶颈,打通信息孤岛,打造完备数库。二是管理更加精细。以街道为片区,以道路为主线,以村居为单位,以楼栋为单元,人管技管双管理,人巡技巡双巡逻,监测到点位、到站位、到楼位,使城市管理更加精细、更加精准。三是处置更加通畅。构建跨部门联动、运管双向衔接模式,从问题发现到交办,从部门调度到处置,打通行业壁垒,实现闭环化运作。四是调度更加快捷。各单位信息员通过微信小程序,第一时间、第一现场,对案件进行上报、处理、转派,实现网格员、指挥中心和相关部门的有序无缝快速对接,做到横边纵底、一网统管,真正让智慧成果,助力信州城市建设,信州居民更加幸福。

(三)"五个一"运行

一网通联。通过对重点管辖区域安装路灯控制器、井盖监测设备、智能识别摄像头、积水监测设备等物联网,打造全区统一的物联网感知体系,实现对城市管理的实时数据监测,从而做到第一时间发现问题。一库集成。通过汇聚城市管理基础数据、城市部件事件监管数据、城市管理行业应用数据、相关行业数据,建设信州区城市管理综合性数据库,对各类数据进行清洗、校验、抽取、融合,形成综合性城市管理数据库。实现了对信州区城市管理基础数据的掌握。一图监测。通过城市运行管理"一张图",结合大数据分析等技术,可对城市日常管理状态进行全方位监控,并进行可视化管理,全面掌握全区城市管理高发问题、重难点问题、重复发生问题情况,为高效决策提供科学的数据支撑。同时平台运行后,可利用 GIS、GPS、RS 等信息技术,实现对城市管理的人、车、事、物全监管。一端采集。通过移动终端微信小程序,市民参与城市管理,上报、咨询、建议一些城市管理相关的问题。另外小程序还提供一些便民服务的功能,包括公园、公厕、菜市场的查询等,市民小程序的应用也体现共建、共治、共享的管理理念,人人都是城市的管理者。一平台处置。通过一平台中的指挥协调系统,实现城市管理"信息采集、案件建立、任务派遣、任务处置、处置反馈、核查结案和绩效考核"等功能。

三、直面问题,主动作为

通过"1+2+N+未来"模式,初步推动且形成了新型智慧城市"数智赋能"的工作格局,但离人民对美好城市生活的期盼、最终要达成的目标要求相比,仍然存在很大的差距。

(一)市区联动的问题

智慧城市"市区联动"涉及数据联动、事件联动。一是数据联动,信州区 5G 智慧城市大脑作为未来"上饶智慧城市大脑·信州平台",所有区级自建系统数据均可按需接入市级平台,能很好地完成"数据上行"任务。但目前"数据下行"通道未能打通,市级共享交换数据暂未形成有效支撑,特别是水电气、民生服务、政务服务类、公民地名地址库等。信州区正在谋划搭建 CIM 数字孪生城市底座,分步建设"时空一张图",需要市级大数据、自然资源等部门的支持。二是事件联动,目前存在"上行不畅"问题。以智慧城管为例,信州区各网格或市民上报的事件,只能区内交办,还不能通过市级平台直达市级单位办理,使反馈结果形成闭环,没能真正做到"网格吹哨,部门报到"。

(二)要素保障的问题

首先,项目建设资金相对短缺,随着功能、应用的不断扩充,资金的需求量将会进一步增大;其次,高层次人才相对缺乏。智慧城市建设对技术需求层次较高,当前技术支撑较为薄弱,特别是新一代信息技术在智慧城市建设中的应用研发还需进一步加快,高层次人才的缺乏将极大地影响项目功能的进一步延伸,而这类人才主要集中在电子科技与技术类和信息与通信工程类专业,特别是指硕士研究生以上学历或副高以上职称。

四、承前启后,继往开来

信州区坚持示范引领,借鉴发达省份城市大脑建设经验,让城市治理更智慧。

(一)以智能为先导,让城市更宜居

信州区将深入贯彻党的二十大报告精神及省市相关工作部署要求,"坚持人民城市人民建、人民城市为人民,提高城市规划、建设、治理水平,加快转变超大特大城市发展方式,实施城市更新行动,加强城市基础设施建设,打造宜居、韧性、智慧城市"。充分发挥信州区信息化产业在全省前列的基础上,建立区级大数据共享中心,横向打通各部门间数据。通过汇聚融合"1+2+N+未来"智慧模式,塑造高品质的生活空间。

(二)以"一网"为驱动,让城市更宜业

将信州区初步建成为优商善治、宜居乐业、惠民便企数字化智能城市,争创全国新型智慧城市建设先行区、数字融合发展样板区。基本构建起"一网感知、一网统管、一网通办、一网惠民、一网融合"的智慧城市体系,促进人与城市数字化更紧密连接,社会治理能力更精准智慧,城市服务更便捷高效,城市环境更宜业,数字赋能经济更蓬勃发展。

(三)以试点为引领,让城市更宜乐

坚持以"完整社区"试点工作为引领,全面推进智慧城市一体化建设,在尊

重居民意愿的前提下,充分利用社会力量优势的市场化改造模式,考虑城市利益、居民利益和企业利益,完善社区服务设施,推进智能化服务,健全社区治理机制,探索新型社区治理模式,聚焦居民的急难愁盼,着眼居民多层次、个性化、高品质的生活需求,真正将完整社区打造成幸福乐园。

结　语

路虽远,行则将至;事虽难,做则必成。5G智慧城市大脑,正在成为信州区城市治理新的基础设施。信州区建设智慧城市大脑,就是要为城市生活打造数字化界面,让市民去触摸城市的脉搏、去感受城市的温度、去享受城市的服务,提升市民的安全感、幸福感和获得感,为全市乃至全省打造"数字政府"、新型智慧城市建设贡献信州智慧。

政府治理

以习近平同志为核心的党中央高度重视数字政府建设,将其作为数字中国的重要组成部分,引领和驱动数字经济、数字社会全方位协同发展。数字政府以新一代信息技术为支撑,通过构建大数据驱动的政务新机制、新平台、新渠道,进一步优化调整政府内部的组织架构、运作程序和管理服务,全面提升政府在各领域的履职能力,形成"用数据对话、用数据决策、用数据服务、用数据创新"的现代化治理模式。本篇精选了四个数字政府治理案例,包括江西省信息中心赣政通、江西省防汛中心数字孪生流域数据底板、萍乡市芦溪县利用"5G+AI"技术提升交通管理水平等,旨在相互交流数字政府治理经验,为数字技术更好地服务政府、服务人民群众提供思路参考。

江西省信息中心："赣政通"协同办公平台助力江西省政务办公数字化转型

引 言

"赣政通"协同办公平台是江西省纵深推进"放管服"改革，加快实现数字政府省域治理体系和治理能力现代化的重大举措。通过"赣政通"协同办公平台建设，探索强协同、提效能、慧办公的政务新模式，推进治理体系和治理能力现代化。同时以政府数字化转型驱动治理方式变革，推进政府决策科学化、社会治理精准化、公共服务高效化，进一步推动数字经济、数字社会实现高质量、高水平发展。平台用户覆盖省、市、县、乡、村五级政务部门，主要面向各级政务工作人员提供沟通、办公、审批、执法等各类服务，全面实现政务工作"一网办、掌上办"。

一、规划先行，绘制数字化政务办公"蓝图"

随着新一代信息技术快速发展，数字化已成为各行各业转型提升的重要方向，政府治理领域亦是如此，数字化转型已成为我国各级政府积极顺应时代潮流、把握发展机遇、主动应对挑战的重要举措。2019年10月31日，中国共产党第十九届中央委员会第四次全体会议通过了《中共中央关于坚持和完善中国特色社会主义制度 推进国家治理体系和治理能力现代化若干重大问题的决定》，决定中提出要"建立健全运用互联网、大数据、人工智能等技术手段进行行政管理的制度规则。推进数字政府建设，加强数据有序共享"。江西省认真贯彻国家顶层设计理念,统筹建设省级移动政务协同办公平台。

二、问题导向,聚焦政务数字化转型"难点"

经前期调研发现,江西省政务数字化转型过程中存在部分高频政务数据未共享或共享质量不高,部门之间业务缺乏协同等问题和不足。

(一)亟需统一的安全通讯工具

由于政务办公信息的敏感性,在大数据时代下,构建以安全加密为基础的政务工作通讯工具是政府日常办公不可或缺的重要一环。

(二)亟需统一的通讯录和组织架构

当前政府各部门、各层级之间无法进行相关信息互联互通的重要原因在于缺乏统一的政务平台承载政府工作人员实名通讯录和组织架构,各部门系统人员信息无法有效进行打通,存在一个个信息孤岛,不利于跨层级、跨区域、跨部门、跨处室的上下左右沟通以及扁平化管理,也就难以实现全省统一的身份认证和数据互通。

(三)亟需统一的移动应用工作平台

没有形成全省各单位"掌上办公"应用的统一门户。不同的业务应用需要开发不同的APP程序,导致大量重复性建设,浪费财政资金。同时由于政府工作人员需要安装各种APP程序,并在不同程序之间频繁切换,增加了移动办公的操作难度,降低办公效率。

(四)亟需统一的政务运行标准体系

省直部门和设区市已建设的网上办公系统,大多没有实现互联互通。同时,由于缺乏有效的协同平台支撑,以及标准化、规范化、现代化的政务运行体系和机制的支撑,导致各类办公系统之间无法高效协同,政务办公过程不能全程电子化,从而难以达成政府机关运行标准化、业务信息化、管理精细化、服务高效化的目标。

三、功能为本,树立"赣政通"政务办公"标杆"

为解决长期以来制约政务信息化建设的短板,并结合当前移动办公技术的发展趋势,江西省启动"赣政通"协同办公平台建设,平台覆盖全省各级政务部门,实现办公从"单位内部小循环"到"全省政务大协同"。

(一)建设原则

统一规划,分步实施。按照国家电子政务总体框架的总体要求,结合全省移动政务办公的实际需求,做好统筹规划和顶层设计,指导平台规范有序地实施。

统一部署,分级管理。集约化建设覆盖省、市、县(区)、乡(镇)、村五级全省政务部门的协同办公平台,通过省级统建方式,集中在省大数据中心机房建设和部署,各级单位统一使用,节省建设投资和运行成本,提高运维效率。

统一标准,开放共创。遵循相关国家标准,制定省级地方标准《"赣政通"平台组织及人员数据规范》(DB36/T 1539-2021),便于全省拓展组织和人员接入,实现平台组织及人员数据标准化。

统一运维,保障安全。制定"赣政通"协同办公平台分厅建设及应用接入实施流程规范等标准,保障平台安全、稳定运行。

(二)建设目标

按照"互联网+"理念,集约化建设全省统一的"赣政通"协同办公平台,实现"五化"目标,即"组织在线化、沟通在线化、协同在线化、业务在线化、生态在线化",形成大数据时代的新型政务办公模式,使我省政务移动办公效率、应用水平处于全国前列。

1. 组织在线化

即覆盖省、市、县、乡、村五级政务部门工作人员,构建从省到村的移动协同办公平台。

2. 沟通在线化

即通过即时消息、电话会议、视频会议等功能,实现便捷、高效、安全的在线沟通。

3. 协同在线化

即构建政务办公系统、掌上门户,实现办文、办会、办事等上下贯通,左右联动。

4. 业务在线化

即整合现有行政办公、行业管理等各类应用,实现政府内部掌上业务微应用服务目录。

5. 生态在线化

即资源共享、服务共享、信息共享,全面打造新型、现代服务型"数字政府"。

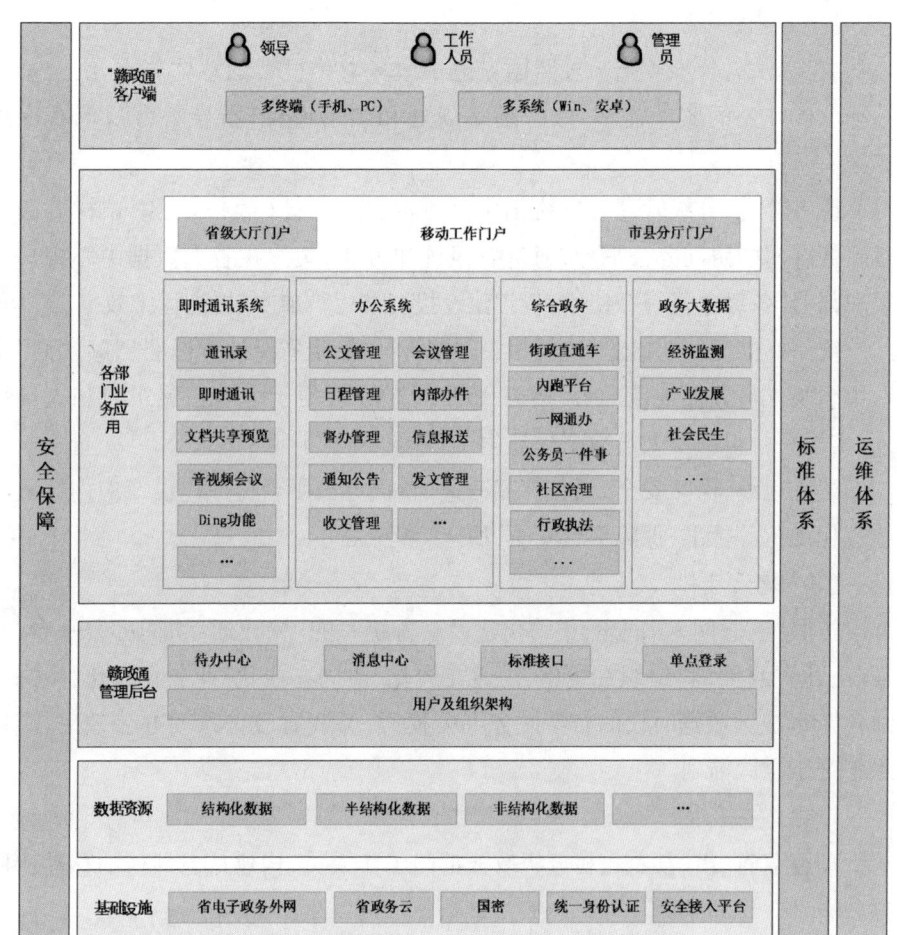

图1 "赣政通"协同办公平台总体架构图

(三)平台架构

1. 基础设施层

"赣政通"协同办公平台依托省电子政务外网、省政务云、安全接入平台、国产密码云平台等基础设施集约化建设,有利于实现政务数据共享和业务协同,并确保平台安全、稳定运行。

2. 数据资源层

存储"赣政通"协同办公平台产生的结构化数据和非结构化数据。结构化数据包括人员库、公文库、会议库、事务库、知识库、共享库等;非结构化数据包括公文数据、统计分析报表、音视频文件等内容。

3."赣政通"管理后台

提供各单位分级管理用户及组织架构的功能并与各部门应用进行用户、组织架构、待办、消息数据的标准化对接及管理。

4.各部门业务应用

提供统一端上应用访问,包括即时通讯系统、协同办公系统、综合政务、政务大数据等,各部门应用将采用"赣政通"客户端进行统一登录并实现各应用统一入口,提高工作效率。

5."赣政通"客户端

为全省政务工作人员构建统一的移动办公入口,实现统一身份认证、授权访问,满足随时随地在线沟通和政务办公的需要。

6.标准体系

建立信息标准规范体系,统一应用系统接入标准,规范信息互联互通,从而保证与业务应用系统实现有效集成。

7.运维体系

以应用与实效为主导,管理与技术并重,建立综合运维保障体系,保障信息平台安全、高效、稳定地运行。

8.安全保障

建立即时通讯客户端安全防护、即时通讯服务器安全防护、数据传输安全防护、第三方数据加密和部署安全等系统性安全保护措施,确保数据安全。

(四)系统部署

"赣政通"协同办公平台在省级集中部署,供省、市、县、乡、村五级政务部门使用。具体部署图如下:

1.统一平台

建立全省统一的"赣政通"协同办公平台,分别为市县提供应用接入、VPN接入能力。

2.市级接入

市级政务应用通过政务云防火墙接入"赣政通"管理后台,市级用户终端通过互联网+省统一VPN的接入方式,使用"赣政通"客户端进入地市各应用(包含省级统建应用)。

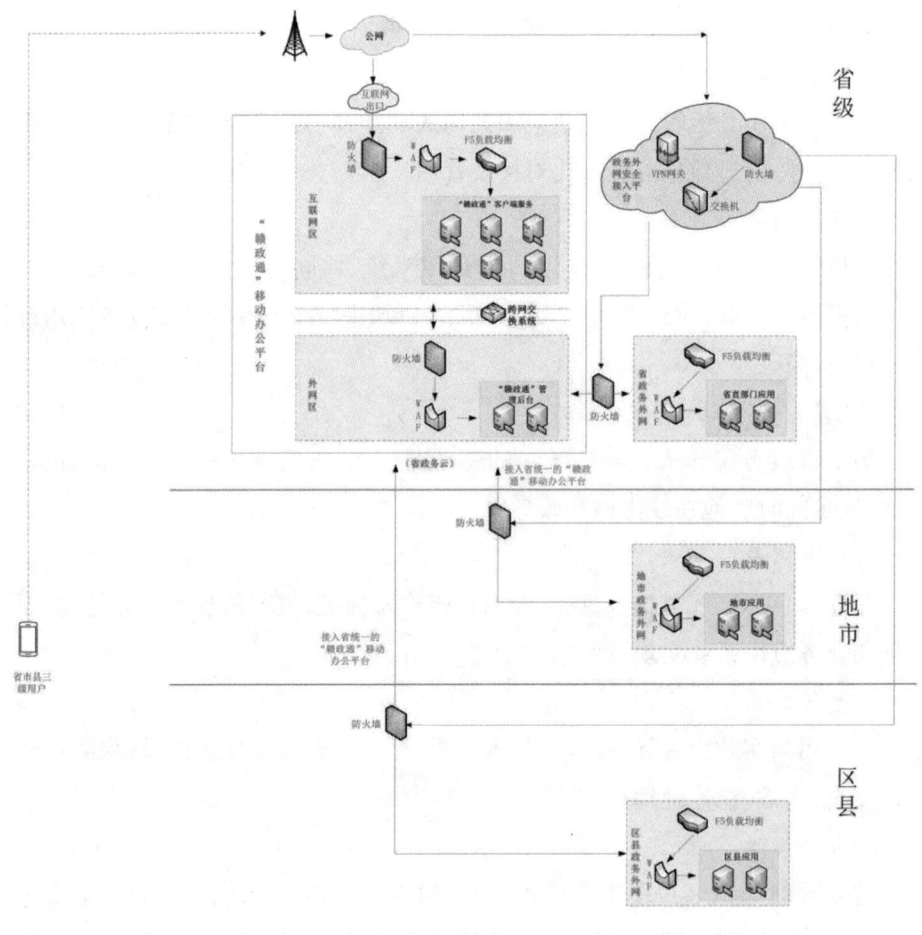

图 2 "赣政通"协同办公平台部署图

3. 区县级接入

区县用户可统一接入省级 VPN 网关,使用"赣政通"客户端进入地市或区县各应用。

(五)建设内容

"赣政通"协同办公平台主要包括以下建设内容:

1. 即时通讯系统

依托省政务外网、省政务云本地化部署政务办公平台,为全省政务部门提供统一通讯录、消息发送、工作群、视频会议和语音电话等在线沟通功能。

2. 政务办公系统

搭建通用政务办公系统,包含公文管理、信息报送、督察督办、会议管理、领导日程管理、个人事务管理等主要功能。尚未建设办公系统的部门,可以使用"赣政通"协同办公平台提供的通用政务办公系统。

3. 政务办公门户

建设具有江西特色的省级移动政务办公门户和地市移动政务办公门户,按需接入政务办公、行政管理等各类政务应用。

4. 管理后台

提供"赣政通"协同办公平台的后台管理功能,实现应用系统接入的管理,以及组织架构、用户、待办、消息等的对接与管理。

5. 政务外网安全接入平台

升级已有全省政务外网安全接入平台,以支撑各级政务部门使用"赣政通"APP通过安全接入平台安全访问政务外网内的政务应用系统。

6. 数据安全加密系统

在省电子政务外网部署数据安全加密系统,对通过即时通信平台收发的消息、文件等进行加密传输,确保数据安全。

7. 标准规范

制定"赣政通"政务应用对接和上架等技术标准规范,实现对接入政务应用的统一管理。

8. 政务系统整合接入

各部门将已建政务办公系统、行政管理系统等接入到"赣政通"协同办公平台,实现业务应用移动化、逐步推动跨部门业务应用互联互通,联合协同。

四、创新为要,强化"赣政通"协同办公"属性"

"赣政通"协同办公平台项目创新有以下几个方面:

(一)互联共享

"赣政通"协同办公平台致力打造新型、现代的服务型"数字政府",实现政务资源共享、服务共享、信息共享。通过建设"全省一体在线"的协同办公平台,实现省、市、县(区)、乡(镇)、村五级人员和业务互联互通,同时依托"赣政通"底层能力,降低建设成本,提高全省办公效率。

（二）业务在线

"赣政通"协同办公平台将办文、办会、办事等政务办公高频事项统一集约建设,并接入涉及行政执法、行政审批、应急指挥、社会服务等特色场景的业务应用,全面提升政务办公数字化、移动化、便捷化能力,大幅提升工作效能。

（三）协同在线

"赣政通"协同办公平台提供消息必达 Ding 消息功能、音视频会议、待办中心等新功能,助力行政机构日常办公高效协同。

（四）沟通在线

"赣政通"协同办公平台将单聊、群聊、消息已读、未读等聊天功能融合,整体部署在政务外网上,并实现两端同步,既能确保安全,又能实现简单、高效、安全的随时沟通。

（五）组织在线

"赣政通"协同办公平台建设覆盖省、市、县（区）、乡（镇）、村五级的全省通讯录,并基于此通讯录配置政务组织节点可见性、领导敏感信息可见性,保障政务协同安全可控。

（六）生态在线

"赣政通"协同办公平台通过统筹建设、集中接入等方式汇聚全省千余个政务应用,打造政务服务"前店后厂"、低碳会议、机关内部办事"最多跑一次"等数字化办公生态链,促进我省经济和社会高质量发展。

五、成效显著,打造"赣政通"数字政务"江西样板"

自"赣政通"协同办公平台2021年1月上线以来,在各地各部门的共同努力下,全省实名注册用户突破66万人,组织架构从省级部门纵向贯穿至行政村（社区）,共联通1.9万个政务部门,实现省、市、县、乡、村五级组织架构全覆盖。接入各级各类业务应用1300余个,办件消息超5000万条。各地市和大部分省直部门OA办公系统已全部整合接入,基本实现公文接收办理"移动办、掌上办"。2021年,"'赣政通'开启江西政务服务'前店后厂'新模式"案例荣获2021年政府信息化创新成果奖。2022年,平台荣获数字政府"三十佳"优秀创新案例奖。

（一）统筹接入全省政务工作人员,打造"江西政务通讯录"

"赣政通"通过省、市、县、乡、村五级行政区划的移动联络系统建设,将江西全省政务办公人员纳入一张"线上通讯录",同时按单位、区划、条线、职级、角色人员灵活配置组织信息,提供多种场景下的找人路径,实现跨部门、跨层级搜索人员,以实现五级机构组织在线协同办公。支持按职能、行业架构搭建通讯录,条块结合,实现跨层级、跨条线组织数字化。

(二)高效整合各类政务办公系统,实现"一个APP,可办所有事"

归并整合各类政务移动APP向"赣政通"迁移,对接联通各部门OA办公、行政审批、业务管理、行政执法等政务应用,实现全省政务移动办公统一入口、统一身份认证、统一数据管理,解决政务APP繁多、数据碎片化、使用不便等问题,实现政务工作集中管理、智能提醒、高效运转。

(三)全面推动内部流程再造和数据共享,实现政务办公"手机一开、说办就办"

依托"赣政通"协同办公平台,各地各部门积极打破内部办公"信息孤岛",推动内部办公流程再造,实现政务办公系统与政务服务系统之间互联互通,省、市、县、乡、村五级政务部门之间业务协同,电脑、手机、平板等智能终端之间数据共享,促进政务办公效率提升。

(四)大力推进全省政务应用场景创新,构建江西政务办公"生态链"

依托"赣政通"协同办公平台,各地各部门结合自身工作,创新开发了一批特色政务应用,取得初步成效。比如,省纪委接入"监督一点通",促进小微权力监督移动化、便捷化和高效化,加快基层治理步伐。上饶市依托"赣政通"协同办公平台推动公务员"一件事审批"工作,实现市域机关内部办事"一次不跑"。吉水县依托"赣政通"建设"快问政"平台,实现信访件快速分发、在线会商、快速办理。

(五)创新打造"前店后厂"工作模式,实现政务服务"审批办理一条龙"

"前店后厂"政务服务工作模式是指群众将各类政务服务事项通过"赣服通"、江西政务服务网等入口进行提交受理,办事人员通过"赣政通"后台进行办理,最终将办理结果通过"赣服通"传到老百姓的手上,实现整个政务服务办理的全流程闭环以及办理流程的全透明。目前江西省已围绕行政审批、惠企兑现、补贴发放等业务场景打造多种"前店后厂"政务服务模式,累计接入"前店后厂"应用26个,办事事项2721项。

六、示范效应，"赣政通"赋能数字政务领域"升级"

"赣政通"协同办公平台以"集约化"理念打造具有江西特色、符合江西省情的移动政务协同办公平台，通过将"人员、组织、应用"进行有机结合，并依托多技术融合、多系统整合、多数据聚合等手段，打破不同区域、部门、层级之间的信息壁垒，有效提升政务人员办公效率。"赣政通"协同办公平台的主要推广前景有以下几个方面：

（一）政务通讯录提升沟通效能

"赣政通"协同办公平台打造的全省政务通讯录和系统条线通讯录功能，可为全省政务办公人员实时提供所需的人员信息和组织架构，实现跨层级、跨地域、跨部门工作沟通便捷高效。

图3 "赣政通"特色分厅示意图

(二)通用 OA 完善办公一体化

"赣政通"协同办公平台建设的通用 OA,主要集公文办理、无纸会议、督查督办等政务办公事项于一体,面向未建设 OA 系统的省级单位提供"赣政通"标准 OA 办公服务,从而全面构建协同一体的政务办公大平台。

图 4 "赣政通"低碳会议示意图

(三)特色分厅实现日常办公升级

"赣政通"协同办公平台的特色分厅具有组件化服务功能,可支撑各地各部门分厅门户的各类业务内容重构,构建更加高效的政务办公新方式。

(四)低碳会议助力会议高效运转

"赣政通"低碳会议聚焦打通会前、会中、会后全流程,构建一体化会议系统,实现全省跨单位、跨层级会议无纸化管理,实现各类机关会议一站式高效运转。

(五)"前店后厂"提升服务效能

创新打造的"前店后厂"政务服务新模式,打通"赣服通""赣政通"协同渠道,实现政务服务"赣服通"前店受理、"赣服通"后厂办理的全流程闭环运行,全面提升政务服务效能。

(六)移动开发平台支撑应用场景创新

各地各部门可依托"赣政通"的移动开发平台,聚焦自身特色办公场景,创新开发特色政务应用,推动政务应用场景创新,构建政务办公"生态链"。

(七)"小赣事"智能助手赋能政务办公

将 AI 智能问答技术与数字政务办公相结合,推出"小赣事"政务小助手,通过不断丰富"小赣事"政务知识体系和辅助办公能力,为用户提供 7×24 小时在线问题解答和办公服务。

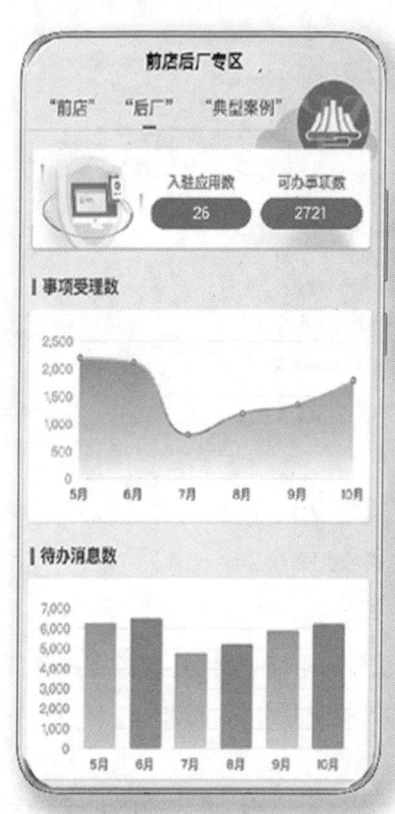

图 5 "赣政通""前店后厂"专区示意图

图 6 "赣政通""小赣事"示意图

结 语

江西省信息中心"赣政通"协同办公平台通过引入先进技术理念,依托多技术融合、多业务梳理、多数据治理等手段,提升覆盖政务办公业务全场景的数字化能力,并充分整合全省政务办公系统,打破区域、部门、层级之间的信息壁垒,全面实现组织在线化、沟通在线化、协同在线化、业务在线化和生态在线化,大力构建江西全域"数字政务"办公场景,助力江西数字政府建设迈向新高地。

互联互通·共建共享，
构建数字孪生流域数据底板

引 言

水利是农业的命脉，是社会安定的重要保障。近年来水资源已经成为国家重要战略性资源，水安全是国家安全的重要组成部分，党的十八大以来，习近平总书记多次就治水发表重要讲话，明确提出"节水优先、空间均衡、系统治理、两手发力"的治水思路，为推进新时代治水提供了科学指南和根本遵循。当前，世界百年未有之大变局加速演进，新一轮科技革命和产业变革正为各国发展带来新的发展机遇，数字经济已经成为经济发展重要增长极，水利行业如何在这场数字经济变革中迎来新的增长，更好助力经济社会高质量发展？答案就是大力推进智慧水利建设。

智慧水利是水利行业从数字化阶段向智能化转型的必要路径。我省已经建成了一套全面覆盖全省的水情、雨情、工情等要素的监测感知体系，有效地支撑了各类防汛业务的执行。然而，这个系统尚未满足新时代水务专业化、精细化、智能化管理的需求。新时代的大数据、云计算、深度学习以及人工智能等新兴技术，为我们提供了构建具有预报、预警、预演和预案能力的智慧水利体系的可能性，关键在于数字化场景的创建、智能化模拟的实现、精确化决策的制定，这将推动数字孪生流域与物理流域的同步仿真运行、虚实交互、迭代优化。数据底板将是构建全要素、全过程的水利环境数据底板的关键，它将完整且准确地支撑水利数字孪生场景的创建，支撑水利业务在孪生场景下的模拟和运行，从而助力精准化决策,推动水利行业的高质量发展。

一、数字孪生流域数据底板建设背景

习近平总书记在中央财经委员会第十一次会议上明确要求,提升流域设施数字化、网络化、智能化水平。

数字中国的建设架构也已定义了一个明确目标,这就是构建以数字孪生流域为核心的智慧水利体系。智慧水利已经成为实现水利工作的数字化、网络化、智能化的关键推动力,也成为提升水利管理效率、推动水利高质量发展的关键驱动力。2021年,水利部将智慧水利明确定位为"十四五"规划的重要工作内容和水利高质量发展的显著标志。为了推动新阶段的水利高质量发展,水利部将"推进智慧水利建设"设定为六条具体的实施路径之一。通过引入物联网、大数据、云计算、人工智能、数字孪生等新一代信息技术,水利部致力于建设数字孪生流域,从而实现数字化场景、智慧化模拟、精准化决策,最终建成能够实现"四预"功能的智慧水利体系。

2022年6月,江西省委、省政府联合发布了《关于推进全省水利高质量发展的意见》,该意见指出需要构建智能、畅通的智慧水利体系,建设数字孪生流域,推广水利智能应用,并推动智慧水利产业的发展。江西省水利部门在过去的时间里,已经设定了"作示范、勇争先"的目标,并加强了组织领导,完善了体制机制,开展了规划研究,深化了顶层设计,实施了业务应用,大力推进了以数字孪生流域为核心的智慧水利建设,从而为确保全省水安全提供了坚实的支持。

数字孪生流域被视为智慧水利的核心推动力,其鲜明特征在于其智慧化特性。数据底板作为构建数字孪生流域数字化场景的基本要素,亦是智慧化模拟参数计算和迭代更新的参考依据,对支撑流域防洪、水资源调配与管理等业务应用的精准化决策具有重要意义,同时为数字孪生流域提供全面、及时、准确的数据支持。

为达成数据统一和共建共享的目标,江西水利部门积极进行数字孪生流域数据底板建设,在我省水利数据中心和水利一张图的基础上,按照标准化、模块化的设计开发要求,重点对数据流程和数据标准进行统一,同时汇聚水利基础数据、业务数据、监测数据、空间数据以及跨行业共享数据。以数据模型为核心,进行数据关联与融合,构建一套水利行业数据共享协同的机制,形成数字孪生流域业务引领的标准统一、服务高效的数据治理管理与服务共享体系。

二、数据底板建设现状及存在的问题

近年来,江西省水利信息化进程蓬勃发展,相关业务应用日益丰富。据此,活跃的业务应用系统已突破60个,吸引了省市县乡各级用户近万人,数据种类繁多,涵盖了约18万个基础对象数据,以及数十亿各类监测数据,包括大量数字正射影像图(DOM)、数字高程模型(DEM)、数字线划地图(DLG)等地理空间数据。然而,随着数据数量与类型的不断增长,数据采集、汇聚、存储以及管理的难度正在持续加大。目前,数据整合与共享的问题尤为凸显:

(一)一数多源仍普遍存在

全省水利对象数据来源于部、省、市、县等不同层级的多个业务系统,数据来源多且不统一,省水利数据中心主要承担简单的"数据中转"角色,导致一数多源现象频现。以水库基础数据为例,存在全国水库运行管理系统、防汛指挥系统、水库管家等多个来源,水库编码、基础信息等均存在不一致情况。

(二)系统治理体系缺乏

水利基础数据都散布在各业务系统,未能构建系统性水利数据治理体系,数据长效更新机制建设滞后,缺乏对数据资产开发全流程的有效监督和管理;同时数据共享融通壁垒尚未彻底破除,水利数据共享平台数据服务少、类型单一,业务管理服务缺失,水利数据共建共享的赋能效应有待进一步释放。

(三)水利数据标准不一

国家、行业标准均有明确规定,但针对水利某一类型涉水工程基础信息、业务信息、空间信息缺乏统一标准,对象数据模型也不统一等,距离智慧水利建设要求差距较大。

(四)水利空间数据与基础数据不通畅

缺乏数字模拟仿真能力,互联网地图服务涉水工程信息少,且大部分为传统二维地图展示,水利工程山区的地形地貌数据缺乏,无法满足三维展示、可视化展示的需要;同时各业务系统分散建设专题地图服务未有效整合共享。

为着力破解上述数据治理难题,进一步加强统筹管理各部门、各层级数据资源,有效支撑水利数字孪生场景构建,我省在充分调研水利数据资源现状、剖析主要问题的基础上,创造性提出数字孪生流域数据底板构建新思路、新方法,并开展具体实践。

三、数据底板建设路径和任务

(一)建设路径

已全面升级的数字孪生流域数据底板,是基于数据底板标准的严格定义,旨在构建一个全新的水利数据模型,以满足各类水利数据治理、数据共享服务等多元化业务需求,突破原有数据管理体系的局限。在技术层面,该数据底板融合了多源、异构数据的建模技术,实现了物理入湖和虚拟入湖数据的有效汇聚;同时采用了主流的 Hadoop 分布式文件系统进行数据存储,为数据的稳定性和安全性提供了有力保障。为了提高数据质量,数据底板采用了独特的数据质量管理机制,同时构建了一套完善的数据共享服务机制,确保数据的透明化和公开化。

此外,数字孪生流域数据底板还采用了云 GIS 技术构建地理空间服务引擎,有效提升了空间数据的获取和处理能力。同时,为了更好地模拟和呈现水利二三维场景,数据底板采用了主流的模拟仿真引擎,如 UE、Unity 等,实现了

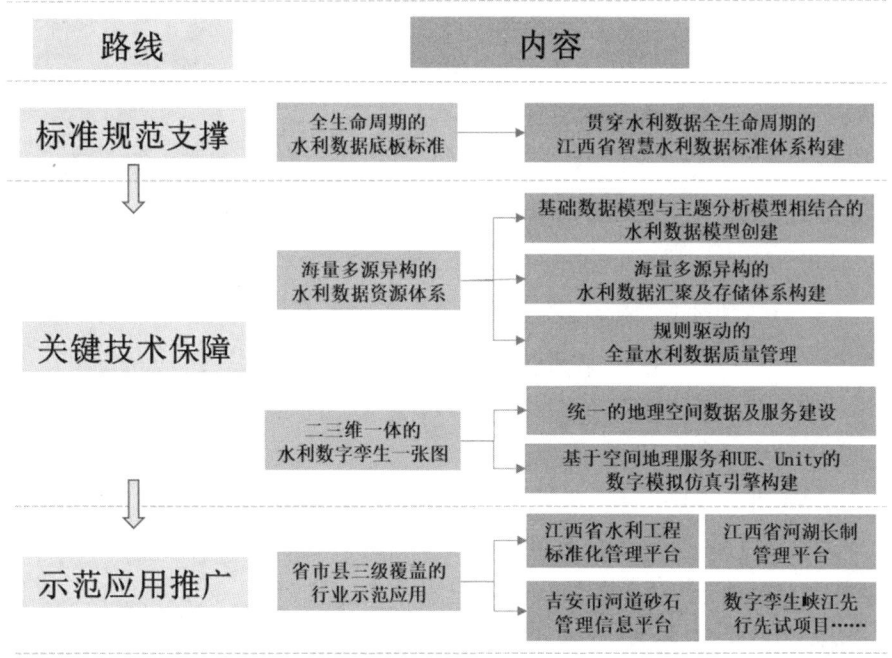

图 1　数字孪生流域数据底板总体建设思路

对水利场景的高精度渲染,最终形成了极具可视化效果的数字孪生流域数据底板。

为了进一步推进数字孪生流域的建设,数据底板还构建了支持业务应用的数字孪生一张图建设。通过数字孪生一张图,可以直观展示流域的防洪、水资源调配等业务运行情况,为各类决策提供了及时、准确的信息支持,进一步提高了水利管理的效率和水平。

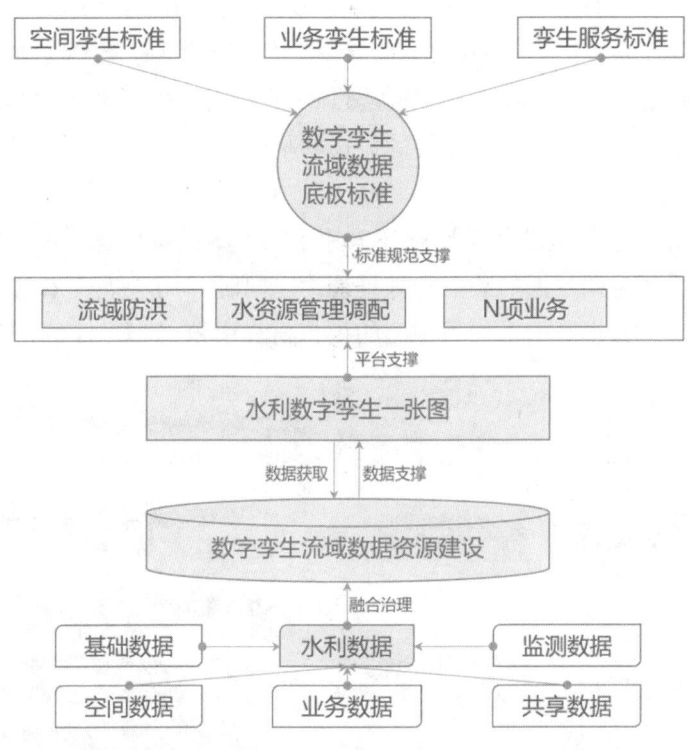

图2 数字孪生流域数据底板技术路线图

(二)建设任务

根据江西水利数字孪生流域数据底板的建设思路和技术路线,科学精细谋划,细化实施方案,明晰建设任务,加强协调合作,大力开展数据底板建设,实现数据整合共享从"治"到"智"的跃升。

数据底板要保持动态更新才能保障孪生场景下真实反映水利治理活动实时动态并做出精准预测,通过制定水利数据管理规范,完成各类型、各层级数据的高效汇聚和质量管理,实现了各类水利数据的数字孪生一张图呈现,有力支撑了各项水利治理活动预报、预警、预演、预案功能实现。主要建设任务如下:

1. 编制水利数据全生命周期标准规范

数据底板建设的首要任务是围绕治理活动制定统一的数据标准和规范,标准的定义应贯穿数据的全生命周期,包括数据采集、数据质量管理、数据资产管理、数据服务、运维管理等各个环节。数据标准的生命周期需要经过标准编制、标准审查、标准发布、标准贯彻四个阶段。围绕水利数据全生命周期制定统一的数据标准和规范,指导江西省各类水利数据的全生命周期管理,为从源头解决数据标准、规范不一致等问题,为最大程度发挥水利数据价值提供了根本保障。

2. 建立全省统一的水利数据模型

水利数据模型绘制水利各业务域关系全景图,使业务人员、应用开发人员和系统管理人员获得完整一致的数据地图。全省水利数据模型采用基础数据模型与主题分析模型相结合的方法构建,通过自顶向下的正向建模和自底向上的反向建模方式,依据水利相关数据标准及基层业务需求对水利对象以及管理概念进行基础模型建模,主要通过数据建模软件来实现,通过建立元模型来设置各基础模型的类型以及各模型之间的关联关系,以供后续业务调用或者分析使用,满足跨部门、跨业务的数据应用需求。

3. 搭建水利数据汇聚及存储平台

为打通全省海量多源异构水利数据进入数据底板的管道,支持各类数据源的汇聚,构建持续性数据资源汇聚与更新机制,搭建水利数据汇聚及存储平台,实现水利数据的统一汇聚及存储,打破各业务系统形成的数据孤岛。

通过制定数据源认证规范,实现基础数据、监测数据、空间数据、业务数据、非结构化数据的数据源认证,确保数据源头统一、保障一数一源、数据可溯源;采用物理入湖和虚拟入湖两种方式实现数据汇聚,针对基础数据、业务数据、非结构化数据采用物理入湖的方式,针对空间数据、监测数据采用虚拟入湖的方式,实现数据按需入湖,有效解决数据结构不一致、数据时效性、数据冗余等问题;基于变更数据捕获技术和数据湖的实时数据更新,保证业务数据发生变化后能够进行实时数据更新。采用基于 Hadoop 分布式文件系统进行数据存储,有效解决结构化、半结构化、非结构化数据的统一存储与管理及批处理、流式计算、机器学习等计算引擎的适配问题,为数据分析和挖掘提供基础存储支撑。

4. 制定水利数据质量管理机制

水利数据要能发挥其价值,关键在于质量的高低,高质量的数据是一切业务应用的基础,持续提升数据质量是水利数据治理最重要的目标之一。在数据治理框架之下,对数据质量进行规范化管理,制定数据标准为数据检核提供依据,配置数据质检规则实现对数据的自动质检及质检报告自动生成,通过构建数据标准、配置质检规则、进行质量评估、生成质检报告、确定解决方案等完成闭环流程,持续不断地关注与提升数据质量,形成一套高效的数据质量管理机制,保证数据完整性、一致性、唯一性、有效性,有效解决"数据质量现状如何,如何检测,如何评估"的问题。

5. 创建二三维一体的江西水利一张图

基于智慧水利及数字孪生流域二三维特性场景赋能,创建二三维一体的江西水利一张图,持续巩固了水利部、流域机构、省、市、县五级共建共享的地图服务,高效实现智慧水利数字孪生流域下的大范围数字化映射、智能化模拟场景构建。

全面开展全省水利基础地理数据、标准对象要素、业务空间数据和三维数据及标准统一的服务建设,全面汇聚全省水利空间数据对象,以空间化形式高效管理水利对象,按照水利基础地理数据、标准对象要素、业务空间数据和三维数据内容和格式发布标准统一的空间服务。同时采用 UE、Unity 等主流模拟仿真引擎对水利二三维场景进行渲染,搭建智慧水利及数字孪生流域场景下的空间地理服务和数字模拟仿真的孪生体系双引擎,提供二三维空间数据的接入、存储、建模、查询、管理、分析、处理和服务,具备标准化、高度成熟的空间数据和业务服务能力。

四、应用成效

数字孪生流域数据底板构建了"源、汇、存、治、管、用"的水利统一数据库,形成了"一数一源"长效更新机制,并根据不同业务场景需要发布相关数据服务,实现水利数据跨层级、跨部门、跨系统的共享融通,为数字孪生水利建设提供有力数据支撑。相关数据底板建设方法论对于延伸指导其他行业的数字孪生建设,助力行业高质量发展有重要借鉴意义。

(一)数据成果的共享应用

通过建立统一的数字孪生流域数据底板,构建全省水利数据资源服务体系,实现水利部门多层级共建共享,显著推动提升跨行业数据共享效率,有效减少数据孤岛,并为上层业务应用提供强大的"算据"支撑,高效服务于我省数字孪生流域、智慧水利建设。

江西省数字孪生流域数据底板整编并治理了全省10556座水库、4521条河流、4503座水电站、1057座堤防、15282座水文测站等42类基础对象数据,15282座水文测站的水文监测数据、4756座水库大坝安全监测数据,7886路视频监控数据,对接了22个相关业务系统的业务数据,涵盖了防汛抗旱、水资源管理、河长制管理、水利监督、水利工程运行管理等业务领域,建设了L2、L2+级空间数据底板,包括基础地理数据、标准对象要素、业务数据和三维数据。

数据需求部门通过江西省水利数据共享平台查看、申请、订阅、获取数据服务,并可按照标准定制数据服务,满足丰富的业务管理数据需求。截至目前,数据底板已发布基础数据服务567个,监测监控数据服务315个,业务数据服务57个,地图数据服务214个,为部、流域机构、省、市、县五级水利部门提供数据年访问量达7200余万次,为应急、气象等跨行业部门提供数据年访问量达400余万次。

数字孪生流域数据底板建成后,为数字孪生流域和数字孪生工程应用的建设提供了有效支撑。数字孪生峡江水利枢纽工程安全管理、防洪调度"四预"应用建设,依托江西数字孪生流域数据底板建设成果,调用以峡江工程为核心,与之关联的水利基础、监测、业务、共享数据,及江西省(L2级)空间数据底板服务,并在此基础上,开展峡江水利枢纽工程(L3)和重要站点设备(L3+)两级空间数据和峡江工程运行管理、预报预警、安全监测、设备资产、巡检养护等业务功能所需的全量数据建设,为工程安全管理、防洪调度"四预"功能提供"算据"支撑,并有效实现数据底板共建共享和长效更新。

(二)数据底板的特色亮点

1.系统性构建了水利数据全生命周期标准体系

围绕水利数据全生命周期管理,编制并发布了《数据源认证规范》《数据源

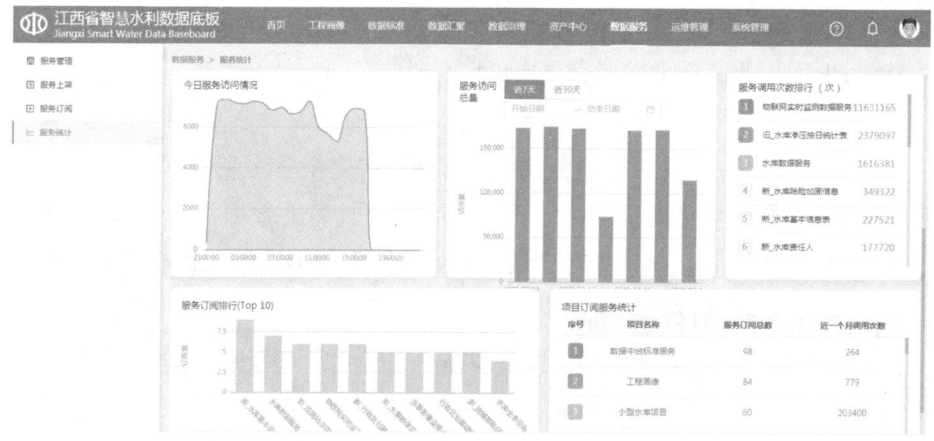

图3 二三维一体数字孪生一张图

接入规范》《数据汇聚规范》《数据建模操作指导规范》《数据质量管理规范》《数据服务设计规范》《数据服务使用规范》《数据底板运维管理规范》8项标准规范,建立了统一的水利数据治理架构,实现了水利数据采集、汇聚、建模、开发、服务等工作标准化,建立了水利数据自由流通机制,有力规范了江西省智慧水利建设。数字孪生流域数据底板固化了数据源认证、数据源接入、数据建模操作、数据服务设计、数据服务使用等标准规范,系统性解决了"数据从哪里来,到哪里去,如何去"技术难关。

2. 创造性提出了省域多源异构水利数据治理体系

以水利全要素、全业务、全流程管理为重点,建立了全省河流、湖泊等418个水利基础对象数据模型,水利工程运行、安全监测等207个水利业务数据模型,全面汇聚并整合各级水利部门监测感知设施、业务系统等提供的结构化、半结构化、非结构化多源异构数据,形成水利业务数据全景图。引入数据质量管理并配套水利专业数据质检规则,目前已针对水库、堤防、水电站、泵站、水厂、水库大坝等水利对象基础数据以及安全监测、巡查监测、维修养护、运行调度等水利业务数据制定了3300余个数据质检规则,通过不同类型水利数据配置相应的质检规则,系统完成水利数据的自动质检及质检报告生成,反哺到数据源持续完善和修正数据,有效提升了江西省水利数据质量管理效率,为发挥数据价值夯实了基础。

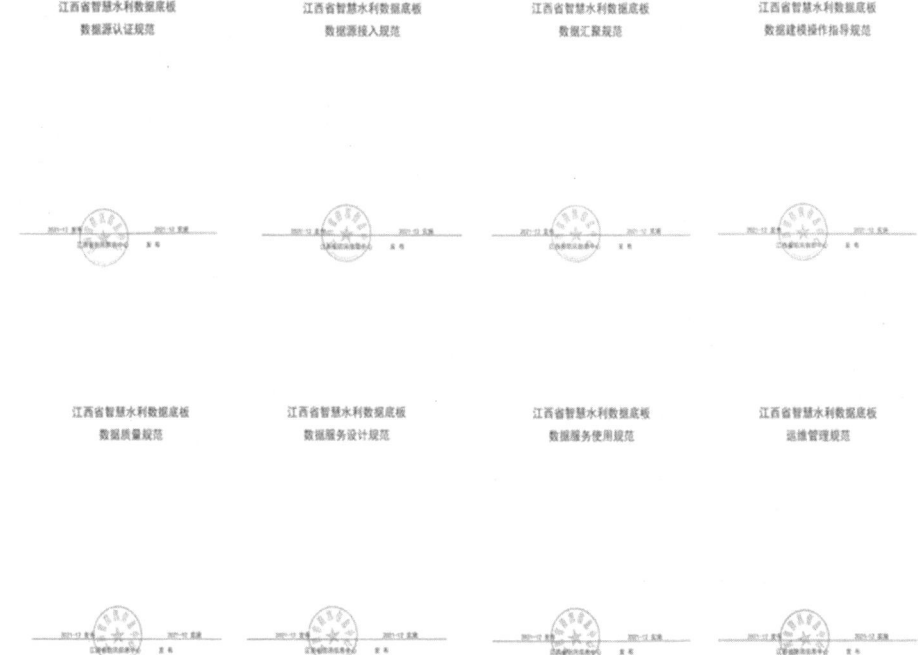

图 4　水利数据全生命周期标准体系

3. 前瞻性构建了数字孪生一张图

数字孪生一张图重新定义了省域多源、多尺度、多时空、多结构数据,全面汇聚全省水利空间数据对象,并实现水利对象三维场景下高效管理。作为我省数字孪生流域建设的重要支撑平台,持续稳定、高效支撑各级水利数字孪生业务开展,有效解决了传统信息系统建设过程中重复建设、地理空间数据不统一等技术难题。数字孪生一张图还首次构建了数字孪生流域场景下的地理空间服务和数字模拟仿真的孪生体系双引擎,实现虚拟水利空间和现实水利工程同步仿真运行,满足流域和水利工程场景实时高保真渲染需求,叠加水利专业模型的预报预警结果,能有效支撑水行政管理部门及时查看预报、预警结果并依据既定预案进行准确、直观、形象的智能化预演,开展精准化决策。目前数字孪生一张图提供基础地理数据服务 21 个、标准对象要素服务 86 个、业务空间数据服务 123 个和三维数据服务 11 个,高效支撑了业务应用建设。

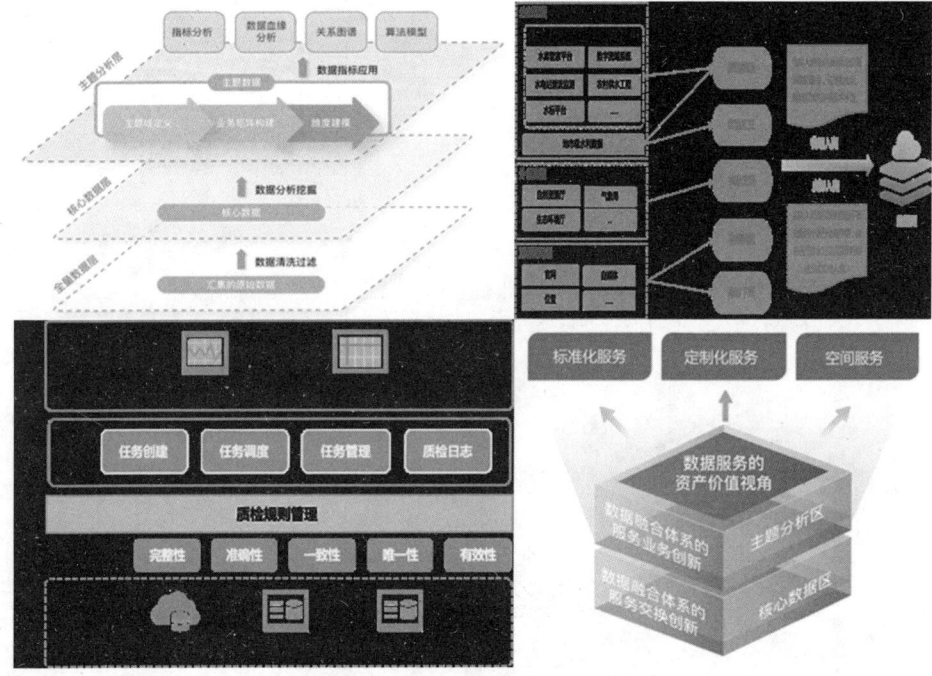

图 5　多源异构水利数据治理体系

（三）数据底板的推广前景

1. 治理体系在水利行业具有典型示范意义

通过对多源异构数据建模、全链路数据治理、数据共享服务机制等关键技术创新，建立海量多源异构水利数据治理体系，破解了水利数据基础信息不全、数据标准不一、内外共享不足等问题，可广泛应用于江西智慧水利及数字孪生流域建设，实现数据资源体系的集约建设、共建共享和统一服务，具有较强的示范作用及推广价值。

2. 水利数据共享助力数字政府建设

构建的水利数据资源服务体系，实现了水利部门多层级共建共享，推动提升跨行业数据共享效率，可向应急、自然资源、气象、农业农村和生态环境等其他行业提供数据模型支撑和数据共享服务，助推应急管理、政务服务、经济运行、市场监管及生态保护等领域应用场景建设，支撑政务大数据挖掘分析。

3. 开展水利数据地方标准推广

对水利数据制定的发布与实施的规范，有效处理了水利数据标准及规范在

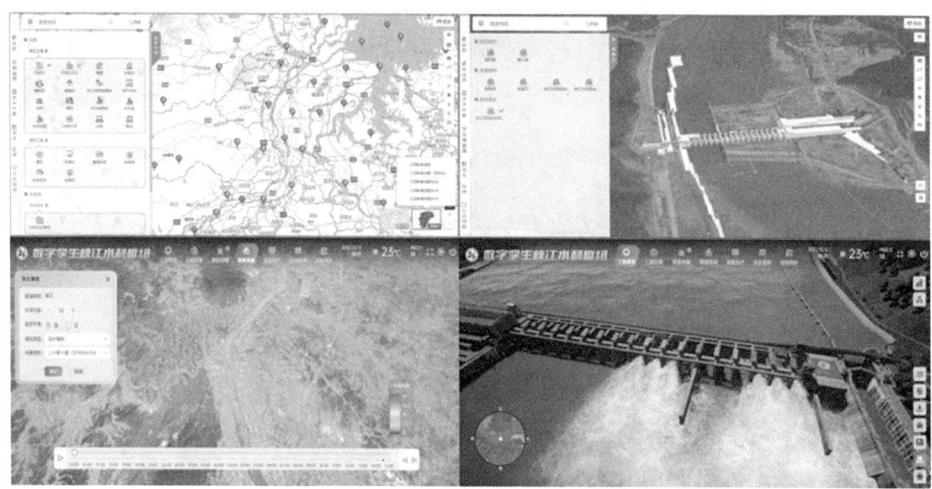

图6　二三维一体数字孪生一张图

各地、各时段不一致的现象。它为全省水利数据从生成到消亡的全过程管理提供了科学且规范的指导,为水利数据的集中、存储、处理、分发及服务提供了有力的引导。该规范具有广泛的应用性,已被建议作为地方标准进行推广,可广泛适用于自然资源、交通等其他领域的数据资源建设。

4.数字孪生一张图提升水利精细化管理水平

基于地理空间服务和数字模拟仿真引擎构建了多源数据融合的二三维一体水利一张图,提供对象管理、空间分析等数据管理能力,有效支撑数字孪生流域建设,可面向省内外的水利行业进行延伸应用,还可向智慧城市建设、自然资源、交通、生态环境、智慧园区等领域广泛推广应用。

结　语

江西省数字孪生流域数据底板以水利数据模型构建、水利数据治理、水利数据共享服务为突破点,融合多源异构数据建模、全链路数据治理、数据共享服务机制等关键技术,构建全省统一的水利数据模型,制定统一水利数据的数据标准,形成一套海量多源异构水利数据治理体系,建立水利数据资源共享体系,建成服务全省的水利数据底板,实现水利数据服务共享协同、数字化场景构建共建共享,支撑服务水利精细化管理、科学化决策。

芦溪县交通运输局："5G + AI 智慧交通"助推公路管养提质升级

引 言

交通运输是国民经济的基础性、先导性、战略性产业和服务性行业。为加快建设交通强国，必须坚持可持续发展，全面落实"公路建设是发展，公路养护管理也是发展，而且是可持续发展"的理念。根据交通运输部历年发布的《公路养护管理发展纲要》，国家对公路养护行业的支持政策经历了从"养护转型"到"科学养护""改革攻坚"再到"推进设施数字化"的变化，要求持续坚持转型升级，注重科技创新与公路交通发展深度融合，推动智慧养护体系建设，全面提高公路养护管理效能。

一、公路养护管理政策背景

进入"十四五"时期，有关公路养护规划政策频发，《交通领域科技创新中长期发展规划纲要(2021—2035年)》《"十四五"公路养护管理发展纲要》《"十四五"交通领域科技创新规划》《数字交通"十四五"发展规划》《关于深化农村公路管理养护体制改革的意见》等规划和文件均提到要推进公路养护发展水平，加快构建公路养护科学决策体系，形成更加智慧、更加精准的养护决策模型和工作机制等。

江西省也印发了《江西省深化农村公路管理养护体制改革实施方案的通知》《江西省关于全面推行农村公路"路长制"的指导意见》等文件，要求全面实施农村公路县、乡、村三级"路长制",建设"四好农村路",形成"有人养路、有钱养路、有人管路"的工作格局,加快农村公路发展从规模速度型向质量效益型转变,为交通强国建设提供有力支撑,为实施乡村振兴战略和建设现代化经济体系提供坚实的农村交通运输保障。文件明确要求坚持智慧发展,推动运用新技术、新手段赋能农村公路管理养护工作。加强5G、北斗、互联网、物联网、大数据、卫星遥感等新技术的应用,不断提升农村公路管理效能和养护水平。

二、芦溪县农村公路改建

芦溪县隶属江西省萍乡市,位于江西省西部,为萍乡市的东大门,全县面积960平方千米,下辖5个镇、4个乡。为提升打造高质量、高品质的农村公路,芦溪县通过多渠道筹集30亿元,新改建公路563.74千米,县道三级以上公路比例由52%提升至60%、乡村道双车道由65%提升至71.2%,均高于全省平均水平,构建了畅达、平安、绿色、美丽、智慧的农村公路新格局。全县通车里程达1772.95千米,116个建制村通四级以上硬化路率达100%,农村路网通达水平明显提升。与此同时,芦溪县交通运输局积极完成农村公路管理养护体制改革,养护成效大幅提升。2021年荣获江西省第六批"四好农村路"示范县。"十四五"期间,芦溪县规划农村公路新建、升级改造里程约483.251千米,总投资约11.281亿元。

三、农村公路管养问题剖析

芦溪县交通运输局负责全县农村公路发展规划、建设、监管、养护、路政、管理等工作。近年来,随着全县路网的不断完善,管理的公路数量不断增加,极大地增加了公路管理的工作难度和工作量,公路管理的人力成本也不断提高。为了有效加快农村公路发展从规模速度型向质量效益型转变,国家不断加大公路管理信息化投入,但仍缺乏针对公路养护管理能力的相关手段,解决公路管养"老大难"问题迫在眉睫。

(一)公路里程数据获取难

目前农村公路调查手段主要为地方上报与实地抽查,公路数据可能存在漏报、虚报等情况,并且实地抽检耗时长且有诸多触不到的"死角",在数据审核方面同样存在困难,各业务数据审核只能进行简单的逻辑错误、属性错误等判定。

由于缺乏真实、准确的农村公路路网数据及有效的数据审核手段等,导致公路数据失真现象严重,给农村公路业务数据制作、数据分析带来极大不便。

(二)公路病害上报周期长

近年来乡村发展日新月异,小汽车、农机车、货车等车辆随之增多。裂缝、沉陷、坑槽、破损等农村公路病害时有发生。由于道路病害反馈时间长、程序繁琐,从"病害发生—专人巡查—上报处理—审查核定—公路维护"整个过程耗时长,公路难以及时修整,给广大人民群众带来许多不便。此外道路垃圾侵占、道路障碍物等问题同样困扰着大家。

(三)工程建设监管不到位

在公路建设施工方面,由于道路工程建设涉及建设单位、施工单位、设计单位多个主体多个部门,且工程建设周期长、范围广,工程建设信息流通不畅,人员监管存在疏漏等,导致道路工程全过程监管难、施工风险难以完全掌控、工地现场施工人员、车辆、设备管理困难。

(四)公路养护责任落地难

当前公路养护仅靠单个部门来实施,人力物力有限,没有明确划分管理路段、没有明确个人的管养责任。缺乏针对公路养护管理能力的有效手段,缺乏相关信息化手段来提升对养护管理机构的能力建设和指导,无法有效地实行农村公路管理养护考核机制并将考核结果与相关投资挂钩。

四、"四好农村路"综合管理系统建设

为解决当前公路管养面临的诸多困境,实现农村公路智慧化管养,芦溪县交通运输局率先行动,借助卫星遥感技术、物联网、5G、视频AI识别分析等新兴技术,将全县的农村公路纳入一个平台进行管理,创新推出"四好农村路"综合管理系统,实现农村公路建、管、护、运信息化管理,解决了农村公路里程数摸底难、病害上报周期长、工程信息监管不到位、公路养护责任落地难等问题。

(一)建设目标

一是基于卫星遥感技术,构建三维立体县域地图,实现交通基础设施综合性管理。将高分辨率卫星遥感影像与数字高程地图影像进行叠加,全面展现交通基础设施的空间位置和沿线地形地貌,为公路规划建设提供更为直观的地形地貌数据。

二是基于物联网、5G等新技术,打造平安工地,实现工地的可视化、智能化监管。接入项目工地现场监控视频及各类传感设备数据,有效掌握和控制工地现场施工人员、车辆、设备的分布状况,实现施工现场安全防护标准化、场容场貌规范化、安全管理程序化,有效控制施工安全风险。

三是基于基础数据,划分管养责任路段,建立路长制网格化管理体系,提升日常养护管理水平。充分利用基础数据管理平台数据来源的全面性、准确性、多方共享等优势,结合农村公路日常养护及养护任务管理需要,按照实际划分责任管养路段,明确各级路长负责的区域、路线,为各级路长建立责任清单,逐步建立健全无缝覆盖、上下联动的路长制网格化管理体系,进一步提升农村公路养护工作日常监督和动态管理水平。

四是基于视频AI识别分析技术,构建智慧巡路体系,实现公路管理养护成效大提升。利用交通运输系统公车(后续可延伸至城市公交、农村客运车辆等)安装摄像头,在外出巡查或执法过程中完成视频AI识别、分析,并公路病害、破坏路产路权的问题实时反馈至平台,并将任务分派至路段管养单位进行处置。

(二)业务分析

工程建设管理子系统,实现工程全过程监管。在工程前期,对建设单位、施工单位、设计单位进行合同及相关文档材料的管理;在工程项目建设期间,通过手机APP端对工程的进度情况进行巡检与采集,具备查看路线及点位信息、现场拍照、填写工程进度情况、工地安全监控等功能;在工程建设后期,可对质量监督情况、竣工报告等相关文档材料进行管理。通过多维度实时统计分析,为监管决策提供数据支撑和依据,实现工程建设各阶段状态全掌握。

地图管理子系统,实现公路信息实时查询。为用户提供较为完善的基础路网地图信息,实现县、乡、村三级公路基本属性及附属物信息的展示和查询。在地图上,用户可叠加在线遥感影像,查看基础路网数据在影像上的实际位置和情况;可通过拉框或点选等多种交互方式来查询基础路网及其附属物信息;除提供基础的量测功能外,还提供如坐标拾取和获取桩号等功能。地图功能贯穿本项目系统各个子系统,如上报的养护问题、巡查的轨迹等均可在地图上显示具体位置。

公路综合管理子系统,实现多项管理功能。为了落实农村公路管养主体责任,推进"路长制"实施、深化管养体制改革、建立考核机制、提升城乡交通运输一体化水平,强化业务主管部门治理能力。主要包括路长制管理、考核管理、群众上报管理等功能。

养护管理子系统,实现公路养护全过程管理。包括日常养护管理、智慧巡查车管理、路况图像 AI 分析、灾毁管理和随手拍。覆盖从巡查问题—路域环境整治或小修保养—提入大中修计划—养护工程的全业务链,实现与最终的工程验收相衔接的整体养护流程全过程管理。

统计展示子系统,实现各项数据完整统计展示。对交通基础数据、管理模块、养护模块、工程模块、考核等管理情况等进行统计展示。包括综合大屏展示、详细表格数据展示等,支持三维地图展示功能。

（三）建设内容

芦溪县交通运输局以推进"路长制"实施为重点,深化管养体制改革和考核机制建立,进一步推进管养信息化建设,建立了一套基于统一平台和统一数据的,集建设、管理、养护于一体的农村公路综合管理服务系统。项目建设内容包括芦溪县"四好农村路"综合管理系统软件开发和硬件购买,其中软件部分包含电脑 WEB 端和手机 APP 端。

1. 硬件采购

硬件采购包括服务器、车载相机、工地摄像头、触摸屏等设备。硬件设备需要具备数据接入能力,灵活的数据接口能够导入农村公路基本信息数据库。

具备农村公路基础地理信息数据接入；

具备农村公路路网数据接入；

具备农村公路相关业务数据接入；

具备农村公路灾毁数据对接和数据接口,后期具备接入农村公路灾毁点位数量、位置、类型等基本数据项。

管理系统具备接入"公路灾害风险调查及隐患排查系统"数据,后期具备接入芦溪县农村公路自然灾害综合风险公路承灾体普查数据,包括潜在风险点普查数据和高风险点评估数据。

2. "四好农村路"综合管理系统 WEB 端

WEB 端提供系统管理、三维地图展示、路长制巡查管理、智慧巡查车管理、平安工地管理、群众上报管理等功能,主要实现日常业务处理、任务派发、信息反馈、路长巡查轨迹查看、路况图像 AI 分析、工程项目进度查看、巡查次数统计、项目档案管理及数据汇总和展示等,为推进全县农村公路管理规范化、标准化提供信息化支撑。

大屏综合展示,实现数据与地图的空间联动。大屏以卫星三维遥感影像作为地图,综合展示了县域内农村公路基础路网及"建、管、养、运"等业务数据,包括公路信息、离散点附属物信息、群众上报问题、路长巡查数据、灾毁统计信息、视频 AI 分析结果(巡查车辆采集数据)等。支持"图表互动",即实现相关属性数据与地图的空间联动,实时显示路线或点位的具体位置,并弹出属性信息框。

智慧巡查车模块,实现路况视频 AI 识别分析。一是在全县的交通运输系统公车上安装高清摄像头,通过 5G 技术将拍摄视频流实时传至数据中心。二是基于公司已研发的视频 AI 算法,对视频流进行智能分析,识别公路上的病害(大的网裂、坑槽、大面积油返砂)、道路障碍物(滑落的大石头等)等情况并进行任务交办,同步反馈至县"四好农村路"综合管理系统。

平安工地模块,实现工地远程实时监管。一是针对重点项目现场布设摄像头等硬件设施,对工地主要区域进行监控;二是将工地视频数据接入县"四好农村路"综合管理系统平台,实现对工地现场情况的远程实时监管。

群众上报模块,实现群众实时上报问题。普通群众通过关注"芦溪县公路随手拍"微信小程序后,在日常的出行过程中,可对道路上存在的道路损坏或垃圾占道等问题进行拍照上传,管理人员可在电脑端实时查看上报问题的情况。

路长制巡查模块,实现高效率解决问题。建立"县—乡—村"三级路长制,按照"县道县管、乡道乡管"的原则,建立"精干高效、专兼结合、以专为主"的农村公路管理养护体系。路长制 WEB 端支持巡查轨迹、问题等的查看、统计及上报问题的交办,支持用户自定义考核规则并开展路长制运行情况的绩效考核。APP 上报、交办的数据可在大屏实现汇总展示,包括在巡查的过程中发现的问题数、交办解决的问题数、问题解决率,并对上传的问题信息进行滚动展示、同步更新问题信息的处理状态。工作人员还可在三维地图中查看所巡查的路线及上报问题的点位,在该问题点可查看 APP 上传的问题及反馈的完工详情。

3."四好农村路"综合管理系统 APP 端

APP 端具备"路长制"巡查、路长监控查询平台、养护管理、随手拍、附属物采集、灾毁采集、绩效考核等功能。实现对基础数据的移动查询,对养护管理、路长巡查等日常业务的处理,为路长办提供"巡查—问题上报—任务交办、督办—处置反馈"的闭环管理。通过数据化管理、实时留痕为县级领导监督决策提供及时、准确的数据支撑。

五、运行成效显著,具备推广前景

(一)运行成效

1. 全面提升县交通运输系统管理水平

项目主要服务于芦溪县各级路长人员、各级农村公路管理人员、各乡镇专管人员数量、村级护路人员、日常养护公司人员、监理公司人员、项目建设公司人员及社会公众等各类用户约1400人。可实现对全县公路建设、管理、养护等领域全方位、全时段的感知、互联、分析、预测、调度、指挥等,提高了全县公路建设工程质量安全监管水平、路产路权保护及公路养护精细化科学化,有效促进了交通基础设施运行效率,全面提升了县交通运输系统管理水平。

2. 全面提高农村公路治理能力

通过本项目的实施,初步完成乡村公路数据治理,部门间数据共享和业务协同能力大幅度提升,全面提高农村公路治理能力。村道日常养护交由农民群众承包,鼓励农民群众参与配套设施的经营维护,帮助农民创收增收,形成"有人养路、有钱养路、有人管路"的工作格局。农村公路工程质量耐久性、抗灾能力得到显著增强,安全保障水平进一步提升,群众安全感、获得感、幸福感进一步增强。

3. 大幅提高公路巡检效率

在现有执法车上安装自动化巡查装备,基于人工智能识别算法,实现路面重大病害、违规占道、异常物堆积、横幅等的智能抓取及高精度定位、定性、定量识别及数据统计功能,并实时传输至平台后端,让管理人员第一时间知道现场的情况,及时处理障碍,实现道路通畅,极大提高了巡检效率和巡检的客观性、准确性。

(二)推广前景

1. 数字赋能,构建高水平农村公路智管模式

以物联网、人工智能、遥感技术为支撑,结合实际业务,建立长效的农村公路管理机制,促进管理水平迈上新台阶。通过搭建工程建设管理、地图管理、公路综合管理、养护管理、统计展示五大子系统,并推出"路长制巡查""智慧巡查

车""平安工地""群众上报"等功能模块,解决长久以来困扰行业的各项"疑难杂症",实现农村公路建、管、护、运信息化管理,推动农村公路养护管理信息化、智慧化、精准化、高效化,提高了农村公路数据统计的准确性、路况信息真实性、病害研判的精准性,构建了高水平的公路智管模式,为其他地域发展智慧交通提供了借鉴样板。

2. 数据为基,建立交通基础设施数据更新机制

真实准确的路网数据是有效支撑公路规划、计划、统计工作开展的关键,缺乏科学有效的数据更新机制,数据误差长年积累,可能造成公路底数不准确的问题日益严重。而本项目通过交通运输信息化建设为芦溪县提供农村公路综合管理信息化技术服务,通过相关APP、管理系统等系统软件,可以为后续建立交通基础设施更新机制提供技术保障。通过制定详细的数据采集、审核、上报等业务流程,形成持续的动态更新机制,为今后的规划编制、计划下达、进度监管、养护管理等工作提供数据支撑。

结　语

"四好农村路"综合管理系统是芦溪县推进公路管养信息化建设的创新举措,融合多个管理子系统及多个功能模块,有效地集成农村路网数据,将繁杂的线下公路管养事务搬到了线上,服务于各级路长、养护人员、管理人员等各类用户,极大提升了公路管理养护效率。在一定程度上,翻开了农村公路智慧化管养全新的篇章,真正做到了数字技术为城市发展添能蓄力,为增进民生福祉"添柴加薪"。

会昌氟盐新材料:绿色智能数字化氟盐新材料智慧园区的探索之路

引　言

2021年12月12日,国务院印发《"十四五"数字经济发展规划》(国发〔2021〕29号),其中在"五、大力推进产业数字化转型"中明确提出关于"推动产业园区和产业集群数字化转型"的要求,为我国产业园区及产业集群高质量发展指明了方向。2023年8月10日,江西省工业强省建设领导小组办公室印发《江西省开发区数字化转型实施方案》,加快推动全省开发区数字化转型。氟盐产业是会昌的传统优势产业、首位产业、富民产业和扶贫产业,是赣州目前最具特色、规模最大的产业集群,也是全省重点打造的工业产业集群之一,是国务院《若干意见》明确支持的特色产业。在政策的引领下,江西氟盐新材料产业基地开启了数字化转型之路。

一、乘势发展,两代领袖奠基

江西氟盐新材料产业基地前身为"江西九二盐矿",位于中央苏南大门会昌县筠门岭镇境内。1970年9月2日,毛主席在庐山召开九届二中全会时,江西省委报告在会昌城找到大盐矿,毛主席欣然批示"江西找到大盐矿,储量十九亿吨,可能还不止此数,印发与会各同志,这是一件大好事,应该宣扬"。仅历时3个月奋战攻坚就建成"江西九二盐矿"。1972年12月8日,邓小平同志偕夫人卓琳视察"江西九二盐矿",指示说"你们要改进原始落后的生产工艺,扩大生产规模,提高出盐效率,满足赣南人民的需求"。2011年6月被省工信委批准为"江西省氟盐化工基地",2021年4月通过全省化工园区第一批认定,是目前全省唯一的省级氟盐新材料产业基地,是省级六个"十四五"重点化工产业集群之一。

多年来,江西氟盐新材料产业基地目标明确,用心专一,始终如一,坚持以含氟新材料为主、精细盐化工为补充的发展定位,重点发展含氟锂电新能源、含氟高分子材料产业。现已形成从萤石精粉、工业盐、氟化氢、烧碱、甲烷氯化物、硫酸到含氟锂电新能源、含氟高分子材料、含氟新型制冷剂、含氟电子化学品、含氟中间体及附产循环利用的全产业链。围绕延链、补链、强链,打通园区内产业链上下游,实现企业间供需精准对接、联动发展、协同发展。坚持招大引强、培优扶强,不断壮大产业规模,培育了一批以石磊集团、九二盐业、中氟化学等企业为代表的创新能力强、产品附加值高、市场前景好的龙头骨干企业。终端产品也从早期的氟盐初级化工产品发展到以锂电新能源材料、含氟高分子材料为重点产品,产业正在呈现裂变发展态势。主要产品有盐、烧碱、甲烷氯化物、氢氟酸、碳酸锂、六氟磷酸锂、电解液、聚四氟乙烯、含氟制冷剂、水杨酸、硫酸、双氧水等。2022年,基地实现氟盐新材料产业集群总产值150亿元,预计2025年可达500亿元。

二、瞄准问题,抓住主要矛盾

传统氟盐产业一直是绿色发展的"困难户",工艺加工低端、企业生产分散、VOCs治理难度大、生产安全隐患多,特别是在推进数字化转型进程中,在产业发展定位、数字化基础设施、园区生态共享等方面仍存在不少问题:

(1)产业园区规划不科学,缺乏精准定位,缺少产业集群化思维。

(2)园区数字化建设缺乏统一的衡量标尺,功能、水平参差不齐,与智慧城市等相对完善的国家政策体系和标准体系相比,园区数字化转型还缺乏统一的顶层设计和建设标准,导致各类园区对转型的理解认识、功能定位和建设内容差异较大,能力水平参差不齐。

(3)产业园区数字化基础设施有待提升,导致承载力不强,在产业数据网络、产业数据平台建设、数据资产积累、数据互联互通、数据深度应用等方面仍需要加强。

（4）数字化平台生态构建能力不强,管理服务水平有待提高。园区管理服务平台资源整合能力有限,服务质量不高,产业要素配置不足,一些产业园区公共服务平台功能往往聚集在信息整合、企业名录、招商信息、政务服务等方面,忽略了产业链上下游资源的协同共享、线上资源和线下服务的融合发展,进而导致平台信息发布多、精准撮合少,政务服务多、产业生态服务少。

三、确定方案,数字赋能升级

新时期下中央对各地产业集群提出了产业基础高级化和产业链现代化的发展要求,会昌县提出了"依托得天独厚的萤石、岩盐等资源形成的产业和龙头企业基础,聚焦氟盐新材料首位产业,推进园区绿色化、智能化、数字化"建设的要求。以三位一体智慧平台为核心,辅以建设三维数字孪生示范、企业帮 APP,以及氟盐新材产业数字大脑实体工程等建设内容。其中平台包括产业图谱、园区图谱、企业图谱、应急指挥四个功能模块;氟盐新材产业数字大脑包括产业数字服务中心、产业数字调度中心和氟盐新材产业国家级创新平台。

（一）建设产业大脑数据中台,打造统一调度中枢

对氟盐新材产业相关数据及园区企业基本信息进行全面整合,形成完善的信息数据资源,为开展数据挖掘、数据交换、数据可视化展示等数据深度应用奠定基础;主要围绕产业上下游匹配及供需关系,对氟盐新材产业上中下游的氟氯平衡重点要素进行数字化构建,通过产业数字大脑完成以"氯平衡和氟平衡"的产业协作关系调度。通过绘制产业发展方向,为延链补链提供指导,形成指挥棒效应。

通过"链群配+产业数字大脑+智造园区"的创新发展模式的实践,会昌县氟盐新材料智慧园区不仅在数字化管理方面集园区大脑、数字政务管理系统、园区企业管理系统、信息化管理平台、园区企业管理系统、工程项目管理系统、安全预防控制系统和智慧停车系统于一体,而且在企业上云上平台、数字化改造、智能制造升级、产业大脑及数字孪生园区建设等方面走在了前沿。

（二）建设"三位一体"智慧园区平台,优化园区规划布局

重塑园区内产业数据空间架构,连接园区内行业、企业及数据要素,构建园区数智运营新模式、新场景、新势能,实现产业数据资源的优化重组、园区信息动态优化、应急预案精准推荐,提升园区的数字化、网络化和智能化运营能力。

图 1 技术架构

通过数字化技术实现一图看产业、一网监全区、中心调全局,建设内容主要为中心布置设计、硬件嵌入和场景体验等,包含产业链介绍、产业特色及流程介绍、应急管理响应流程、应急指挥调度组织架构、日常值班办公区、调度台、调度大屏、音视频硬件、应急文印区等功能区域规划,以及应急通讯会议系统建设。

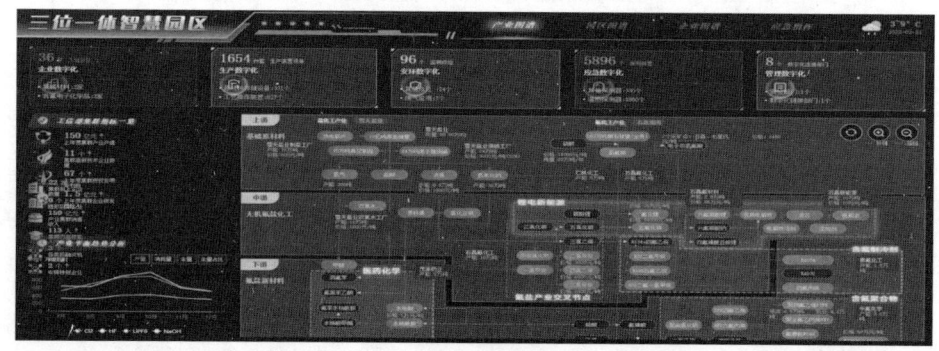

图2　三位一体智慧园区数字图谱

(三)建设三维数字孪生,提升园区数字化管理水平

利用数字化软件技术对双氧水生产全过程进行数字孪生动态模拟,针对龙头企业雪天盐业公司18万吨双氧水进行工厂级数字孪生建设,利用数字化软件技术对双氧水生产全过程进行数字孪生动态模拟,实现化工产品生产工艺运行状况,原物料及产品存储状态,设备运行状态的实时仿真孪生展示,真实展示物理工厂制造执行信息。一方面利用物联网技术,实时监控管理园区内企业绿色生产数据、环保监控数据、物流运输管理数据,第一时间报警、第一时间响应;另一方面利用模型算法,自动统计调度园区产业链运行数据、安全数据和突发应急数据,监控中心驻场人员按业务流程要求形成对应政府部门、企业的日报、周报、月报等服务,为园区绿色化、智能化、数字化建设保驾护航;最终建立优质的智慧园区管理平台,支撑智慧园区创新示范区建设。

(四)开发企业帮APP平台,助力高效监管服务

开发企业帮APP目的是为实现数字化赋能实现政府的科学高效监管管理,企业的智能化转型升级以及安全环保全流程数字化。对园区企业进行一企一档电子化建设管理,围绕产业园区的园区基础数据、产业链结构数据、绿色生产数据、环保监控数据、社会治理数据、安全监管数据等数据,将企业数据安全高速整合进入企业帮APP,使企业生产安全清晰透明的同时能够为企业提供专业

图3 三位一体智慧园区数字孪生平台

数字化升级的解决方案,帮助提升企业的管理能力,通过专业咨询规划,可进一步提高企业发展管理能力、提升清洁生产水平、节约能源,实现企业升级转型。另一方面又作为政府监管企业的有力抓手,可以很大程度上弥补环保管理上的短板,进一步提升监管的质量,实现对污染企业的精细化、专业化管理。

通过移动端APP建设,数字化赋能实现政府的科学高效监管管理,企业的智能化转型升级以及安全环保全流程数字化,包括园区、产业、安全、环保、应急、服务和地图七大功能,其中一期主要完成园区、产业、安全、环保、应急和地图六大功能。

四、规模初显,发展成效显著

园区总规划面积超10000亩,现已完成首期3000亩建设,有入驻企业36家、项目46个,其中投产项目29家、在建项目17个,从业人员4300余人。2022年氟盐新材料智慧园区获评市级数字经济集聚区,并列为全市唯一省级工业互联网平台(区域型)重点培育对象。基于园区研发的"企业帮"APP入选工信部2022年工业互联网APP优秀解决方案。园区内企业数量由2021年的35家增加到2022年的50家,主营业务收入由2021年的72.65亿元增加到150.6亿元,占全县规模以上工业营业收入66%。

(一)产业运行实现全局体检

通过发挥产业图谱、园区图谱、企业图谱、应急指挥四大模块功能,实现对

图 4　企业帮 APP 应用平台

产业发展运行全面体检，保持会昌氟盐新材料产业良性发展，实现产业集群生产最优化、成本最低化、收益最大化的目标。其中，产业图谱对标国家先进制造业集群的产业相关指标，最直观地反映整体产业集群水平，对园区入驻企业、安环设备等进行平台数字化统计概览；园区图谱通过对园区三维导览、园区人员及车辆统计、园区经济数据、产业产品价格、企业规模排名、危化品数据统计、环保数据日均监测、能耗数据监测等数字化呈现，实现对园区的总体监控；企业图谱将园区企业中生产、安全、环保通过与企业 DCS 及相关系统对接，实现企业脱敏数据 DCS 云化，包括企业三维导览、工艺流程图，以及企业主要原物料存储量、能源消耗情况、主要产品产量、销售等情况。通过对这几大功能数据指标解析，对区域产业发展现状进行科学化"体检"，帮助认知产业发展的问题和优势，实时把握"家底"。再引导现有企业之间达成生产匹配和发展共识，实现内部循环和共享；数字化显示产业节点的产品产能和链节点所提供的资源物料消耗量，以此来形成供需关系趋势指导，推动氟盐新材料园区产业链结构调整，形成产业链的高效运作，促进会昌氟盐新材料产业高质量发展。

（二）产业供需实现全链平衡

推动区域产业协同，重点探索最优产业链协同方式，推动产业链结构调整，优化产业链各环节设置,实现上下游生产配比关系科学协同、企业间协作配套,形成产业链的高效运作,资源最大化循环利用,为政府产业发展决策提供量化的全景图谱。

通过数字技术贯穿整个产业链图谱,可以看到企业数字化连接情况,产业链产品的产量、消耗量、余量及余量占比等重点数据,整个产业链氟氯平衡关系,重点原物料产出量与消耗的动态平衡关系,动态地掌握园区产业结构态势是否科学、均衡、高端。再将产业基础数据、产业链结构数据、各个企业绿色生产数据、环保监控数据、物流管理数据、社会治理数据、安全监管数据等纳入到产业数字化平台当中,通过数据分析与挖掘,形成对整个产业链集群有帮助的价值信息,指导产业集群发展。同时根据产业链结构及发展方向绘制数字化产业图谱,找出产业链链主企业和节点企业,按"链式+集群"思想,培植一批具有"链主"地位的引领型企业、具有名牌产品的配套企业、具有公共服务功能的平台型企业,加快形成"产业+配套、平台+生态、技术+赋能"的集群发展新模式。

(三)数据壁垒实现全面贯通

通过构建由"设备层—企业层—园区层"的分布式多元异构数据和边缘计算相融合的新型工业数据网络,将园区生产、安全等价值数据纳入了一个畅通无阻、安全可靠的工业数字网络,做到专网专用,实现了生产现场设备与远端云平台的无缝衔接,将数据智能化分析、边缘计算力前移到生产现场;进而将设备域、网络域、应用域和服务域重新架构,使数据全面贯通,生产实时响应。通过数字化赋能技术提高园区管理效率,实现企业数据全打通,业务流程线上全办理,环保安全监督全覆盖,应急战时全响应,同时提升了园区产业招商的靶向性,提升园区生产性企业服务能力。对于企业管理,能够实时监控管理园区内企业绿色生产数据、环保监控数据、物流运输管理数据,第一时间报警、第一时间响应;对于园区管理,能够自动化统计调度园区产业链运行数据、安全数据和突发应急数据,监控中心驻场人员按业务流程要求形成对应政府部门、企业的日报、周报、月报等服务,为园区绿色化、智能化、数字化建设保驾护航。

(四)企业效率实现大幅提升

通过建立由3D模型、机理模型、驱动模型等共同构建组成数字孪生智慧体,实现了各类设备的模型和数据的全面融合,构建了一个和现实同形、同理,同态的孪生体,并利用VR、AR数字技术对产业园区和集群企业及企业重点项目进行数字化的集成展示。每个企业的管理者都可以通过自身孪生工厂系统全天候、无死角、无障碍地监测工厂任何一处装置,大大地降低了管理的难度,让复杂的专业管理过程可视化、简易化;同时利用数字孪生工厂企业还可以进行生产工艺的模拟生产,通过数字虚拟生产不断优化工艺参数,提高产品品质,降低生产成本,真正实现企业数字化赋能改造。对产业发展、生态环境保护、安全生产和应急处置等进行数字化开发,并对产业智能制造装备、安全环保智能机器人进行开发,实现企业安环监控透明化、工厂装置智慧化、运行管理可视化及AI防控精准化,通过数字化赋能技术实现生产日常调度,同时对可能发生的危险事件进行提前预测,实现安全、环保的智能化预警;同时,数字化园区的建设可直接使人员管理成本降低15%,管理效率提高50%,信息处置流速提高3倍。

图5 数字产业大脑远景图

五、价值凸显,推广试点示范

(一)项目价值

1. 助力区域产业发展

数字技术与产业深度融合,打破了"数据孤岛",实现对产业资源的集中性配置,可让数据赋能产业自我升级、迭代和进化,促进产业链协作。为市场增效,提升市场资源配置效率,指引区域产业发展方向,实现补链、延链、强链,辅助政府直观、科学制定产业发展决策。

2.充分发挥数据要素作用

把产业数字化向外连接,主动向湾区、全国延伸,向致力于数字化产业发展的有影响力的大平台开放产业数据。应进一步明确认识解放思想,数据只有用起来才能产生增量价值,主动与粤港澳大湾区及发达一线城市数字领域先进平台对接,将区域已有产业数据在大平台当中流转升值,利用平台数字化分析能力明确自身产业集群发展不足之处,明确发展目标和路径。

充分发挥数据要素作用,赋能实体经济,数据作为新型生产要素,是全球经济竞争的新赛道,也是新发展格局背景下体现国家综合实力、增强国际竞争优势的战略资源。

3.数字治理新模式

全面提升园区绿色化、智能化、数字化水平,实现企业安环监控透明化、工厂装置智慧化、运行管理可视化及 AI 防控精准化。通过数字化赋能技术实现生产日常调度,同时对可能发生的危险事件进行提前预测,实现安全、环保的智能化预警。通过数字化赋能技术提高园区管理效率,实现企业数据全打通、业务流程线上全办理、环保安全监督全覆盖、应急战时全响应;同时提升了园区产业招商的靶向性,提升园区生产性企业服务能力。

对园区数字化企业进行深度链接,在企业数字化建设的基础上,建设区域产业集群的数字化平台,形成上下游企业的数字化连接,打通政企数字化管理服务。通过将产业基础数据、产业链结构数据、各个企业绿色生产数据、环保监控数据、物流管理数据、社会治理数据、安全监管数据等纳入到产业数字化平台当中,通过数据分析与挖掘,形成对整个产业链集群有帮助的价值信息,指导产业集群发展。同时根据产业链结构及发展方向绘制数字化产业图谱,找出产业链链主企业和节点企业,按"链式+集群"思想,培植一批具有"链主"地位的引领型企业、具有"撒手锏"产品的配套企业、具有公共服务功能的平台型企业,加快形成"产业+配套、平台+生态、技术+赋能"的集群发展新模式。

(二)推广示范

项目带动了产业链上下游企业升级,形成整个产业规模化的数字化转型,实现互相促进的良性循环实现产业链高质量转型升级。以数字技术推动产业协同,重点探索最优产业链协同方式,推动产业链结构调整,优化产业链各环节设置,实现上下游生产配比关系科学协同、企业间协作配套,形成产业链的高效运作,资源最大化循环利用,为政府产业发展决策提供量化的全景图谱。

未来,会昌县将在总结项目经验,形成体系化、标准化的发展模式,通过"链群配+产业集群大脑+工业数字网络",实现产业关联程度和资源加工深度的拓展,同时以"工厂数字大脑"为支点,构建基于省园区产业大脑的数据信息一张网全覆盖。

结　语

随着经济发展格局重构,数字经济成为壮大实体经济、构筑未来竞争优势的重要支撑。会昌抢抓数字经济机遇,深入贯彻落实省委"双一号工程"战略和赣州市委"链群配+产业大脑+实体工厂"的相关指示,结合会昌氟盐新材产业特点和当前需求,以新技术为依托不断优化创新融合,加强数字化赋能技术在园区建设和生产的深层运用。打造"绿色化、智能化、数字化"智慧园区,通过数字化赋能实现政府科学高效管理、企业智能化转型升级以及安全环保全流程监管的全链条数字化服务。项目符合新时代工业园区数字化赋能的应用场景,实现园区工业企业的高质量发展目标。

数字乡村

数字乡村是乡村振兴的战略方向,也是建设"数字中国"的重要内容。近年来数字技术的蓬勃兴起为农业发展和乡村治理带来前所未有的发展机遇,如今已有多地开始运用数字赋能乡村发展,不断将人工智能、大数据、物联网、云计算等新兴技术融入农业产业发展的各环节,为乡村经济发展提供了强劲的动能,极大地降低了乡村劳动人民人力物力成本,真正实现了人民对于美好生活的向往与期许。本篇精选了两个案例,包括鹰潭余江区"数字农权+普惠金融"大数据平台和上饶广丰马家柚产业链数字化提升项目,旨在鼓励更多主体参与到数字乡村建设中来,不断拓展数字技术在乡村的应用场景,助力传统乡村资源焕发出新的生机。

余江区大数据中心:"数智强农"
数字乡村大数据平台让乡村振兴加"数"前行

引 言

2019年5月,中共中央办公厅、国务院办公厅印发《数字乡村发展战略纲要》,明确提出"数字乡村是伴随网络化、信息化和数字化在农业农村经济社会发展中的应用,以及农民现代信息技能的提高而内生的农业农村现代化发展和转型进程"。该纲要发布以来,中央农业农村部、国家发展改革委、工业和信息化部、国家乡村振兴局等部门进一步加强统筹协调,先后出台一系列政策文件,各地认真贯彻落实数字乡村战略部署,积极探索数字乡村发展模式,数字乡村建设开局态势良好,涌现出一批可复制可推广的应用场景和典型案例。由此可见,数字乡村建设恰逢其时,前景广阔。

在这一过程中,许多地区经历了从名不见经传到成为远近闻名的网红村、从经济发展滞后群众贫困到经济发展增收致富、从农产品滞销到直播带货供不应求等蜕变,其变化的背后正是乡村建设搭上了数字化的快车,不仅可以让乡村走到大众视野,同时也让收入得到有力保障,为乡村建设发展增添活力。可以说,数字乡村建设就是让数字与乡村融合,从而打开了一扇与现代对话的门。

党的二十大报告提出,"加快发展数字经济,促进数字经济和实体经济深度融合"。这是党中央对发展数字经济作出的重大战略部署,也是新时代全面推动数字乡村建设的指路明灯。数字经济与实体经济融合发展是国民经济发展由高速度向高质量转变的应有之义和必要路径,经济深度融合发展可以促进创新发展动力提升,提高资源配置效率,改善经济发展质量。因此,聚焦乡村资金、资产、资源,实现数字、实体深度融合已经成为大力推进数字乡村建设的必要举措。

从资金着手,以数字技术赋能农村普惠金融,让金融产品和服务更好地走进农村、服务农民,推动广大农民群众共享发展成果;以资产为推手,推进宅基地基础信息调查、宅基地数字化管理服务系统和审批交易系统开发,建立健全宅基地工作管理体系,整体推进宅基地整合、退出和利用,打造更多可看、可学、可推广的改革成果;让资源成为操盘手,发挥数字化产业优势,降低农民的生产成本,让农产品产得出、卖得好,精准对接、精准助农,为特色优质的农产品开启更广阔的市场,破解农产品"出圈难"等问题,为乡村振兴育苗助长。

一、数智"乡"连,数字乡村既有"智"亦有"质"

余江是一代伟人毛主席曾经赋诗颂扬过的地方,孕育了韬奋、血防两种精神,树立了全国水利、血防、征兵三面红旗,形成了眼镜、雕刻、精密制造、循环经济四大传统产业。余江区有全国农村宅基地制度改革试点、全国乡村治理体系建设试点、国家城乡融合发展试验区等20多项国家级农业农村改革任务,创造了以宅基地制度改革为代表的"余江模式",多项改革在全国领跑、全省推广。

余江区深刻理解省委、省政府"一号发展工程",结合自身特色及产业情况,重点开展了数字乡村的规划建设,提出具有余江特色的"123+N"模式,即"1个品牌"——打造余江区数字化农产品区域公共品牌,"2个集群"——余江区农牧林数字化产业集群,余江区数字化农产品集群,"3个平台"——农牧林大数据平台、宅改大数据平台、普惠金融平台。该项目由余江区大数据中心统筹,落地于鹰潭市余江区杨溪乡、春涛镇、平定乡、高公寨林场等乡镇(场)。

该项目以农牧林产业数字化、宅改大数据、普惠金融三大平台为支撑,建设"数智强农"数字乡村大数据平台,重点打造余江区农牧林大数据平台、产业生产企业管理平台、产业小程序、宅基地基础信息数据库、宅基地管理信息系统、信用信息管护平台、农权大数据平台、金融产品超市、金融机构与农村居民交流互动平台、"五全"指挥舱等十余项建设内容,逐渐缩小城乡"数字鸿沟",数字赋能更多农民共享数字经济红利,为乡村建设插上了"智慧翅膀",让数字乡村之潮涌动在余江大地上。

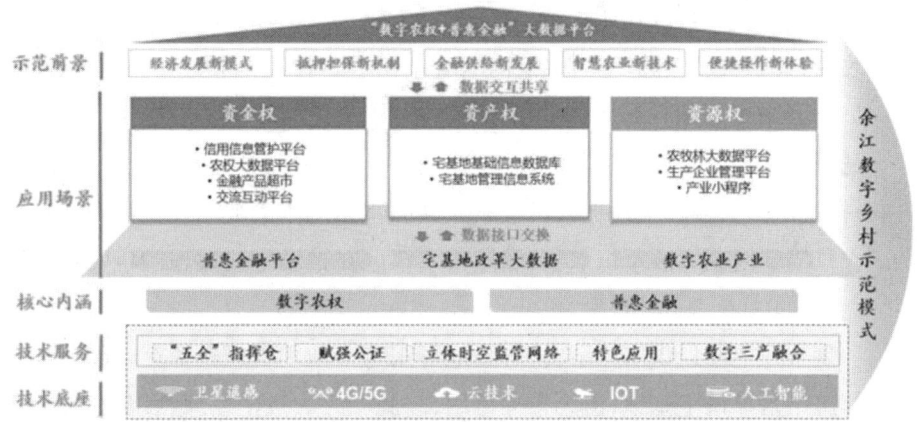

图1 "数智强农"数字乡村大数据平台总框架

二、变治为"智",问题导向检验数字建设

在深入推进乡村振兴和农业农村现代化的过程中,鹰潭市余江区发现了诸多亟待解决的痛点难点,归类总结发现集中出现在农村资源、资产和资金三个方面。

(一)亟待优化资源结构,让"沉睡"的资源焕发新活力

近年来,余江区积极推进农业产业结构调整,取得了一定成效,但供给结构不优、生产条件较弱、产业融合不充分、产品结构不合理、经营体系不健全等问题仍然存在,与高质量发展建设要求还不匹配,主要存在以下四个方面的痛点:

一是产品结构急需优化。余江区主导产业为水稻和生猪,且拥有"余江三宝"——红糖、葛粉、茄子干等区域性特色农业产业。农业资源丰富且具备足够特色,但品牌小而不优、杂而不亮是制约产业发展的显著短板。

二是产业结构亟待转型。过去余江区农业产业以一产为主,加工业、休闲农业、电子商务等还处于起步阶段。科技服务能力不强,与生产结合还不紧密,数字农业建设存在较大提升空间。

三是经营结构尚待完善。农业生产仍旧以传统的一家一户分散式经营为主,龙头企业、农民合作社、家庭农场等新型经营主体规模偏小、经济实力较弱,社会化服务组织缺乏。缺乏高效统一的组织结构闭环运营模式。

四是生产结构有待提升。农田基础设施依然薄弱,农业抗风险能力还有待提升。农业生产经营方式还相对粗放,主要依靠资源消耗的粗放经营方式仍未根本改变,大水大肥大药现象仍然存在。

(二)亟待激发自治活力,让"静资产"变为"活资本"

宅基地是农村资产的重要组成要素。农村宅基地改革是事关农民利益、事关农村发展、事关乡村全面振兴以及城乡共同富裕的重大变革。作为中央首批全国农村宅基地制度改革试点县,鹰潭市余江区在推动宅改过程中也发现了诸多痛点问题。

一是农户宅基地供需矛盾突出,无地可用与土地闲置现象并存。部分地区青年等房结婚申请宅基地,但无指标可用,与此同时大量宅基地利用效率低下。由于历史积弊、政策变动、代际继承、人口流动等复杂因素,"一户多宅"、宅基地超标占用、长期闲置、腾退困难等现象较为普遍。

二是农户"退宅"积极性不高,宅基地退出补偿机制有待完善。在城镇化背景下,户口在农村但工作生活在城镇所导致的人户不一致以及宅基地长期闲置问题大量存在。从宅基地退出和置换的大数据来看,农户自愿"退宅"积极性不高,"地票"安置方式的观望态度较浓。

三是受制于估值难、处置难等困境,农房抵押贷款政策难以推广。农房价值评估是宅基地使用权抵押贷款的核心环节。由于尚未形成城乡统一的农房所有权和宅基地使用权流转市场,缺乏有关农房抵押物的价值评估机构,相关评估规则尚不健全,导致农房实际价值难以评估。

(三)亟待"资智融合"发展,让沉淀资金成为源头活水

近年来,政府在加大精准扶贫力度、增加支农惠农资源、改善农村金融服务等方面取得长足进展和显著成效,同时也要看到,金融在支持全面推进乡村振兴工作过程中还存在一些痛点堵点。

一是"三农"领域基础设施相对薄弱。我国农村地区面积辽阔、产业布局分散、人口相对稀疏,农村基础设施建设周期长、投入大,部分偏远地区甚至仍有覆盖盲点。这些因素客观上增加了金融机构运营成本、降低了金融服务可得性,使得农村金融难以形成规模效应和可持续商业模式。

二是乡村数字治理工作起步较晚。因涉农数据元、数据接口、数据标准差异,地域间、机构间存在"信息孤岛"和"数据烟囱",给涉农数据融合应用带来

一定困难。由于城乡间存在"数字鸿沟",农村居民在新型网络接入、数字信息获取、智能技术掌握等方面与城镇居民有一定差距,部分农业经营主体"数字足迹"缺失,农村地区仍存在一定比例的"信用白户"。

三是农村金融承载能力存在痛点。农业产业链条相对较短,且种植业、畜牧业、渔业等领域生产经营在很大程度上依赖外部环境,对外部风险特别是自然灾害的抵御能力较弱。同时,农业生产要素大量聚集在农业用地、农村房屋、林权等领域,在数字化程度不高的情况下,通过传统模式往往难以成为贷款融资抵质押物,限制了农业领域的金融承载能力。

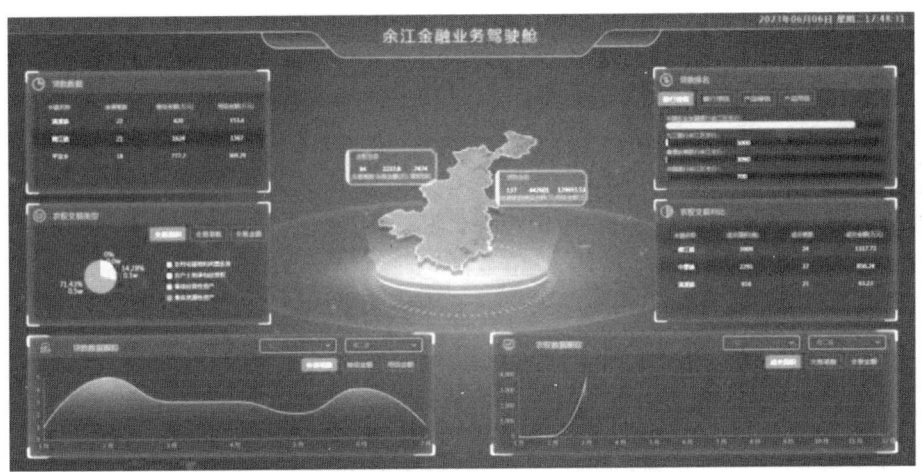

图2 余江区金融业务驾驶舱平台主界面

三、科学部"数",技术路径赋能平台应用

在鹰潭市余江区委、区政府的领导下,余江区大数据中心统筹全区数字乡村建设,将5G、人工智能、物联网、大数据、区块超高清视频、数字孪生等新一代信息技术应用于产业农权、资产农权和普惠金融三个农业农村重点领域,推动余江区各乡镇农村信用信息、农权大数据信息、乡村治理信息、金融产品信息、农业产业生产经营信息的数据共享与应用,实现余江乡村家庭和产业的数据关联到户、治理到户、服务到户,推动智慧农业特色应用顺利落地,实现城乡普惠金融服务体系基本完善。

(一)智慧科技赋能农村产业,打造农牧林产业大数据平台

针对当前农业全链条数字化助推乡村产业转型面临的数字基础设施薄弱、

数字人才缺乏、数字技术应用不足、农业产业链主体协同分工不足等难点，余江区提升农业农村数字基础设施建设水平，加强农业全链条数字化人才培育和梯队建设，与拥有农业溯源系统、农业大数据平台、农业四情物联网监测系统等6项技术专利的松浦信息技术（北京）有限公司合作，发挥数字技术在农业生产要素配置中的优化和集成作用，实现乡村产业转型升级。通过结合当地区域优势、资源禀赋、历史文化、风土人情等特色打造区域性农业品牌IP，并将其贯穿数字化赋能乡村产业一、二、三产融合始终，是鹰潭市余江区推动农业产业数字化建设的灵魂。

图3　余江区农牧林大数据平台主界面

通过建设余江区农牧林大数据平台，建立振兴之窗、实景导览、现代农业、农产追溯、乡村文旅、本地就业、应急管理7大板块，作为区域数字化的"中枢大脑"，汇集物联传感、视频感知、产业经营、数字应用等各项数据，按照数据采集、数据存储、数据分析、数据反哺应用的工作逻辑运行，是余江区乡村产业振兴发展的有力抓手和综合窗口；通过建设产业生产企业管理平台，建设包含数字种植、数据看板、园区管理、人员管理、物资管理、农事计划、设备控制、预警中心、视频监控等功能，通过标准化生产及ERP式运营助推企业生产管理水平的提高；通过建设产业小程序，打造产品追溯、线上商城、本地就业、乡村文旅4个板块，为消费者提供产品可视化监督、产品购买、文旅宣导渠道，为当地企业和农民搭建用工、就业平台；通过建设余江区区域农产品数字化品牌，利用品牌赋能产业振兴一、二、三产数字化融合，通过"天—空—地"一体化数字化赋能打造第一产业智慧化无人农场，利用智能科技全线赋能手作红糖、铁皮石斛、藏红花、红豆杉等产品二产深加工流水线，引入电商直播培训和智慧文旅等内容为第三产业引流助力。将区域数字化品牌内涵全面贯穿三产融合，实现农产品附加值和产品销售流通效率显著提升，盘活农村集体资产，显著提升当地农民收益。

(二)数字乡村赋能农村资产,打造宅基地改革大数据平台

根据《中共中央办公厅、国务院办公厅关于印发〈深化农村宅基地制度改革试点方案〉的通知》(厅字〔2020〕18号)文件精神,宅基地制度改革试点县要建立县级农村宅基地管理信息系统,全面掌握县域农村宅基地规模、现状,加强农村宅基地数字化管理,规范闲置宅基地和闲置农房盘活利用,保障农民合法权益。

通过建设宅基地基础信息数据库,鹰潭市余江区面向宅基地制度改革管理需求,与上海飞未信息技术有限公司合作,整合宅基地调查及管理数据,建立涵盖宅基地属性、图形数据、档案数据等在内的宅基地基础信息数据库。通过集中统一的调查,按照空间位置关系和统一标准紧密整合,建立各类宅基地基础数据之间的联系,形成统一的农村宅基地"一张网",实现涉及的土地、房屋、权利人等相关数据的一体化存储,以达到图、属、档一体化管理的应用目标;通过建设宅基地管理信息系统,构建了具有数据采集、联网审批、信息浏览、统计分析的综合应用平台。开发各类规划数据的融合、采集、编辑、入库、管理及更新,并在相关系统中进行展示、分析等。开发应用服务接口,将宅基地管理信息平台接口与自然资源部门的相关管理平台接口相连接,实现信息共建共享。进而实现宅基地调查、规划、审批、监管等业务数据的一体化管理,促进宅基管理决策的数字化与科学化。

图4 余江区农村宅基地管理信息系统V2.0主界面

图 5　余江区"数智强农"数字乡村大数据平台中的数字农权平台主界面

（三）普惠金融赋能农村资金，打造普惠金融大数据平台

在数字化发展浪潮中，深化数据应用、弥合"数字鸿沟"，让更多"三农"群体充分享受金融科技守正创新发展成果，是金融支持"三农"发展的关键环节。余江区与华为生态合作伙伴的深圳市瀛策科技有限公司，有数据交换平台系统、区块链服务多项专利的东华软件股份公司、华为技术有限公司等合作，探索运用数字技术增强承载能力，提升农村金融服务下沉度和渗透率，借助金融科技破解农村普惠金融发展面临的上述全球共性困难。

通过建设信用信息管护平台，鹰潭市余江区在实现农户信用信息联网核查系统等现有的平台系统基础上，加大了对新型农业经营主体的信用数据归集，建立符合金融要求的数据模型，为平台用户提供点对点、端到端的信用信息采集、核查、评价、运用、维护五位一体的闭环式管护服务。通过信用信息平台的多项维度数据，进行筛查比对、解读评分，形成精准用户画像，对银行输出评分卡、反欺诈报告、风控报告等；通过建设农权大数据平台，推动农村各类产权确权颁证，打破数据壁垒，通过数据接口服务将全区农村产权信息配套上传实现共享。对农村闲置宅基地、"山水林田湖草沙"等资源信息进行有效采集、整理、录入，并实时在线发布。围绕交易、登记以及竞价三项重点环节，基于"全新互联网+交易技术"架构，构建农村产权线上交易平台。推动银行机构基于全区各类农权确权、流转交易共享信息，在线办理抵押登记和信贷发放。支持信贷业务全流程的线上化操作，实现PC端、手机APP等全端覆盖；通过建设金融产品超市平台,围绕金融机构和农业经营主体,为平台用户提供融资、担保、保险等多元化的金融产品服务,为银行、保险、担保等金融机构提供产品发布和销售的渠道。针对当地农业需求、生产者特点、农作物特征等情况,协同银行保险等金融机构一起设计符合当地农业发展的线上金融产品及操作流程,实现金融产品的创新;通过建设金融机构与农村居民交流互动平台,为金融机构和农村居民提供一个零距离、点对点的交流互动平台,提供在线服务;通过建设"五全"指挥舱,构建数据化存量指数、交易指数、招商流转营商环境指数等开发模型,为全区农村产权交易、乡村治理提供数据支撑,为政府决策、行业主管部门和金融机构提供动态数据、评估、预警、分析服务。

四、乡村振"新",展望未来特色推广前景

余江区隶属江西省鹰潭市,地处赣东北、信江中下游,面积936平方千米,人口32.6万,下辖11个乡镇、1个街道办事处、7个农垦场。农业、农村和农民是余江区最显著的资源标签和优势领域,余江区以农业农村资源、资产、资金大数据为基础,通过"数智强农"数字乡村大数据平台,推动各乡镇农村信用信息、农权大数据信息、乡村治理信息、金融产品信息、农业产业生产经营信息的数据共享与应用,从新技术、新体验、新发展、新模式和新机制5个角度探索出一条具有余江特色的数字乡村示范推广道路,让全国范围内具备同样或类似资源禀赋的县级区域单位见证了利用数字化技术赋能乡村振兴的推广前景。

(一)示范推广智慧农业驱动乡村产业振兴的"新技术"

农业产业数字化发展顺应历史发展趋势,符合国家发展战略。智慧农业的应用旨在实现产业振兴,产业振兴带动农民就业,还可以合作社分红形式提升收益,社会效益显著。通过部署温室环境监测系统、阈值预警功能,实现最佳生长环境把控,提高作物产量至少15%,应用预计综合效益提升50万元每年。

通过部署室外农情站,通过数据积累形成数据模型,指导年周期规律性生产活动,应用预计综合效益每年提升10万元。通过农产品商城小程序,与京东、天猫等渠道对接,降低企业产品销售流通成本至少20%,应用预计综合效益每年提升50万元。通过水肥一体化灌溉系统应用可减少肥水投入30%,人工成本30%,增加作物产量10%,应用预计综合效益每年提升20万元。通过部署高清摄像头,远程查看苗情,避免名贵作物与树种窃伐,应用预计综合效益每年提升20万元。

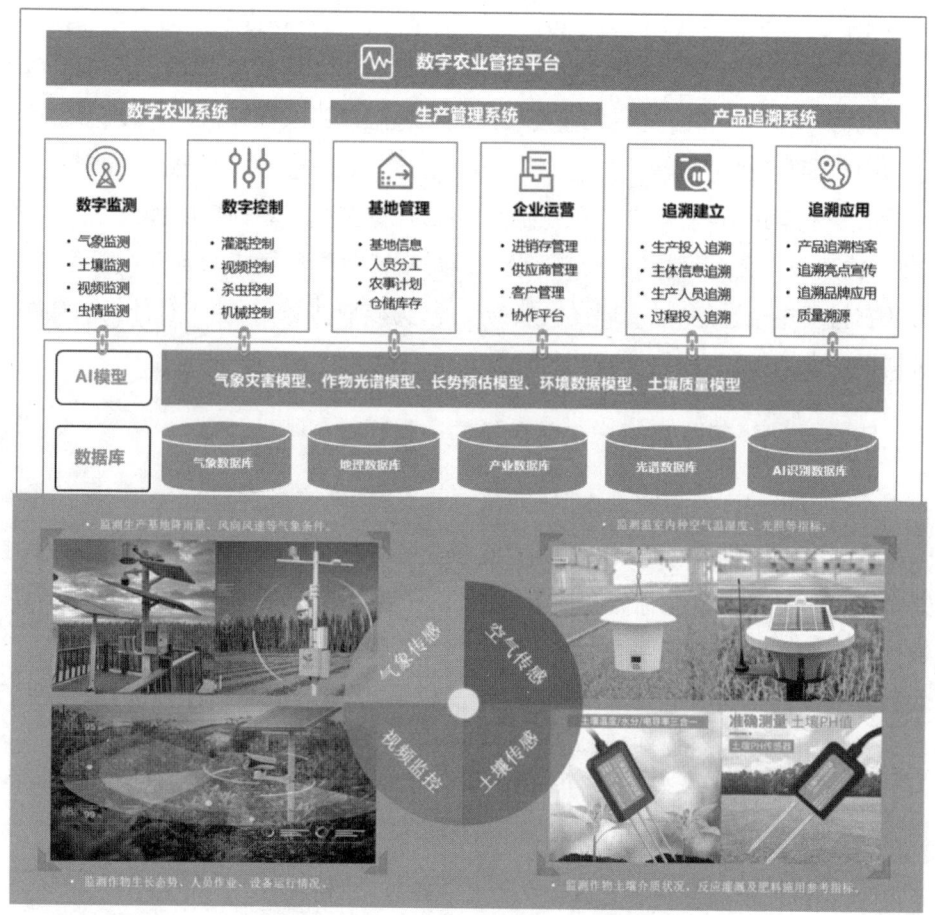

图6 余江区数字农业管控平台建设架构与部分硬件设备图

(二)示范推广宅改信息工作人员便捷化操作的"新体验"

系统由资格管理、审批管理、综合监管、台账管理、共享服务、移动端和系统配置管理等模块组成,其中信息"一张网"和审批管理是重点模块。实现农户申请、村级审查、乡镇审核、乡镇审批、申请审查到场、丈量批放到场、建成核查到场等,此外还支持流程和表单的个性化定制、查询统计、档案管理等,满足试点县出台的文件要求和工作人员使用要求。

系统部署至今累计受理1586户农户宅基地申请,完成审批909件,有序退出4628宗宅基地。目前经过调查全区农村闲置宅基地576宗、闲置住宅613

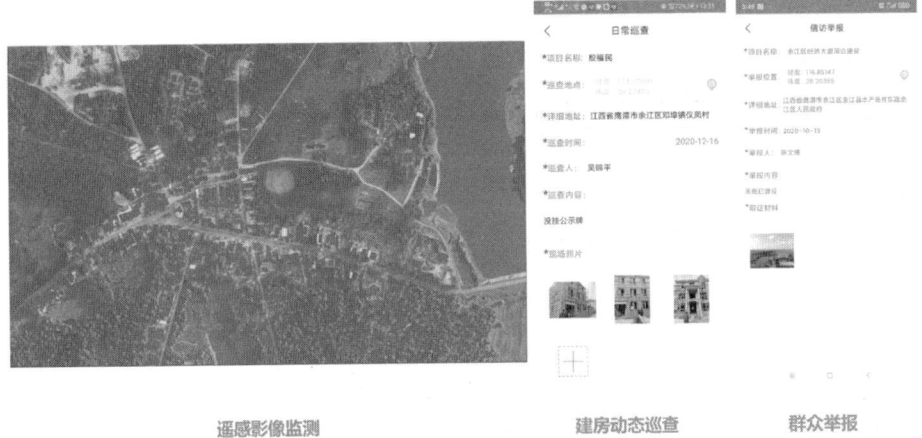

| 遥感影像监测 | 建房动态巡查 | 群众举报 |

图7　余江区农村宅基地监管一张网与掌上办理系统

宗,为后期盘活农村宅基地资源,促进闲置宅基地的开发利用提供了有力的数据支撑,实现各乡镇(街道)窗口统一受理村民建房用地申请1586件,同时无纸化联网协同办公,方便村民的宅基地业务办理,提高宅基地行政审批效率。

(三)示范推广城乡金融供给均等化的"新发展"

通过农村金融产品和服务的创新,推进数字普惠金融在农村得到有效普及,解决长期以来农村贷款难、利率高、门槛高的问题。推进农村信用体系建设持续优化,农户及新型农业经营主体的融资增信机制显著改善。已推动余江8个乡镇12个村组实现农村信用信息、农权大数据信息、乡村治理信息、金融产品信息的数据共享与应用(5家银行8款产品)。与此同时,各个参与投资建设运营的区级银行也将充分发挥自身的资金优势、平台优势、产品优势及服务优势,为区农投公司提供一揽子融资服务方案,包括但不限于并购贷款、中长期项目贷款、短期流动资金贷款、票据业务、贸易融资、贷款承诺及开发个性化的融资新产品。为普惠金融服务乡村振兴提供全方位的优质、高效、优惠、便捷和个性化的金融服务与资金支持。

(四)示范推广农村数字经济发展的"新模式"

探索政府主导建设,企业参与运营的创新模式,从企业利益和百姓获得感出发,使平台具备了自主造血能力,解决政府型平台一直以来维护周期长、维护成本高、运营能力弱、所有费用只能靠财政拨款的痛点,减轻政府财政压力,拉动余江数字产业发展。从本案例的资金投入来看,该项目在普惠金融板块总投资为 524 万,其中中国银行余江支行(54 万)、中国建设银行余江支行(30 万)、中国工商银行余江支行(30 万)、中国农业银行余江支行(30 万)、中国邮政储蓄银行余江支行(30 万)、深圳市瀛策科技有限公司(350 万)。由此看来,该"新模式"是在政府财政 0 投入的情况下有效撬动各类社会资本推动项目平稳落地,在当前中央号召地方政府过好"紧日子"的政策背景下具有显著的示范推广意义。

(五)示范推广农村产权抵押担保权能的"新机制"

在完善农村各类产权确权颁证的基础上,探索以"政府+金融+民间资本"模式,开发集"信息共享、线上交易、线上融资"为一体的区、乡(镇)、村三级农村产权联网大数据平台,推动农村产权资源变资产、资产变资金的盘活目标。平台通过云计算能力、大数据风控、AI 规则引擎、区块链存证等相关技术,将政府机构、金融机构、第三方平台进行有效整合,通过数字农村综合服务站智慧大屏、移动端农权易贷微信小程序,将服务直达村民,有效解决乡村振兴的资金问题,解决在乡村的获客难题。

结　语

鹰潭市余江区结合自身资源优势,以卫星遥感、5G、云计算、物联网、人工智能等新一代新技术为底座,以数字三产融合、"五全指挥舱"、赋强公证、立体时空监管网络、特色应用等服务为依托,围绕着资源、资产、资金三大数字农权,以农牧林大数据平台、宅基地改革大数据平台和普惠金融平台为基础,打造余江区"数智强农"数字乡村大数据平台,实现智慧农业新技术、便捷操作新体验、金融供给新发展、经济发展新模式、抵押担保新机制等多个方面的数字乡村典型示范,为全国范围内其他相关县市区的数字乡村建设提供了广泛借鉴的参考案例。

数字赋能"智"富:广丰马家柚产业转型升级

引 言

广丰区西坛村位于山区地带,这里的气候受北纬28度的影响,独特而神奇,此地盛产一种名为"马家柚"的水果,其瓤红多汁,口感酸甜适中,且有清爽化渣的特殊风味,广丰因此也被誉为"马家柚之乡",广丰马家柚还是中国国家地理标志产品,其名声享誉全国。

由于农业经济的局限性,近年来,当地开始运用更高标准的果园科技小院数字农场云平台,借助物联网、云计算、大数据、移动互联网等现代信息技术,致力于打造面向全产业链的智慧马家柚产业大数据平台。该平台基于物联网设施设备,实现马家柚生产的精细化、产业服务和管理的数字化、果品销售溯源的可视化,从而推动整个产业的升级和发展。广丰马家柚农业经济与数字化的结合,一方面借助乡村特色资源,积极拓展乡村特色产业,建设特色鲜明、规模适度且辐射带动力更强的乡村产业集聚区;另一方面,逐步构建乡村特色产业"圈"的发展格局。然而,农业经济数字化进程中仍存在一些不足和缺失。在数字化发展的关键时刻,为了应对现状,农户和政府正积极调整,探索线上和线下双循环的地区特色农业发展道路。

一、自我把脉,发现问题

(一)产业链条不完善,未形成全产业链

马家柚产业的经营和管理中存在多个短板。首先,智能化水平不足,效率

低下,且农产品质量、化肥投入品成本高、老龄化劳动力、生产成本高昂,导致标准化流程、产品质量波动大,流通环节成本高;其次,销售渠道不完善,缺乏品牌和可追溯产品信息,消费者认知低,销售困难,品牌影响力低,效益不高,产业环节间脱节,信息传递不畅,影响产业高质量发展;第三,管理方式随意,科学精神匮乏,质量问题严重;第四,技术服务滞后,无法满足技术、信息需求,特别是基层技术人员稀缺,影响产业发展;第五,产品质量标准化体系建设滞后,马家柚还未制定出产品的质量标准体系,影响生产流程。马家柚产品供应紧张,质量控制意识薄弱,长期下去,将严重影响销售和效益,降低果农种植和投入的积极性,削弱产业持续发展能力。

此外,马家柚全产业链尚面临众多挑战与困境,主要包括以下几点:一是农户分布零散,前端的多维度分散经营农户,因缺乏获取市场信息渠道,难以对市场做出及时预测和判断,导致盲目生产现象普遍;二是流通环节繁杂且透明度较低,农户和商贩仍然是农产品流通的主体,规模小、市场集中度较低,难以与市场实现高效对接,产业链运行不畅;三是消费者需求的转变,当前消费者关注农产品质量的同时,也关注农业生产过程和田园生活,消费观念多元化将为农业生产链任何环节创造收益,推动整体价值体系的完善和发展。

(二)品牌效益缺失,未实现优质优价

广丰马家柚品质优良,已获得一批"三品一标"农产品的认证,成功创立了多个小型品牌,并赢得了多项荣誉。然而,其品牌集群的价值并未实现应有的转化,优质农产品价格并未实现合理提升。在此背景下,尽管本地消费者熟知广丰马家柚的优良品质,但在外地市场上,广丰马家柚与其他地区的同类型产品并未形成合适的价格差距。另外,本地新型经营主体数量逐渐增多,但有实力、规模大、有品牌的企业仍然相对匮乏。农民专业合作社数量虽多,但大部分未能发挥应有作用,有的甚至沦为"空壳社"或"挂牌社"。

(三)新基础设施滞后,数字装备应用单一

广丰马家柚的数字农业已经获得了一定的发展成就,但同时,该领域也面临着诸多问题。其中,主要的困境包括数字基础设施建设和关键技术研发滞后,传感器自主化水平较低,缺乏专用芯片,智能装备研发起步较晚,而且当地5G基础设施、物联网、人工智能以及计算能力设施等新基础设施主要分布在数字城市、数字工业和数字生活等领域,这些新基础设施在数字农业领域尤其是

图1 遵循绿色有机种植的马家柚园区实拍图

在农业园区的覆盖方面显得相对滞后。

再者,数字装备的应用类型相对单一,且数据资源的整合与共享尚未达成实质性的突破,导致大部分园区的数字化应用主要集中在环境监测、水肥一体化、配送流通等环节,而农情预警、农资调度、逆境调控、作物模型、管理决策等全程的装备应用程度仍有待提高。

最后,数字装备的普适性相对较低,许多经过本土化改良的数字化产品仍然存在"适应不良"的问题,故障风险和设备损耗相对较高,利用现代信息技术解决农业产业中的实际问题的效果并不显著,尤其是在生产环节,其发展相对滞后,这也导致当地农业数字经济与其他产业相比明显滞后。

二、数字经济助力振兴乡村、助农增收

广丰马家柚,作为地方特色资源,荣获国家地理标志保护及农产品地理标志认定,其"酸甜多汁、营养健康"的产品特性深受市场消费者的青睐。目前,全市马家柚种植面积已达到40余万亩,核心区及原产地广丰的种植面积高达19万亩。与此同时,市域内相关企业、农民合作社、种植企业数量达300余个,加工及贸易型企业逾10家,省级龙头企业更是高达13个。依托各合作社+农户、合作社+基地+农户、保底+分红等多种模式,成功带动农户(包括贫困户)过万人。广丰马家柚承担着农业结构调整与产业扶贫的关键职责,是实现乡村振兴的关键产业支撑。

图2 西坛标准果园项目基地效果图

当江西广丰的特色水果马家柚与物联网和智慧果园的新技术相遇,其价值得到了显著提升。统计数据表明,广丰区在工业指导下,已将马家柚产业视为最主要的富民产业,为其制定了产业规划,并设立了专项基金,积极推动品牌文化、品质提升、品牌营销、精深加工、仓储服务五大项目的实施。在这些项目的推动下,马家柚产业的高质量发展取得了明显进展。截至目前,马家柚的种植规模已经扩大到19万亩,其中500亩以上的基地达到50个,百亩以上的基地有300多个,这有效地带动了5万户果农的收入增长,整个产业的产值也已接近20亿元。

为促进马家柚种植标准果园农业优势及特色产业的显著提升,广丰将按照产业深入到乡村并带动农户的政策方针,持续推广数字化的农业发展模式,完善马家柚产业的全链条体系。借助数字化、可视化和溯源化技术,致力于提升农业产业的现代化程度。

三、推进数字化项目,落实"131N"建设内容

在马家柚产业中,设立了种质资源创新基地和三个中心,联合N个物联网种植基地,运用物联网设备实时监测马家柚生长环境,利用数据采集、汇总、分析和管理技术指导马家柚种植生产,提高产量品质。此外,设立全流程帮扶措施,实现农产品上行过程顺畅。另外还设有数智化管理系统,通过智能分选设备自动识别产品,实现初加工批量高效,提供区域马家柚产业大数据服务。

(一)种质资源创新基地,发挥数字示范基地辐射范围

广丰马家柚基地利用先进技术自动监测和预警园区环境要素,如土壤、小气候和水肥等,实时在线监测以获取马家柚生长环境的大数据,用以分析和管理种植生产,从而提高马家柚的产量和质量。重点项目包括西坛数字马家柚示范基地、物联网科研基地等,完善物联网设施设备,引入环境监测、病虫情监测、果实生长监测等系统,已打造高标准智慧物联网马家柚种植示范基地20个,并服务全区19万亩种植基地。

(二)建设物联网&大数据运营服务中心,确保产业良性发展

依托数控中心服务中心运营。包含数据收集更新、实时影像数据监控、实时数据获取等功能,配套建设电子商务公共服务区,通过网上政策公示、客户管理、开店支持、农产品上行标准推广、日常运营指导、平台活动对接的全流程帮扶行动,从根本上提升产业电商短期提升和长期发展相结合的问题,扶上马再送一程,保障产业良性发展。

积极培育知名特色品牌。开展乡村特色产业调查分析,指导乡村农产业做精做细做强,打造"乡字号""土字号"特色产业"金字招牌"。建立全国乡村特色产品目录,推介一批乡村特色产品和能工巧匠,宣传一批乡村特色产业知名品牌。同时,除马家柚特色农产业链外,挖掘新一批如天桂梨、夏布、云雾茶等特色产业,打造乡村产业区域增长、产业高地。

(三)建设数智初加工分选运营中心,优化产业链流程

提升数智初加工分选处理能力,推进建设全过程数智分选加工厂,包括新建快速智能检测,采用马家柚智能分选设备,自动识别产品大小、重量、外观、色泽和糖度,排除皮下软果、裂果、畸形等现象,完成"清洗—烘干—分级分选—包装"全流程一体化,智能分级分选作业线效率是人工的100倍以上,有效降低20%的农产品损耗,提升农产品商品化智能处理,仓内完成清洗、分选、品控、装箱、打单。这一条数字化生产线涵盖物料暂存区、上果清洗区、自动筛选区、测重区、光谱测试区等马家柚分拣包装的各个环节,大部分只需机器自动完成,既节省人力,又保证了操作的精准。

数字化生产线除了精准分拣,更重要的是构建了马家柚产业大数据库,可

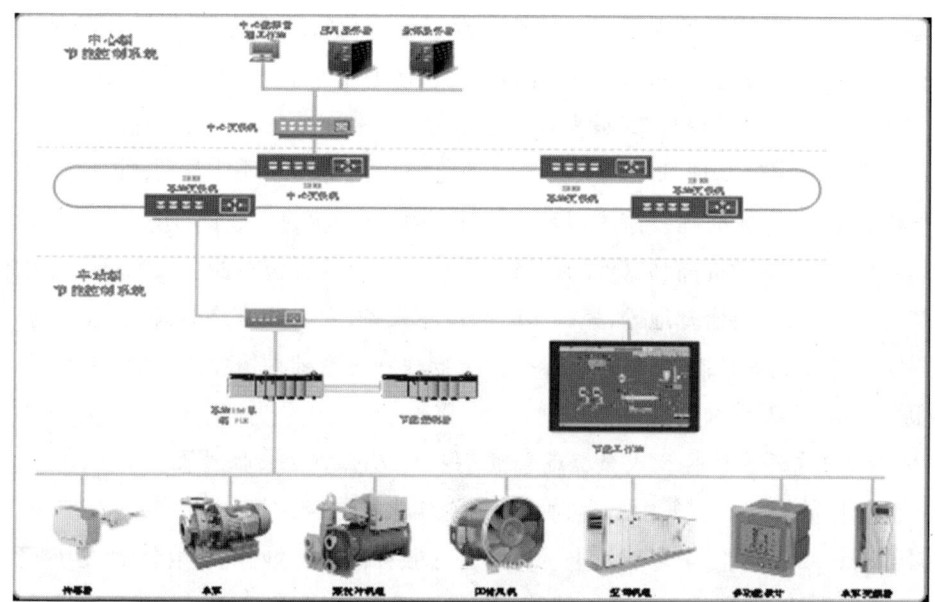

图3 广丰区乡村振兴产业园数字化生产线

以直接呈现当年果子的情况,进而反馈给种植端和销售端,让他们知道如何提升品质、优化渠道,是马家柚产业发展的"晴雨表"。

(四)建立科研孵化中心,扶持数字化技术与数字化人才

依托乡村振兴示范园打造深加工、品质检测科研中心,持续为产业发展运行提供技术和数据和人才支撑。支持科研院校、数字企业、园区企业"揭榜挂帅",开展农业专用传感器、动植物模型、农业机器人、农业大数据(核心算法、决策模型)等关键共性技术攻关,联合解决高适应、高精度、低成本、低功耗的技术痛点。

(五)数智化管理系统助力精准生产

马家柚产业大数据应利用农产品标准化生产过程、农产品溯源过程、线上推广营销活动、服务资源等数据为基础,通过数据共享交换和数据分析技术,提供区域马家柚产业大数据服务,包括数据可视化、基础数据统计、产业分析预测和数据分类查询。大数据中心提供园区企业种植和加工区域的实时视频,使其成为马家柚产业园区一站式信息展示服务中枢,实现产品智慧仓储和物流交易。通过数字化生产管理设施设备和数控中心,实现生产管理智慧化,使生产管理可视化,实时掌握生产状态并解决问题。将数字农场信息导入销售溯源系

统,实现果园生产、种植、销售全链路信息直达消费者,保障品牌价值。

(六)搭建线上数字化服务平台,助力农户专业素养进一步提升

依托于钉钉、技术中台、商家成长运营中台和数据中台,打造全新"线上线下双服务"模式,将线下服务场景线上化,突破服务地点与时间的限制,实现运营效率与服务质量的提升。能够实现利用在线视频的形式,让新型生产经营主体随时随地观看优质农业技术组专题培训课程,增强农技的传播效率和社会价值,视频内容随时随地随需播放,并可通过课程互动、专题交流,拓展专家与学员的沟通平台,帮助学员解答农业技术疑难问题,促进科技成果转换。能够实现利用文字、图片等形式,提供专家远程诊断服务。针对乡村振兴示范园的电商系统。电商系统包括 WEB 版商城、移动版微商城、电商系统管理后台。

四、应用推广,增值增效

(一)产业效益:农产品食品平台机制更为完善

该项目基于原产地智能运营中心,利用数字化工具,进行农产品分级筛选,并利用高效供应链服务,通过提升农户收入增强原产地价值。通过创建农产品从田野到餐桌的新型数字化价值链,促进国家及地方"三农"发展规划的推进,配合政府产业扶持政策,形成具备吸引力的农产品产业链引擎。在当地创建农业全产业链,形成一批特色鲜明、链条完整、连接紧密、业态丰富、创业活跃的农业全产业链。2021年下半年引入阿里巴巴集团,通过科技赋能、智能分选、仓储物流数字化、三产融合、品牌推广、销售渠道拓展,形成数字化"种产供销"全产业链发展模式,助力广丰区马家柚产业发展,实现乡村振兴。

(二)社会效益:带动产业链上下游就业岗位

此项目为当地居民提供就业机会,包括设计施工、监理等。项目运营后,为当地解决大量就业问题,并带动其他岗位的需求,从而缓解就业压力。同时,开发特色农业数字化经济和地方资源,如乡村旅游,以促进社会稳定发展。发展研学教育、田园养生等项目,并引导休闲农业园建设相关设施。在提高农户数字化素养方面,主要通过培训、培育,增加实用人才,提升数字素养。此外,还通过政策和机制,如科技特派员、柔性引进等,提高人才流动性和使用度。

(三)经济效益:构建乡村产业发展新雁阵

该项目提升企业生产效率,同时增加政府收入,改善基础设施,农户受益于

乡村振兴战略。通过农业产业化,壮大龙头企业,促进农户与现代农业的接轨。同时,广丰引入头部互联网企业经验,实现招商引智等提升。未来将利用创新模式、品牌效应和农产业发展,促进乡村经济发展,增加农户收入。

结　语

上饶市广丰区大力推进数字技术应用,以物联网、人工智能、大数据等赋能马家柚种植,将智慧农业、农机自动驾驶、乡村振兴科技合伙人等科创动能注入乡村振兴,打造集种植规模、种植品种数量、种植环境等"一张图"可视化监测系统,构建起马家柚产业大数据库,为马家柚的历史数据积累以及模型分析提供基础平台,实现从"会种柚"向"慧种柚"转变,以"种、产、供、销"全链条数字化经营与管理让马家柚产业在广丰实现全程智慧化管理,通过强龙头、补链条、兴业态、树品牌,加快推动农业产业高质量发展,催生现代农业澎湃活力,广丰区马家柚产业正乘"数"而上,为农业高质量发展插上腾飞的翅膀。

节 能 环 保

随着数字信息技术的迭代发展,数字经济正从多个维度对社会的生产方式、消费方式进行升级和重塑,成为经济社会高质量发展的重要引擎。在此背景下,把握时代机遇、在寻求经济发展、资源节约、环境保护协调统一的基础上,推动数字经济赋能绿色发展,推进数字化绿色化协同转型已成为全球共识。数字技术是推动绿色低碳发展的重要引擎,有助于推动生产工艺优化、能源管控、智能化运营等。本节精选了数字技术助力实现节能降碳以及生态保护方面的优秀案例,旨在推广优秀做法,为各设区市推动数字经济与绿色经济发展提供思路。

南昌轨道交通集团：
基于物联网技术的轨道交通通风空调系统风水联动智能改造项目

引言

2020年3月，中国城市轨道交通协会印发《中国城市轨道交通智慧城轨发展纲要》，要求城轨交通行业要把握当前发展的重大机遇，以推进城轨信息化，发展智能系统，建设智慧城轨为载体，开创交通强国建设新局面。2022年8月，中国城市轨道交通协会又印发《中国城市轨道交通绿色城轨发展行动方案》，要求城轨交通行业要坚持智能智慧和绿色低碳协同的发展路线。大力推进"云、数、网、安、智"等新一代信息技术与绿色低碳业务深度融合，夯实数字底座，以推进城轨信息化，发展智能系统，建设智慧城轨为载体，以智慧赋能节能降碳关键核心技术攻关，助力城轨交通绿色低碳、高质量发展。

城市轨道交通利用物联网技术进行通风空调节能降耗，可带动具备共性的关键技术的创新与实施，实现用能精细化管理的同时，也为推进城轨信息化、发展智能系统、建设智慧城轨提供有力的技术保证。

一、风水联动：构建智慧绿色城轨

随着地铁行业的发展，运营线路、车站不断增多，机电设备也随之增加。机电系统中通风空调专业作为城市轨道交通地下车站的"呼吸系统"，是保证地铁运营的先决条件。在轨道交通行业中，通风空调系统约占地铁能耗的30%，仅次于牵引供电系统。南昌轨道交通1号线共24个车站、2号线共28个车站,均为地下车站。根据统计1、2号线运营动照类耗电量每年约在11500万度左右,车站通风空调系统(通风大、小系统、空调水系统)每年耗电量为在5000万度左右,全年车站通风空调系统耗电量占比运营动照类耗电量43%,可见通风空调系统是车站运营电力消耗最大设施之一,具有较大的节能潜力。

目前南昌轨道交通地铁车站通风空调系统主要存在以下问题:
(1)车站冷源设计规划为远期使用,设计选型偏大,导致运行能耗浪费;(2)采用集中控制方式,设备启停及出力调节均按照既有BAS程序自动执行,无法实现自动调节设备出力;(3)风机定频控制,并未根据室内环境需求进行调控;(4)冷冻水、冷却水定流量系统不能满足地铁车站大负荷波动的需求;(5)系统能耗较高,室内舒适度调控效果不佳,不同车站负荷特性、设备特性差异明显,不能根据车站灵活调整,系统能效无法保证。

为节省能耗,提供更舒适站内环境,需对车站空调风大系统(组合式空调器、回排风机)、制冷水系统(制冷机组、冷冻水泵、冷却水泵、冷却塔)进行变频节能改造,并增设传感器检测现场环境参数,依据节能策略控制各设备优化运行控制,利用风水联动智能控制系统全面降低总体能耗。

(一)风水联动智能控制系统功能

风水联动智能控制从水系统冷量供给与末端负荷需求间的协调联动、末端空气状态点与送风温度设定间的协调联动、降低潜热消耗为目标与冷水机组出口温度再设定间的协调联动、全局水力优化控制、冷冻水系统优化控制、冷却水系统优化控制等方面进行控制算法及策略的设计,通过综合协调联动系统中的各个环节的优化运行,整个系统在满足末端负荷需求的情况下,实现系统效率最高,能耗最低。系统通过各控制策略或算法,实现全系统的风水协调联动控制。

1. 全日逐时负荷预测功能

系统应能够根据历史负荷情况,对当前的全日逐时负荷进行提前预测,为系统的开机、加减机策略及基于负荷预测的控制策略提供数据支撑。

2. 末端设备的调节控制功能

系统能根据末端空气的状态点,动态设定送风温度的目标值,各风系统节能控制柜等信息作为末端空调箱冷冻回水管电动两通阀的调节依据,以达到在满足末端负荷需求的条件下,通过调整风机频率改变风机转速为风机提供更大的节能空间,而对于组合式空调机组,系统应采用基于负荷预测的控制技术,对各末端的负荷需求进行提前预测,并以此来调节组合式空调机组的送风量。

3.冷冻水系统优化控制功能

冷冻水泵是空调水系统的重要设备,冷冻水系统的节能控制对空调运行能耗至关重要,系统应采用成熟的基于负荷预测的模糊控制技术,在保证末端效果的前提下,使供给的冷量与末端需求冷量实时匹配。

4.冷却水系统优化控制功能

冷却水泵及冷却塔风机是空调水系统的重要设备,冷却水系统的节能控制对空调运行能耗也至关重要,冷却水系统要采用先进成熟的技术,实现空调冷却水的优化控制,使制冷主机和冷却水系统的综合能耗最低,让空调水系统在任何负荷条件下都高效运行。

5.全局水力优化控制

系统应能通过对各空调箱冷冻回水管电动两通阀开度的修正调节,进行全局水力优化控制,在保证各空调箱的负荷调控需求的基础上,降低系统管路阻尼,从而降低冷水运载能耗。

6.冷水机组出水温度动态设定

系统应能根据末端系统负荷的需求及各空调箱的送风温度需求,动态计算冷水机组的最佳出水温度值,以减少无谓的冷量消耗,避免过度供冷及潜热的无用消耗,提高主机效率,进一步降低系统能耗。

(二)风水联动智能控制系统组成

风水联动节能技术采集大系统及水系统的相关环境参数,集中监视、管理和控制受控设备,与 BAS 互传数据信息令。其系统结构如下:

风水联动节能技术是通过专业的控制算法对车站通风空调大系统及水系统中的组合式空调机组、回排风机、冷水机组、冷却水泵、冷冻水泵、冷却塔、电动蝶阀、电动二通调节阀等设备进行优化控制,降低大系统及水系统的能源消耗,提高系统能源利用效率的一种自动化智能控制技术。

通风空调系统风水联动节能控制系统在每个车站独立设置 1 套系统,总体架构充分体现"分散控制、集中管理"的设计理念,节能控制系统由监控管理层、现场采集控制层、现场监测层三部分构成。主要由集中控制器、智能控制柜(含

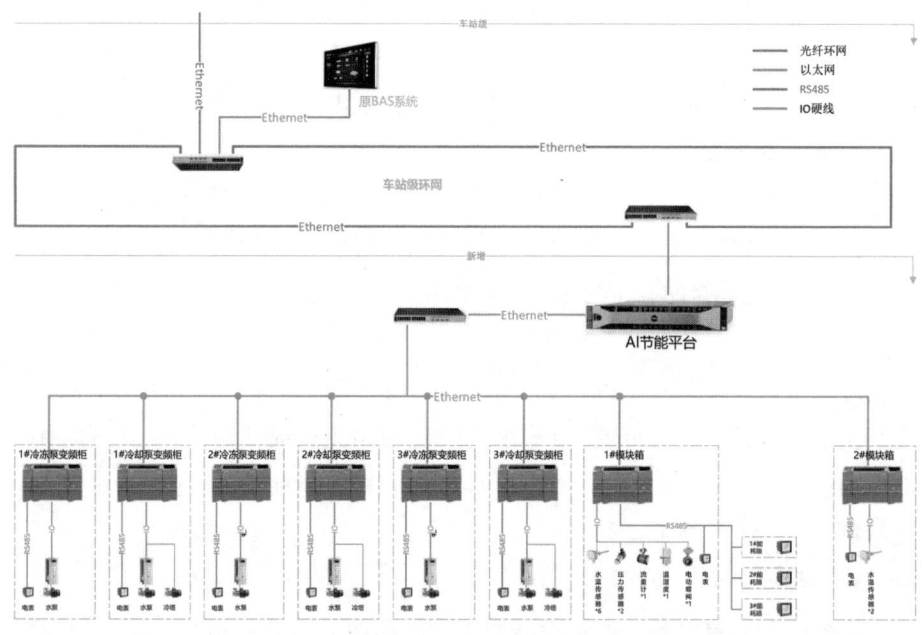

图1 南昌轨道交通1号线节能优化控制网络拓扑图

变频器)、各种传感器件以及系统软件等组成。

1. 监控管理层(集中管理平台)

在车站冷水机组设备端环控电控室设置1台智能集中控制柜,集中控制柜主要由可编程逻辑控制器(PLC)、工控机、节能控制软件及交换机等组成,实现提供风水联动节能控制系统的统一控制策略,并联动环境与设备监控系统(BAS系统)全局协调控制空调水系统及通风空调大系统。监控管理层数据库应对各种工况下采集到的数据进行存储、分析,并进一步优化节能控制策略。

监控管理层通过网络通讯与控制层进行连接,负责受控通风空调系统的集中监视、管理和控制,并能对单个设备进行控制,并且完成车站两端通风空调大系统与水系统之间的协调控制。

2. 现场采集控制层

现场采集控制层在现场设置各种控制柜、信息采集控制箱,控制柜主要由控制器、变频器等设备组成,信息采集控制箱主要实现系统监测点信息的收集并上传,控制柜通过其柜内控制器、变频器等设备来实现监控管理层设备对受控对象(冷水机组、冷冻泵、冷却泵、冷却塔、二通调节阀等)的节能调节控制,此外,系统应在紧急模式下(如控制器与集中控制器间网络掉线)对受控对象进行控制,保持系统的稳定性。

3. 现场监测层

现场监测层由智能电表、就地传感器(温度、流量、压差)等设备组成,实现监测末端负荷及采集现场被测量的变化,并将监测到的实时数据上传至信息采集控制箱或控制柜。

(三)风水联动智能控制系统控制方案

风水联动智能控制系统的集中控制平台中内嵌有风水协调控制策略,风水协调控制策略首先会采集各个末端的负荷信息,并结合其自身历史数据库进行末端系统总负荷的推理预测,并将推理预测结果告知冷冻水调节环节,冷冻水调节环节再结合系统管路损耗特性,以及自身的负荷预测数据完成对末端系统总负荷的修正,从而计算满足末端需求和克服系统损耗条件下制冷站所需输出的总冷量,并调节冷冻水泵频率来满足冷量的供给,以保证冷站供给与末端需求的一致。

风水联动智能控制流程图如下图所示:

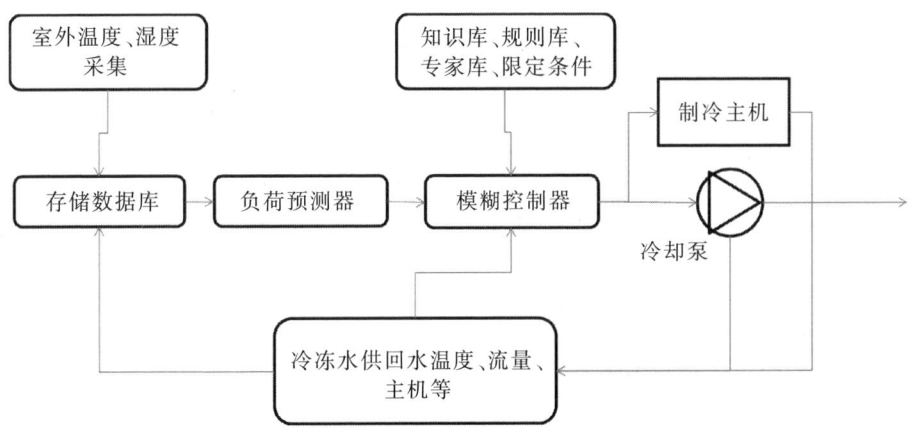

图2 水系统节能控制流程图

对于地铁站,由于其末端负荷在短期内不可能发生较大突变,也就是说系统对制冷站的冷量需求不会发生突变,且制冷站采用的是输出冷量控制,而非温度、压力、温差等简单PID控制,因此本系统的风水协调策略可以保证在末端动态调节时,不会影响制冷站的稳定控制,进而可实现风系统与水系统的"协

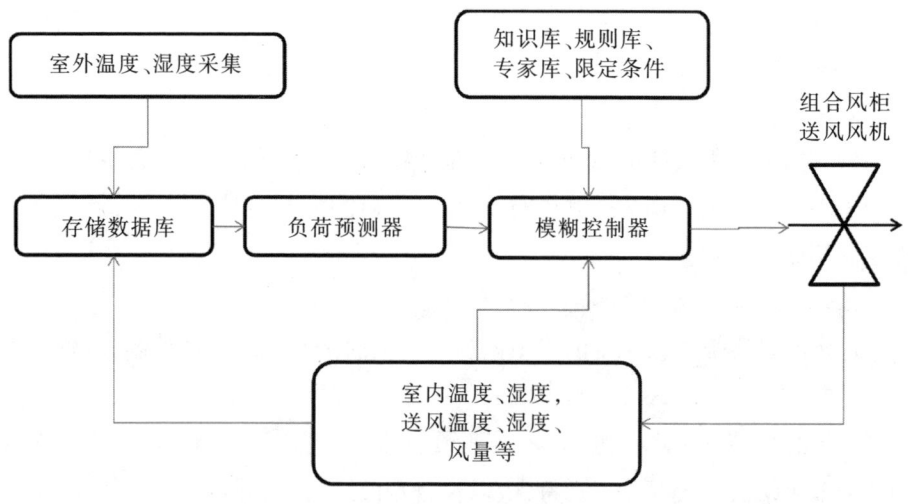

图 3　风系统节能控制流程图

调"控制。

在输出与需求相匹配的基础上,系统再通过调整末端空气处理机组表冷器的冷冻水阀,根据各末端子系统的实际负荷需要对总冷量进行动态分配,以保证在任何一个环节均不至于产生冷量浪费,以实现风系统与水系统之间的协调运作,保持整个通风空调系统始终处于最高效率点运行。

鉴于中央空调冷冻水系统的时滞性、时变性和非线性等复杂性特征,冷冻泵调节采用前馈加反馈的控制模式。一方面,冷冻回水温度变化幅度和变化率作为反馈控制量,纠正控制误差,使得出回温度稳定在设定范围内;另一方面,采用预测负荷作为前馈控制量,调节冷冻水泵的频率,使负荷的变化也同时反映到冷冻水量的调节上来。

对空调箱出风温度和冷冻出水温度进行变温控制,在满足公共区域舒适度的前提下,调节组合式空调箱出风温度和冷冻水的出水温度,不仅能够避免制冷主机的频繁启停,而且冷冻水出水温度每提高1℃,系统 COP 可提高 2%—3%。

根据空调负荷的需求和制冷主机 COP–负荷率曲线图,通过调节空调主机的台数,达到负荷匹配的目的,并选择一种最佳的制冷主机运行台数组合,使制冷主机始终运行在高效区,确保在满足当前负荷的状况下系统的运行效率最高,能耗最低。

二、试点成效显著,成果有效推广

风水联动控制系统在满足地铁空调区站厅和站台空气温度空气品质等级要求并保证空调系统正常运行的基础上,根据负荷特性,优化现有空调系统的运行、控制模式,对空调循环水系统进行负载跟踪调节,提高能源利用效率,减少能源的不必要浪费。

风水联动节能系统实时采集监测现场环境参数,能更精准地控制站内的环境温湿度,避免车站出现过冷、过热现象,为乘客提供更舒适候车环境服务。

目前,南昌市轨道交通1号线一期工程瑶湖西站通过增加一套风水联动节能控制系统,节能率可达到31.81%,取得较大成效的节能效果,后续将在1号线全线进行推广改造。

结　语

碳达峰、碳中和"30·60"目标是2020年9月22日习近平主席在第七十五届联合国大会一般性辩论上提出的。2021年3月5日,十三届全国人大四次会议表示要扎实做好碳达峰、碳中和各项工作,制定2030年碳排放达峰行动方案。在双碳时代,作为用电大户的城轨企业,我们更是要以《中国城市轨道交通智慧城轨发展纲要》以及《中国城市轨道交通绿色城轨发展行动方案》为响应节能降耗的行动纲领,坚持智能智慧和绿色低碳协同的发展路线,以智慧赋能节能降碳关键核心技术攻关,助力城轨交通绿色低碳、高质量发展。

鹰潭危险废物管理数字化平台：
构建城市危废数字智治新场景

引 言

"十四五"期间,社会经济发展面临新形势、新挑战,生态环境保护既面临难得的历史机遇,也面临更加突出的挑战。2020年5月25日,在全国两会部长通道上,生态环境部部长黄润秋提出"三个没有根本改变"是当前我国生态环境保护的根本特征,即"一是产业结构、能源结构、运输结构没有根本改变;二是环境污染和生态环境保护的严峻形势没有根本改变;三是生态环境事件多发频发的高风险态势没有根本改变"。这一判断清晰地点出了我国当下生态环境保护面临的严峻复杂形势。

生态文明建设和生态环境保护仍处于攻坚克难、负重前行的关键期,协同推进经济高质量发展和生态环境高水平保护的要求更加迫切。而当前形势对危险废物污染防治工作提出了新的要求。一方面,要强化环境监督管理,推动生态环境质量持续改善;另一方面,也要加强帮扶指导,继续推进"放管服"改革,推动经济高质量发展,推进环境治理体系和治理能力现代化。

在谋划"十四五"生态环境保护工作的宏观背景下,鹰潭市不断优化、强化顶层设计,以"减量化、资源化、无害化和治理能力匹配化"为核心,推进危险废物全面安全管控,运用大数据技术手段,将监管与帮扶相融合、宣传与服务相统一,进一步建立健全管理制度和监管体系,创新实现智慧管理,形成政府为主导,企业为主体、社会组织和公众共同参与的工作新格局,创建危险废物风险防范监管服务的"鹰潭模式",为江西省危险废物管理提供了更科学高效、更切合实际的样板案例。

一、蓄势待发,积极响应顶层战略

(一)政策基础:危险废物监管迫在眉睫

随着工业化与城市化进程的加快,近年来我国危险废物的产量呈现总体快速增长的趋势,近五年的增长率约为15%—22%。危险废物具有毒性、腐蚀性、易燃性、反应性和感染性,可能对环境造成严重危害,进而产生环境风险。

2021年5月,国务院办公厅印发的《强化危险废物监管和利用处置能力改革实施方案》提出:"到2025年底,建立健全源头严防、过程严管、后果严惩的危险废物监管体系",明确了危险废物全过程监管的总体要求。

为深入贯彻危险废物环境监督管理体系,进一步提升危险废物环境监管能力、利用处置能力和环境风险防范能力,2022年3月,江西省委、省政府印发了《关于进一步加强生态环境保护深入打好污染防治攻坚战的实施意见》,要求强化危险废物全过程环境监管,提升危险废物收集与利用处置能力,严厉打击危险废物非法转移、倾倒、处置等违法犯罪行为。

2022年5月,江西省生态环境厅正式印发《江西省强化危险废物监管和利用处置能力改革实施方案》,要求到2025年,全省建立健全源头严防、过程严管、后果严惩的危险废物监管体系,危险废物利用处置能力充分保障,技术和运营水平进一步提升,实现危险废物产生、收集、贮存、运输、利用处置全链条闭环监管,为更高标准打造美丽中国"江西样板"贡献力量。

然而,危险废物的处置全过程包括多个环节,流转链条长、处理技术多元、污染特性差异显著,导致风险因子复杂,极大地增加了环境风险评估和预警的难度。为贯彻落实国家危险废物处置相关政策,促进危险废物的全过程监管,鹰潭市生态环境局于2022年4月制定了《鹰潭市危险废物管理数字化平台项目推进实施工作方案》,以全面提升本市危险废物规范化环境管理水平,从源头上降低危险废物环境风险。

(二)政策响应:基于物联网技术的危废智治平台

当前,物联网等信息化技术应用于危险废物监管已成为危险废物污染防治工作的必然选择。基于物联网技术的危险废物环境风险综合监管系统的优势在于能够综合考虑、监测、分析、管理危险废物从产生、收集运输、利用、处置全生命周期内的各种环境风险,并且获取信息的渠道可靠,能够提高危险废物防治工作的效率。

鹰潭市危险废物管理数字化平台项目通过建立鹰潭市危险废物智治平台,经过数字化改革,构建一个"全数据上云、全闭环监控、全信息认知"的数字化系统,应用大数据和物联智慧技术,对鹰潭市涉危废的危险废物做到全域全过程全方位的监管,主要包括一屏统管展示系统、预报警系统、企业管理考评系统、企业危险废物管理规范化系统和产废企业、经营单位以及执法人员移动端的开发使用。与此同时,组建危险废物服务团队对系统已注册使用的企业辅以线下危险废物规范化环境管理管家式服务,提高企业危险废物规范化环境管理水平,降低企业违法风险,进一步提升全市生态环境管理水平,强化鹰潭市危险废物环境监管能力,助力"无废城市"和"智慧城市"的建设。

项目建设内容包括危险废物智管大数据平台、物联网感知设备和危废规范化服务三块内容。以建立危废智管大数据平台为基础,涵盖危废大数据平台、危废规范化管理服务以及物联感知设备组成的"三位一体"危废智治服务。实现危险废物数量一清二楚、危险废物去向一览无余、危险废物动态一屏展示,全面提升环境管理部门精细化监管效能和企业的危险废物环境管理水平。

1. 危险废物智管大数据平台

综合运用物联网、大数据技术,建成一个从危废的产生、贮存、收集、转运到处置的全流程可实时监控、可动态预警的监管信息平台。危废智管平台建设"一个大屏、四个体系":一个大屏即一屏统管,通过数据整合、梳理、计算,呈现监管界面,危险废物实现底数一目了然、去向一览无余、动态一屏展示;四个体系即全流程监管体系、预警报体系、考评体系和服务体系。

2. 危废物联网感知设备

危废物联感知设备是专为企业搭建的一套智能化危险废物管理系统,帮助企业实现从危废称重、标签、出/入库全流程的业务自动化,解决企业在危废规范化管理中包装标签不规范、贮存台账不准确等问题,避免企业违法风险、降低企业管理成本。

3. 危险废物规范化管理服务

通过环保人员和制度提供专业危险废物第三方规范化管理服务,对企业端

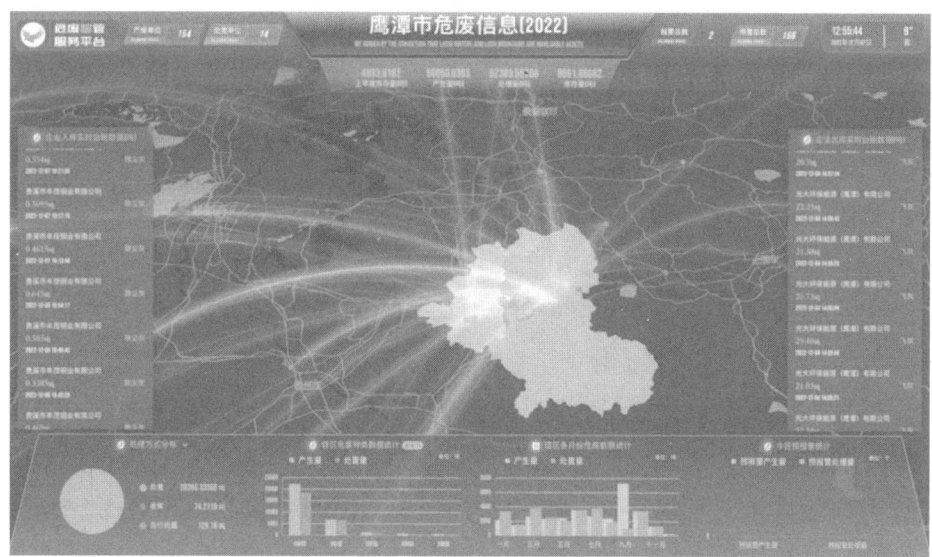

图1 危险废物一屏统管界面

开展上门服务,建立全过程的数字化档案,利用大数据手段为平台提供数据支撑,保障数据的真实性和准确性。

图2 危险废物管理数字化平台全流程监管体系

二、初露端倪,精准觉察问题源头

鹰潭市高度重视辖区内危险废物管理工作,为强化全市危险废物环境风险管控,全面提升鹰潭市危险废物规范化管理水平,推动危险废物规范化管理工作再上新台阶,2022年鹰潭市生态环境局对全市范围内危险废物产生单位开展了危险废物规范化环境管理专项检查。

此次检查重点对全市产废单位和经营单位的制度建立和执行、计划报备和实施、场所建设和验收、台账核对和判断以及危险废物贮存场所建设和使用情况、危险废物的转移和利用处置情况开展全面检查。执法人员通过此次摸排调查发现了危险废物管理存在如下急需解决的问题。

(一)产废单位内部危废管理意识欠缺

1. 台账不规范,危险废物产生量底数不清

目前危险废物产生量主要靠产废单位记录台账主动申报,但是产废单位在对危险废物的认知层面上存在空白,专业能力存在较大局限性,难以对每种危险废物产生节点进行规范的收集、记录,加上专职管理人员流动性大,数据交接不到位,导致台账记录不及时或者数据流失,不能反映企业实际情况,导致产生量底数不清晰。

2. 产废单位消息闭塞,贮存难、收处难

大部分产废单位具有"产生量小、企业分布广、运输难"的特点,加上与危险废物经营单位之间信息的封闭和缺乏,导致产废单位可选择的经营单位极少,签订合同容易受阻,有些虽有危险废物处置协议,基本无处置记录,存在超期存储现象和危险废物流失现象。

3. 企业硬件设施不规范

部分产废单位在建厂初期对危险废物贮存场所的建设未给予足够重视,未设置防风、防雨、防渗"三防"措施,再加上后期管理过程中对危险废物贮存场所规范性的重要性理解不深,导致企业危险废物贮存设施不规范,环境污染隐患很大。

(二)生态环境管理部门监管机制有待改进

1. 危险废物特性决定监管难度大

危险废物具有产生点隐蔽性和可移动性,潜在环境污染风险较大。日常监管巡查企业时,单个企业涉及到的环保问题有很多,包括废气、废水、固废、土壤等,废气、废水的一直是检查的重点,监管办法方式多,但是危险废物生命周期涉及产生、贮存、转移、利用、处置等多个环节,对其管理是一个长效缓慢的过程,需要花费的执法精力较大,通过传统的企业排查的手段,难以准确掌握各个

环节的信息,监管难度大。

2. 监管能力薄弱,各部门协调性不足

各级生态环境管理部门虽然成立了固废管理机构,但是人员编制仍然较少,产废单位的基数极大,两者比例不匹配,无法做到全面监管。同时固废管理的技术性、政策性和专业性较强,工作要求高,涉及面较广,随着"新固废法"的实施,对危险废物管理的要求越来越详细,但是生态环境管理部门的人员有限,无法做到面面俱到、精确执法。除生态环境管理部门外,危险废物各环节管理中还涉及交通、公安等多个部门,各部门在危险废物污染防治上的职责边界不够明确、权责不够统一,认识上也存在差异,实际工作中存在部门配合不够、政策协同不足、法律落实不到位等现象。

3. 现有管理手段难以达成对危险废物的全过程监管

危险废物的全产业链包含危险废物产生、源头分类及鉴别、收集运输、处理处置、暂存及贮存等过程。当前我国对危险废物定义的界限未明,近六成危险废物未纳入《中国环境统计年报》统计范围,游离于危险废物监管体系外。而现有危险废物管理没有从环境管理部门有效执法和规划指导决策以及产废单位全过程管理角度出发,无法实现危险废物规范化管理可追溯、危险废物处理处置过程可追溯。

三、多管齐下,全面落实重点策略

为实现危险废物全域底数清晰和全过程实时跟踪监管,深入推进"放管服"改革,鹰潭市生态环境局借助数字化和智慧物联技术,将全市危险废物产生和处理企业纳入数智平台管理,创新推出"全数据上云、全闭环管控、全信息认知"的危险废物管理数字化平台。通过对鹰潭全市危险废物底数的全面排摸,利用"物联网"和"区块链"等技术构建危险废物全生命周期跟踪体系,实现产废源头标准化、处置规范化、运输物流统筹化、监管数据信息化,达到"产废源—物流端—处置端"的全流程覆盖、全时段监控、全链条式追溯,实现危险废物管理规范化、智能化、集成化、数字化。

(一)数智平台设计分析

1. 设计思路

平台以危险废物监管为出发点,建造涵盖危险废物全种类全过程的管理采集系统。充分利用现有的信息化资源及数据资源,梳理分析危险废物监管完整的数据资源项,形成危险废物管理数据资源体系。根据危险废物监管面向的对象不同又将系统区分为环保管理版本和企业数据采集版本,不同版本均提供 PC 版和 APP 版的多服务。再通过多接口服务衔接横向纵向的数据资源,作为整个系统大数据分析、查询统计以及一张图可视化的数据支撑。最终实现危险废物的全过程全种类的精细化管控。

2. 设计原则

可靠性:系统应保证长期安全运行。系统中的软硬件及信息资源要满足可靠性设计要求,充分考虑利用现有设备,合理化地使用现有各种网络资源。

标准性:系统采用的编码技术、网络通信协议和数据接口标准必须严格执行国家有关标准和行业标准。

开放性:系统需要提供开放的接口能够和外部系统进行数据和业务的对接。要具有多机种、多平台的兼容性,系统在处理能力、数据存储容量、网络技术和数据接口等方面具有良好的互操作性和扩展性,以保证今后的扩展和已有设备的升级。随着技术的发展和信息的增多,系统能够平滑升级。

成熟性:在注重先进性的同时,系统设计和开发平台应采用业界公认成熟,并有过类似项目建设的成功实施经验和相关成熟技术及服务。

安全性:系统应具有切实可行的安全保护措施。保证数据传输可靠,防止数据丢失和被破坏,确保数据安全。

容错性:系统应具有较高的容错能力,要有较高的抗干扰性,其包括:用户进行了非法操作、相连的软硬件系统发生了故障、其他非正常情况发生的故障下,系统仍能够正常运行。对各类用户的误操作要有提示和自动消除能力。

3. 系统架构设计

系统架构设计基于用户业务需求,利用物联网技术、大数据及 AI,构建危险废物污染环境防治信息管理系统,分五层设计,分别为感知层、基础层、数据层、应用层、展现层。

4. 数据流向

危险废物业务数据分为两个部分,业务流程数据和物联感知数据。业务流程数据包括企业基本信息、产废企业数据、运输企业数据和处置企业业务数据;感知数据包括危险废物业务流程中关键节点的采集数据,包括视频数据、GPS

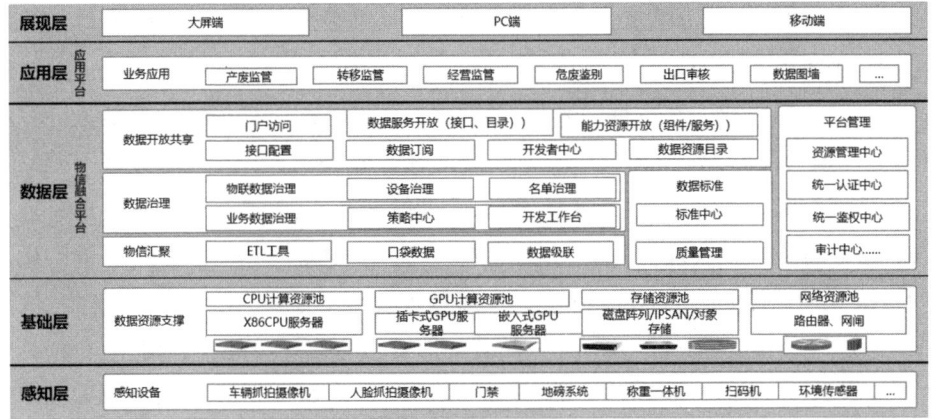

图 3　总体架构图

数据、称重数据、库房感知数据和电子标签数据。数据流程包括申报、物联数据采集、数据输出、数据应用和数据共享。

(二) 数智平台操作模式

1. 规范化指引，流程数据上"云"

一是法律法规"上云"。梳理危险废物管理相关法律法规和管理文件34条，筛选危险废物违法案例，编制了《危险废物规范化管理服务指南》，监管部门和企业可"掌上"普及危险废物法律知识，减少因知识盲点而产生贮存、处置风险。二是贮存操作流程"上云"。通过"出入库云电子秤"建立智能贮存仓库，对危险废物种类、重量、入库时间、注意事项等重要节点信息数据，实时上传至平台"云端"，避免手工输入错误。三是登记申报"上云"。一键生成危险废物管理台账，自动完成登记，为企业提供申报便利，降低企业人力培训成本和违规风险。

2. 智能化监管，线上线下联动

一是前端感知，风险全链控。利用在线监控精准查看产废单位贮存情况，通过网上巡检提示通知企业和监管人员，避免企业危险废物未及时入库或随意混乱堆放等现象。二是智能预警，风险动态控。梳理"预警清单"和"报警清单"两张清单，建立20多个预报警模型，形成较为完善的预报警体系，实时向监管人员、企业负责人分级推送预报警信息，提醒相关人员及时响应、快速处置，形成闭环管控。三是多元评价，风险综合控。构建"智慧考评+人工考评"的多元评分体系，对考评分数低的企业启动"预报警"程序，并在平台"晾晒"企业排名和分数,把分级评价结果作为监管部门制定日常巡检工作方案的依据。

3. 系统化集成,信息"一屏尽览"

一是信息集成。平台自动采集产生、入库、转运、出库等数据,掌握危险废物"全生命周期",所有危险废物全生命过程可溯源追查。二是服务集成。建立一个集成相关法律法规、政策文件、技术标准的一站式咨询服务中心,帮助企业在日常进行智能化管理。三是决策支撑。平台集成危险废物经营单位、危险废物运输单位、区域产废单位、消防中队等所有信息,形成危险废物管理"一张图"。一旦发生险情或转运途中出现问题,即可短时间生成处置方案,应急指令"一键直达"。同时,通过对"云端"数据的汇总分析,生成危险废物科学管理建议,做到用"数"说形势、看"图"做决策,节省"战时黄金时间"。

4. 数字化创新,赋能技术突破

一是模式创新。鹰潭市生态环境局通过数字化创新监管模式实现了摸清底数、产处衔接、防化风险、规范管理等功能,危险废物管理数字化平台以数据赋能监察,以技术优化管理,实现了危险废物全流程、全方位监管和安全处理处置的目的。二是制度创新。鹰潭市生态环境局拟根据"鹰潭市危险废物管理数字化平台示范项目"运行经验出台《鹰潭市危险废物数字化管理要求》,为全市危险废物单位数字化建设提供政策依据。三是流程创新。从传统判断到科学分析,通过优化方式增强监管执法队伍执行力;从监管到服务,通过全周期帮扶增强企业获得感,使危险废物管理更便捷、更智能、更舒适,更有温度。

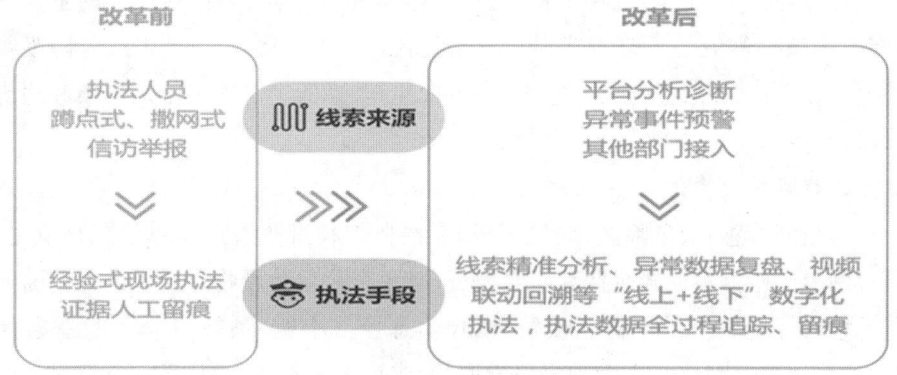

图4 执法流程创新改革效果呈现

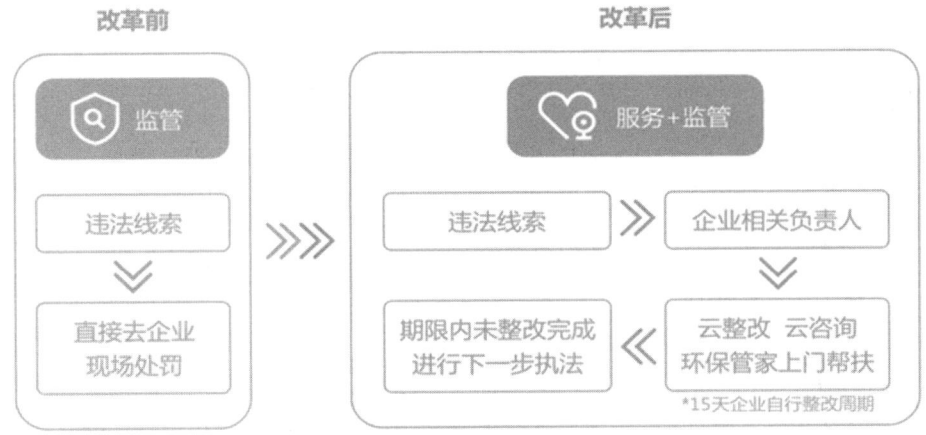

图5 监管流程创新改革效果呈现

四、成绩斐然,持续推广平台应用

（一）应用场景不断丰富

1.建设危废数字智治平台,提升危险废物管理水平

通过平台全链条物联网监控体系,危废从产生、贮存、运输、处置各环节全流程数字化留痕,通过大数据沉淀与分析,构建区域危废动态数据库,实现属地危废产生情况、管理状态一清二楚,切实摸清产废底数。建立固废全链条阳光化监管,推行分级分类服务和监管,改革以往"平推式""抽签式"管理模式,实现从事后监管向事前防范提醒、从模糊向精准监管的转变。综合运用物联网、大数据技术和专业人员的三联动,建成一个全流程可实时监控、可动态预警的监管信息平台,大大降低企业的违法风险,降低企业的管理成本,提高企业管理效率,同时协助监管部门科学管理和决策,实现"管理"到"治理"的转变,提高监管有效性和精准性,大大提升企业危废规范化管理水平。

2.构建预报警和考评体系,实现危废长效管理

通过平台大数据分析和物联网感知设备等,建立"预警"和"报警"模型清单,主动防范危废的环境违法风险,解决区域生态环境监管能力不足的问题,极大降低地区环境安全隐患,为监管部门配上智慧帮手,覆盖目前监管盲区,实现精准管理和执法;同时建立企业"环保码"管理,为领导决策提供复制支持,使危险废物管理事业上升了一个台阶。

鹰潭市生态环境局的执法人员在网上巡检时，发现某公司存在危险废物台账不清晰、处置不及时等问题。执法人员立即将存在问题告知企业，并联系危险废物管理数字化平台第三方技术人员，诊断出企业在危险废物管理上的违法风险，并提出整改建议。在平台及技术人员线上线下同步指导帮助下，企业一一落实整改措施，实现了合法合规经营。

3. 建立数字档案，助力降本增效

数字赋能有助于区域企业风险管理方面降本增效。平台通过智能终端设备实时采集企业危废源头数据，企业通过手机端一键即可完成电子台账的填写与申报，打印电子标签，数据同步存储到"云端"；企业可"一键生成"危废管理计划和危废转移联单，并上传至省级危废管理平台，信息准确、格式标准，一人可轻松完成，节省企业人力成本。平台提供危废处置通道，企业可在线完成处置比价、签约、转运等操作。企业危废不仅全过程闭环管理留痕，且能实现企业危废"产、贮、运、处"的线上办。

2023年3月，鹰潭市生态环境局在对一家产废企业进行服务时发现，企业虽然腾出了专门的仓库用来堆放危险废物，但贮存不分类，且地面有破损，达不到危险废物贮存要求。经过技术人员专业指导后，企业建起了智能贮存仓库，用"仓库电子秤"记录危险废物的种类、重量、入库时间、注意事项等重要节点信息，分门别类放置于指定区域，数据实时上传至平台"云端"。

4. 提升生态环境综合管理水平，推进"无废城市"建设

从城市整体层面深化固体废物综合管理改革，提升固体废物综合管理水平，建成后的数据信息接入市铜产业大数据管理平台，作为鹰潭市铜企业的核心数据共享，使之与铜工业发展、城市建设和管理有机融合，通过大数据管理分析，不断提升固体废物的无害化处理能力和资源化利用水平，提高城市绿色发展水平，提升生态环境综合管理水平，响应"无废城市"建设。

5. 构建本地危废大数据，完善鹰潭"城市大脑"数字化建设

平台通过智能终端设备实时采集企业危废源头数据，并通过平台的各大服务体系形成危废从产生到消亡全生命周期的所有数据链条，经过大数据建模分析，对目前本地危废管理情况，形成各种维度的大数据展示，实现危废底数一目了然、危废去向一览无余、危废动态一屏展示。

(二)推广前景大有可为

1. 数字智管,构建危废智能服务模式

鹰潭市危险废物数字智管平台实现了危险废物全闭环监管,解决政府在环保方面人手不足、专业性不强的难点,减轻企业的负担,有效避免因危险废物引起的环境案件。管理人员还可通过数字智管平台开展处置过程日常管理,实现监管工作与云计算、大数据、"互联网+"等信息技术的融合发展,创新监管方式,服务改革发展。平台目前初步形成了危险废物产生、贮存、流向、处置等全流程基础数据,智能化服务模式将进一步向危险废物监管科学决策支撑的方向开发。如危险废物分种类、分行业、分区域等数据的深度分析,对危险废物产生趋势预测,建立重点行业产排污系数,服务危险废物经营单位布点规划等管理决策方面的作用。

2. 一网统管,提升生态环境管理水平

全面精准掌握实际情况,是所有规划决策的基础和前提。推动危险废物服务需要准确翔实全面的管理数据。通过危废废物管理"一张网",陆续整合水、气等第三方监管平台数据,通过大数据建模分析,建立智慧城市"智慧环境管理场景",利用可视化、数据化、实时化,实现动态监控,实时预警与精准判断,助力环保的智慧转型,加强区域大气污染防治协作,强化跨界水体污染联防联控,合力打击非法转移倾倒固体危废,构建生态环保的一网统管,能有效提升生态环境管理水平。

3. 数字生态,助力数字生态智慧城市

危险废物管理数字化平台互通相关业务部门,可加强生态环境部门与司法行政机关、公安机关、检察院、法院的沟通协作,完善管理数据共享应用衔接,强化协同工作机制。各部门共建"一网、一库、一平台、一体系",打通数据壁垒,实现"应用一个场景跑遍多个系统",同时为民众开通便捷服务入口,及时获取分析舆情信息,了解公众投诉、社会舆论等,以增强公众参与度与获得感,提高生态环境政务效率,提高企业办事效率,实现在线一网通办,最终帮助鹰潭打造数字生态智慧城市标杆。

结 语

自鹰潭市危险废物风险防范监管服务系统建设加速推进以来,鹰潭市便立足全省的绿色经济发展优势和短板打造危险废物管理"鹰潭模式",无论是政策出台、产业布局、指引监管,都把推动形成城市智能绿色发展方式贯穿始终。面对新的发展阶段,鹰潭市将围绕危险废物管理"鹰潭模式"建设工作,强化制度建设,继续加大对智能平台进行规范指引和智能监管,助力城市绿色发展。危险废物管理"鹰潭模式"不仅要成为城市发展的"绿色细胞",更要成为城市全面高质量发展的有形推手,为"美丽鹰潭"建设提供坚实保障。

工业互联网

发展数字经济成为把握新一轮科技革命和产业变革新机遇的战略选择。工业互联网推动数字经济与实体经济深度融合工业经济是国民经济的重要组成部分,也是数字经济发挥关键作用的主战场。近年来工业互联网的创新发展,推动各行各业涌现出许多新模式、新业态,为优势相对薄弱、面临问题颇多的工业企业带来了一条希望之路。江西抢抓新赛道注入新动能,相继出台《江西省工业互联网强体提能行动计划》《江西省工业互联网标识解析体系建设行动方案(2022—2025)》,大力推进工业互联网创新发展,近年来涌现出了一批工业互联网优秀应用案例。本节精选了两个省级应用示范案例,希望能为更多企业提供思路。

保太数智：循环经济"一键启动"，高精密磷铜球数智化场景实现无人化智慧生产

引 言

"十三五"时期，我国循环经济发展成效显著。再生有色金属产量达到2000万吨，其中再生铝达到1150万吨，资源循环利用产业产值达到5万亿元。再生金属是以废旧金属制品和工业生产过程中的金属废料为原料炼制而成的金属及其合金。近年来，我国再生有色金属产量一直保持着快速的增长，2020年铜、铝、铅再生金属产量分别占其金属总产量的32.4%、20%、37.25%，与此同时，我国有色金属资源需求也在持续增长，为弥补我国有色金属矿产资源不足以及满足国内有色金属消费需求，我国政府积极鼓励有色金属再生产业大力发展。《"十四五"循环经济发展规划》指出，大力发展循环经济，推进资源节约集约循环利用，对保障国家资源安全，推动实现碳达峰、碳中和，促进生态文明建设具有十分重要的意义。

江西保太有色金属集团有限公司创办于2002年，其前身为鹰潭市兴发有色金属有限公司，集团公司正式成立于2009年3月31日。公司下辖六家子公司，占地面积600多亩，员工800多人。2022年实现收入127.9亿元，完成税收9.4亿元。保太集团是商务部批准的国家区域性大型回收利用基地，目前形成了五大产业链：第一产业链是建立了全国性再生金属回收体系；第二产业链是生产铝合金锭、铝棒、铜棒、铜杆等初级产品；第三产业链是生产铝合金门窗、全铝家具等精品，还有铜板带、磷铜球的精加工；第四产业链是生产智能门窗、智

能家具等智能品；第五产业链是"变废为宝"，把铝灰生产成聚合氯化铝，把残渣再生产砖，从源头到尾巴都要"吃干榨净"，让每个环节产生价值，形成了一个完整的闭环式产业链。

一、自主研发创新，实现"五化"高效生产

习近平总书记在十四届全国人大一次会议上指出：深入推进新型工业化，强化产业基础再造和重大技术装备攻关，推动制造业高端化、智能化、绿色化发展。发改环资〔2023〕178号《国家发展改革委等部门关于统筹节能降碳和回收利用 加快重点领域产品设备更新改造的指导意见》提出：全面贯彻落实党的二十大精神，完整、准确、全面贯彻新发展理念，加快构建新发展格局，着力推动高质量发展，加快发展方式绿色转型，深入实施全面节约战略，扩大有效投资和消费，逐步分类推进重点领域产品设备更新改造，加快构建废弃物循环利用体系，推动废旧产品设备物尽其用，实现生产、使用、更新、淘汰、回收利用产业链循环，推动制造业高端化、智能化、绿色化发展，形成绿色低碳的生产方式和生活方式，为实现碳达峰碳中和目标提供有力支撑。

保太集团全力践行习近平总书记关于"推动制造业高端化、智能化、绿色化发展"的相关指示，积极进行自主创新，与广州长仁、广东技术师范大学联合进行科技攻关，通过三方精诚合作，研发出具有自主知识产权的核心技术，相继突破了磷铜球连续全自动高质高效生产的多项关键技术瓶颈，并提出了适用于磷铜球全自动生产的最优化解决方案。

磷铜球阳极球是一种优良的电镀材料，在我国主要用于印刷电路板（pcb）和五金、装饰行业，随着我国电子信息技术的快速发展，各种电路板的生产生活需求大大增加。目前，在国内磷铜球生产大多采用浇铸或者日本二手设备生产，并且都是单机生产磷铜球，生产完成后再进行抛光、清洗、包装等手工作业，极大浪费了人力资源，并且产品尺寸误差较大，晶体结构疏散，产量低，高耗能。

面对磷铜球生产的系列问题，江西保太集团欲建设一条磷铜球全自动生产线，但是在国内还没有企业进行此项技术的研发，无法直接引进，江西保太集团只能走自主创新之路，凭借多年的磷铜球生产经验，成功自主研发全自动生产线，打造鹰潭磷铜产业加工先进智能制造先例，助力江西成为全国最大的微晶铜材制造基地，并为全国铜加工行业树立智能制造典范。

图 1　市面的磷铜球单机

保太集团按照原料循环化、设备数智化、管理体系化、产品标准化、车间无人化的生产线建设原则,高效建设可循环的高精密磷铜球数智化绿色生产线。

(1)原料循环化:集团秉承"让再生金属给人类创造更大的价值"的愿景,使用的原材料100%为回收的再生金属。

(2)设备数智化:本次改造全部采用自动镦球、研磨抛光、自动清洗、自动称重、自动包装、机器人码垛、AGV无人叉车等先进工艺和设备,确保生产线自动化智能化。

(3)管理体系化:为使产业链企业承担产品废弃后的回收和资源化利用责任,集团采用产品回收电子标签、物联网及大数据技术手段建立可核查、可追溯的绿色回收体系。

(4)产品标准化:利用自动化生产线生产的磷铜球产品需质量过硬,达到组织致密、晶粒细小、表面光亮的要求,同时,产品需通过质量管理体系、环境管理体系、能源管理体系等系列认证。

图 2　磷铜球全自动生产线

（5）车间无人化：集团通过数字孪生平台与信息系统结合，进行全工厂透明化管理，达成了流程集成、数据透明、计划可行、工艺可控、质量可靠、结果可追、交付准时等目标。

项目新建厂房 12649.6 平方米，新建 2 条高精密磷铜球全自动产线，产线引入产业链综合管理平台和 PLM 系统，整合公司的原料收购、粗产品加工、精产品制作等工艺，实现产业链协同发展，项目将形成年产 1.5 万吨高精密磷铜球的生产能力和年产值 10 亿元的目标。

二、"软硬"双管齐下，"智造"水平大幅提升

保太集团首先为生产线配备了高性能的自动化设备，再利用信息化系统提升车间精细化能力，提升企业"自动化"和"信息化"水平。通过对车间关键工序设备进行联网改造，实现设备之间的数据交互，设备与生产制造单元的联通，实现磷铜球产品从设计、工艺、制造、品质、物流等环节的集成优化，推进企业数字化、模块化设计、装备智能化升级、工艺流程优化、精益生产、可视化管理、质量控制与追溯、智能物流等方面的快速提升。

图 3 磷铜球数智化项目图

(一)硬件设备

在硬件方面,保太集团采用自动镦球、研磨抛光、自动清洗、自动称重、自动包装、机器人码垛、AGV无人叉车等先进工艺和设备,对生产工序一一进行改造,实现磷铜球全自动化生产线。

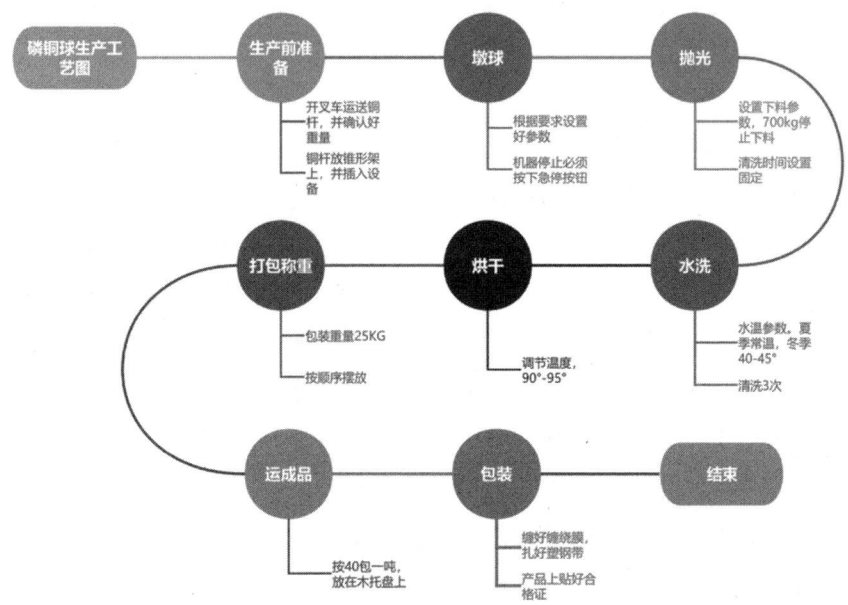

图 4 磷铜球数智化生产工艺图

（1）全自动液压墩球机：墩球机由放料盘、输送机、控制系统、操作面板、主机、液压系统共七个部分组成，实现从卷料的输送直到切断，再到墩制成球的整个制作流程无人化。输送机采用双伺服控制，送料精度可达0.01mm；主机采用液压控制，无机械传动，传动部分无损耗，可以很大程度地减少设备维护；液压系统采用伺服油泵控制，控制精准度高，能源消耗量少，最高节能率达65%，平均节能率在30%以上，并且附带2组压力变送器，能稳定控制墩球机每一个动作的压力；油缸采用子母缸，子缸缸径小、速度快压力小，母缸缸径大、速度慢压力大，墩球时子母缸同时动作，快速成球，墩球效果可达到完整的球形并带有微小环带，在保证产品功能的同时使产品外形更加美观。

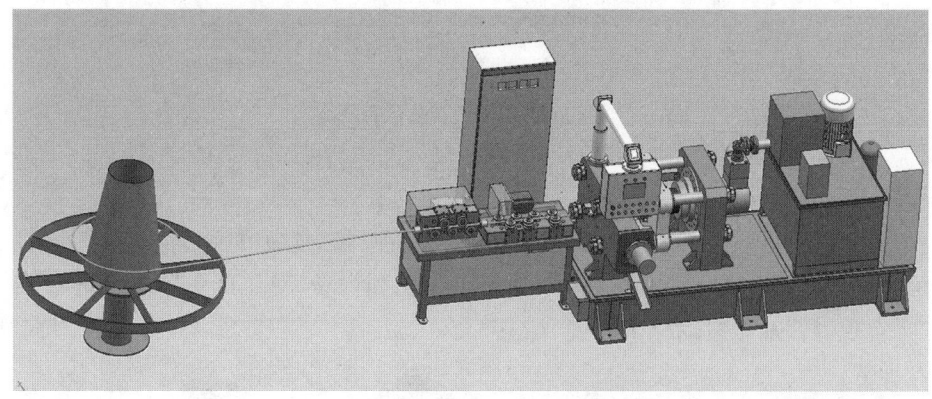

图5　全自动液压墩球机

（2）自动集料抛光系统：刚生产出来的磷铜球表面不光滑，有杂质，因此需要抛光机进行研磨抛光，使产品更加美观。

磷铜球通过提升系统送入集料筒，达到设定的重量时自动进行抛光，自动进行放料，加水，加清洗剂光亮剂等流程，抛光完成的磷铜球将自动送入下一流程。整个集料抛光过程全自动化，无须人工搬运，一天可清洗抛光20吨磷铜球，抛光前根据设置重量自动放入磷铜球，定量加水，加清洗剂光亮剂，抛光时间也能根据工艺要求进行调整。

（3）清洗烘干生产线：抛光好的磷铜球表面有水分，并有可能残留清洗剂光亮剂等化学药品，需要对铜球进行清洗烘干。

磷铜球进入清洗机后会经过2次循环热水对残留清洗剂进行清洗，完成后再经过高压风刀、热风烘烤、冷风烘干三道工序，完成清洗的铜球表面将不含杂

图6 自动集料抛光系统

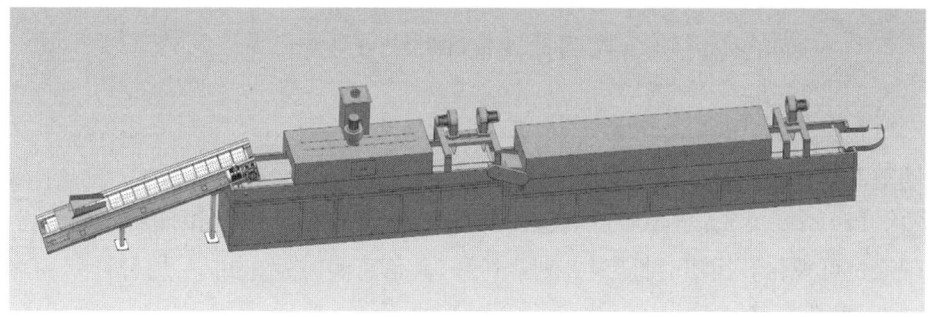

图7 清洗烘干生产线

质残留。

(4)包装码垛生产线:烘干的磷铜球进入自动包装机,包装机会自动进行输送、称重、装箱、封箱、喷码、码垛等工序。

包装机称重精度达到±0.001KG,并且采用双头称提高效率,在装箱后会进行复称核对重量,重量超过允许范围时产品将不会进入包装阶段,称重合格的产品进入自动封箱机封箱,封箱完成进行喷码,机器人抓取生产好的产品进行码垛。整个流程无须人工搬运,包装码垛生产线可取代3—5人进行包装,极大程度节省人力资源。

(二)软件系统

在软件方面,保太集团的智能制造系统平台方案总体设计思路主要围绕可视化的车间管理来提升生产效益,主要涵盖内容有:ERP集成、智能制造执行系统(MES)、智能仓储管理系统(WMS)、关键工艺设备联网、能源管理分析、无线

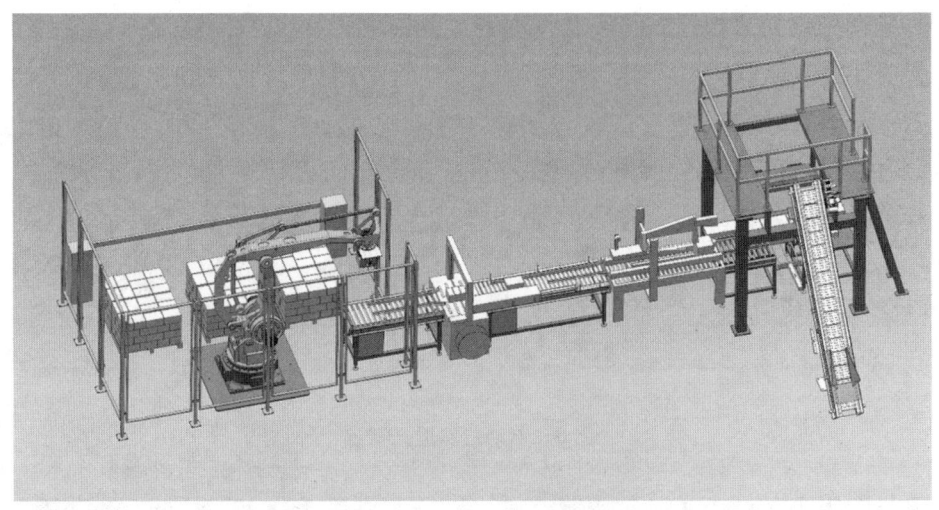

图 8　包装码垛生产线

网络覆盖系统、网络信息安全、拼接大屏展示系统、3D 仿真模型搭建数字交互展示系统等。

(1) 系统集成:车间通过制造协同系统和 ERP 资源管理系统深度集成,实现通过可视化看板实时报工、计划执行跟踪,信息实时发布共享,提升计划的准确性,提升计划完成率。

(2) 设备智能化:设备具有良好的人机交互界面,具备通讯接口和数据传输功能,采用自适应设备编程系统,可进行编程设计,实现优化加工参数,优化加工过程,同时与设备系统深度集成,实现设备加工状态、加工参数实时采集与监控。

(3) 生产过程智能化:通过网络和信息系统对生产线体及各工序进行自动控制,实现生产过程控制的数字化、自动化和智能化,实现柔性生产方式,提升综合生产效率。

①工单管理:智能制造协同系统可以通过销售订单数据进行物料齐套分析,自动生成产能配置计划,并通过系统下达到产线,实现了由线下转为线上,实现无纸化工作,提高了制造效率。

②质量数据分析:通过 MES 制造执行系统中的 FAI 首件检验、IPQC 巡检、OQC 成品检验对首批生产、生产过程中、成品进行检验,将检验结果保存至系统中,在系统中生成报表数据便于人员实时查看生产工单中检验信息。

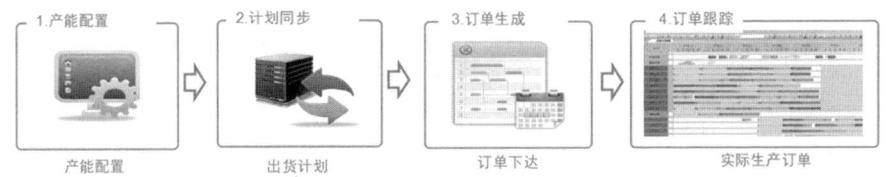

图 9　智能制造协同系统

③生产过程管理：通过系统与设备、系统与系统深度集成，能够通过电子看板实时监控生产计划执行情况，便于生产预警与调度。并且当订单出现延误时，会进行延误报警。

图 10　生产过程管理

(三)软硬结合

保太集团通过建立启用工业物联网云平台，利用物联网采集生产线上各种智能设备数据，进行云平台控制，实现了设备的精准管理。同时，物联网平台还开发了产品全生命周期管理功能，配合多样化的大数据分析，使得生产管理更加便捷，产品质量更加稳定。通过车间工业互联网的互联互通网络架构与装备智能化建设，实现生产制造过程现场数据实时采集与传输，并且实现现场数据与生产管理软件信息实时集成。智能制造系统平台为生产计划排程、质量分析、仓库出入库、成本分析和设备管理提供了数据支撑。

上述技术的改进使得车间数智化能力实现"四个提升"：

（1）车间网络化能力提升：是通过应用工业互联网技术帮助企业实现智能工厂车间网络化能力的提升。

（2）车间透明化能力提升：通过实时监控车间设备和生产状况，标准ISO报告和图表直观反映当前或过去某段时间的加工状态，使企业对智能工厂车间设备状况和加工信息一目了然。并且及时将管控指令下发车间，实时反馈执行状态，提高车间的透明化能力。

（3）车间无纸化能力提升：通过计算机网络和数据库技术，把智能工厂车间生产过程中所有与生产相关的信息和过程集成起来统一管理，为工程技术人员提供一个协同工作的环境，实现作业指导的创建、维护和无纸化浏览，将生产数据文档电子化管理，避免或减少基于纸质文档的人工传递及流转，保障工艺文档的准确性和安全性，快速指导生产，达到标准化作业。

（4）车间精细化能力提升：在精细化能力提升环节，主要是利用物联网技术，精细化管理，实际落地精益化生产，重视细节、科学量化，这些都是构建智能工厂的基础。

三、"技改"成效显著，市场应用前景广阔

（一）项目实施的具体成效

保太集团申报的"高精密磷铜球智能制造技改项目"成功入选江西省第一批数字技术应用场景示范项目，并且经过CMMM评估专家委员会专家的评估，磷铜球生产智能制造能力成熟度为三级。

高精密磷铜球智能制造技改项目以智能制造为导向，以数字孪生为目标，提高了拆解效率、减少了再生铜加工处理中的能耗和碳排放量，加大铜材精深加工的规模和品质建设。通过围绕废旧铜材的拆解、再生、精深加工、智能制造等内容，开展铜材再生共性关键技术、设备研发，解决了废旧铜材再生利用水平低，难以生产高档铜材的行业共性技术问题。面向企业生产的实际需要，促进铜材再生科研成果向生产力转化，提高了现有科技成果的成熟性、配套性和工程化水平。该项目主要取得了以下成效：

（1）通过项目构建的智慧工厂体系，磷铜球生产车间实现了柔性化生产，通过销售、市场等大数据分析，对市场的发展趋势进行预测，结合产品协同研发的机制，可以满足客户对高精度及特殊要求的产品需求。

(2) 通过智能制造协调系统,实现了设备采购流程、车间接收确认、固定资产计算与设备检修情况的闭环式串联。

(3) 通过对炉温、墩球形状、抛光定时、清洗表面等数据进行实时采集、实时分析,磷铜球成品的致密性得到了大幅度的提升,外观表现优秀,成品率超出99.8%,综合成本达到国际领先水平,填补行业空白。

(4) 通过数字孪生、物联网对数据进行实时把控和全自动生产线的研发投入,磷铜球车间单位生产能耗由市场准入值 95kgce/t 提升至 58.66kgce/t,超出国内先进水平 29.34kgce/t。

(5) 目前企业已完成《江西省绿色生态产品——磷铜球》团体标准的制订,为行业内"双碳"事业做出技术性突破。

(二) 市场应用前景

高精密磷铜球智能制造技改项目能够优化企业的生产管理模式,强化生产过程管理和控制,实现生产精细化管理,促进控制系统与管理系统有机结合,实现数据共享,加强各部门的协同办公能力,提高工作效率。能够建立规范的生产管理信息平台,使企业内部现场控制层与管理层之间的信息互联互通,以此提高企业核心竞争力,具有良好的市场应用前景。

(三) 项目实施意义

(1) 该产品综合性能达到国内领先水平,能够替代高精度进口磷铜球产品,在市场上非常受欢迎,减少我国磷铜球进口量,减少相关企业生产成本。

(2) 项目实施有助于企业提高生产管理的数据协调共享,加快产品产出,增加生产的灵活性和灵敏性,以及降低成本。

(3) 保太智能工厂的建设将保太集团推向鹰潭本地磷铜球材生产的智能制造示范工厂,对地区经济发展还具有较好的带动作用,并在同行业企业起到良好的智能示范效应。

结 语

江西保太有色金属集团立足国家发展重大战略,发挥自身技术和资源优势,积极与高校、企业进行"产学研用"协同创新,在自主创新的道路上,又向前迈进一大步。保太集团面向企业生产实际需要,以"物联网、工业互联网、大数据,工业软件系统"等新一代信息技术为抓手,实现磷铜球生产车间生产线全自动化,促进铜材再生科研成果向生产力转化,提高了现有科技成果的成熟性、配套性和工程化水平;面向行业生产技术需求,以铜材再生共性关键技术、设备研发为举措,解决了废旧铜材再生利用水平低、难以生产高档铜材的行业共性技术问题,填补了国内磷铜行业智能化全自动生产线的空白;面向国家发展重大需求,以完备的再生金属产业链为支撑,建立全国性再生金属回收体系,推动循环经济大力发展,推进资源节约集约利用,促进区域经济可持续创新发展,加速我国实现"双碳"目标。

"平台+5G+应用"智能工厂
——食盐行业智能化升级样板

引 言

在首届中国国际智能产业博览会上,习近平主席指出"我们正处在新一轮科技革命和产业变革蓄势待发的时期,以互联网、大数据、人工智能为代表的新一代信息技术日新月异。促进数字经济和实体经济融合发展,加快新旧发展动能接续转换,打造新产业新业态,是各国面临的共同任务"。从"中国制造2025"规划到工业互联网4.0再到目前国家两部委积极倡导的两化融合,随着信息技术与各行各业结合得更加紧密,未来工业的生产方式,必将发生显著的改变。因此,在第三次工业革命背景下,需要更深层次地推动信息技术和其他产业的融合,以引领颠覆性创新技术的研发,成功实现中国制造向"中国智造"转型。

化工行业作为以流程型为主的能源产业是"中国制造2025"中提出的十大重点领域之一。不仅要实现单一技术和装备的智能化,同时也要实现制造技术和信息技术的深度融合与创新集成。而智能化、数字化工厂正是体现了综合组织方式的变革,是实现智能工厂建设的基础。

在信息高速发展、科技不断进步的今天,大数据、物联网、人工智能技术在流程行业和先进制造业的应用,为中国制造业的转型升级提供了无穷的动力。我国部分化工行业及其上下游产业链还存在自动化信息化网络化数字化水平落后、知识型工作严重依赖人的经验、信息孤岛现象普遍存在等问题,导致整个产品生命周期内能耗物耗高、维护成本高、运营效率低下、绿色安全无法长期保障，缺乏综合竞争力。这就要求企业对智能制造的一系列关键技术、产品加快进行研发和实践，进一步加大 5G 网络、工业大数据、人工智能技术在工厂智能化方面的应用力度。

一、于危局中寻生机

随着社会经济的不断发展，盐的生产技术不断成熟，产能不断扩大，导致国内盐的产能严重过剩，加上盐的市场化进程不断加快，国外盐大量涌入，致使现有制盐企业普遍处在亏损运行的状态，严重制约了盐企的发展。同时，在盐业体制改革背景下，全国食盐销售区域放开、价格放开、生产企业可以直接销售，食盐消费市场竞争尤为激烈。受多年传统专营模式影响，盐业公司一度面临自身渠道掌控力弱、客户黏性下降、客情维护成本高、市场建设能力不强以及外部竞品低价冲击等问题和困难，企业生存发展遭遇巨大的挑战与压力，转型升级势在必行。

为此，富达盐化根据实际需求情况，推进信息化与公司未来业务全面融合，基于工业互联网、5G 网络等先进技术，打造"平台+5G+应用"的新一代智能工厂，应用覆盖计划、调度、操作、工艺、能源、质量、安全、设备等生产管理业务，包括先进控制系统、工业互联网平台、生产执行系统 MES、能源管理系统、质量管理系统、安全环保管理与应急指挥系统等 5G 相关应用，通过厂区内全业务上云

图 1　富达盐化厂区

打通企业数据流、业务流、管理流,实现整个富达盐化生产数据的一致性和共享,实现生产信息的可视化展示,为生产经营提供科学的决策依据,规范企业生产业务管理流程,为实现企业优化资源利用、降低物耗和能耗、高效生产组织等提供可靠保证,实现具有江盐集团特色的智能工厂建设目标,提升工厂数字化、精细化、高效化和现代化生产水平,增强企业盈利能力和核心竞争力,将富达盐化打造成推行"盐化工智能工厂"的行业应用新样板,促进盐化工产业提质增效,形成产业示范效应。

二、企业寻路遇新坎

富达盐化立足自身的发展需求和资源、产业、技术等现状,认真梳理了企业在生产经营和管理提升方面存在的问题,就提升精益管理水平、提高生产管理效率、强化核心市场竞争优势等方面仍有以下领域亟待加强:

(一)数据孤岛

基础信息系统建设较薄弱,现有信息系统未实现互联互通,生产过程数据未集成与共享,各部门、车间的业务无法协同;缺乏全厂统一的智慧运营管理平台,公司经营决策无法分解成具体的生产任务进行下达;生产控制过程未进行优化。

(二)设备监测

设备管理体系制度不健全,现场设备运行状态监测不到位,设备检维修仍处于事后维修阶段,暂未建立设备全生命周期管理,暂未实现设备健康诊断和预测性维修。

(三)生产能耗

暂未建立能源产耗过程监控,未实现能源的生产、存储、转换、输送、消耗各环节一体化管控,暂未将能源产耗计划与生产计划融合,未实现蒸汽、电力、水的调度优化功能。

(四)厂内物流

原料中转库无库位管理,原料消耗及余量无法精确计量,未有效跟踪厂内物流全过程,需通过有序规划减少安全隐患,提高装卸效率。

三、谋定方案拓新路

富达盐化明晰战略定位，按照"总体规划、分步实施、减人提效、稳步推进"的总体要求，打破传统生产思维，结合企业实际制定数字化转型专项实施方案，以食盐生产流程为主线，打通企业采购、运输、库存、生产、销售全链条，创建基于 5G 的智能工厂新模式，实现数据的互联互通和业务的高效协同，消除数据孤岛，构建起"状态感知—实时分析—科学决策—精准执行"的闭环从而支撑构建安全、绿色、节能、高效、柔性的智能工厂，推动数字化与食盐生产深度融合，倾力构建食盐生产新一代智能工厂平台（以下简称"富达智能工厂"），紧扣关键工序智能化、关键岗位机器人替代、生产过程智能控制、供应链优化等为特点，以建成"智能工厂/数字化车间"为目标，打造"平台+5G+应用"的新一代智能工厂，应用覆盖计划、调度、操作、工艺、能源、质量、安全、设备等生产管理业务，包括先进控制系统、工业互联网平台、生产执行系统 MES、能源管理系统、质量管理系统、安全环保管理与应急指挥系统等 5G 相关应用。

（一）工业互联网平台

作为智能工厂的生产管理核心区，工业互联网平台利用大数据、云计算和人工智能等技术，实现企业生产、能源、质量、安全、环保、设备等环节的多元数据组织和标准化，提供集中集成、实时计算、智能分析、物联网接入、可视化等核心能力，为智能化应用和服务的高效开发、运行和维护提供支撑，为上层的工业软件提供数据存储和访问服务。通过工业互联网平台与工业软件分离的架构模式，实现工业数据与应用业务的有效分离，适应企业在运维过程中因工艺优化、装置改造、管线改迁等变动引发的持续完善需求。

打造开放、共享的工业互联网平台，为生产业务应用提供高度共享、高内聚低耦合的平台技术服务和业务服务，整合数据中心，营造敏捷安全的 IT 环境，快速响应业务应用需求。

通过工业互联网平台实现向下可以调用生产设备、系统、生产线等海量的资源，向上可以承载云化的工业软件或者新型的工业 APP，通过微服务的架构把工业技术、工艺经验等工业知识组织起来。

在业务组件方面，利用工业互联网平台的业务中台，构建业务系统的核心知识和算法,通过业务模型建模工具,实现对企业资产主数据和工厂模型的建模,并对 SaaS 层工业软件形成强有力的支撑。

在数据集成方面,利用工业互联网平台的数据中台构建能力,通过工业物联网平台,实现对现场实时数据的感知和接入,通过工业数据湖,实现企业内部数据的异构融合、清洗,为工业软件提供数据即时服务能力。具备控制系统数据采集和存储功能,项目存储点位需 10 万点。实现生产报表、报警、设备状态分析、实时数据查询、历史趋势分析等功能,为智能工厂提供一个真实可靠的数据管理平台,进而实现生产现场和公司生产管理系统交换及共享数据,为整个公司的安全、可靠、经济运行,提供高效、准确、及时的管理手段,进而提高企业自身的核心竞争力。

在大数据分析方面,基于大数据和机器学习技术,利用大量数据,自主训练优化模型,然后使用模型预测解决装置运行工艺参数分析,设备健康状态预测分析,装置操作优化分析等问题。通过对生产过程进行深层次的分析挖掘,找到问题的相关性因素,建立解决方案,发现工艺操作过程、设备运行状态等因素之间有用的关联关系,实现相关性分析。

在技术架构层面,工业互联网平台包括边缘层、IaaS、PaaS、SaaS 等。其中边缘层主要由设备接入、协议解析以及边缘计算组成;IaaS 由基础设施云服务和基础设施资源池两部分组成;PaaS 核心模块包括:应用开发与管理、通用服务、

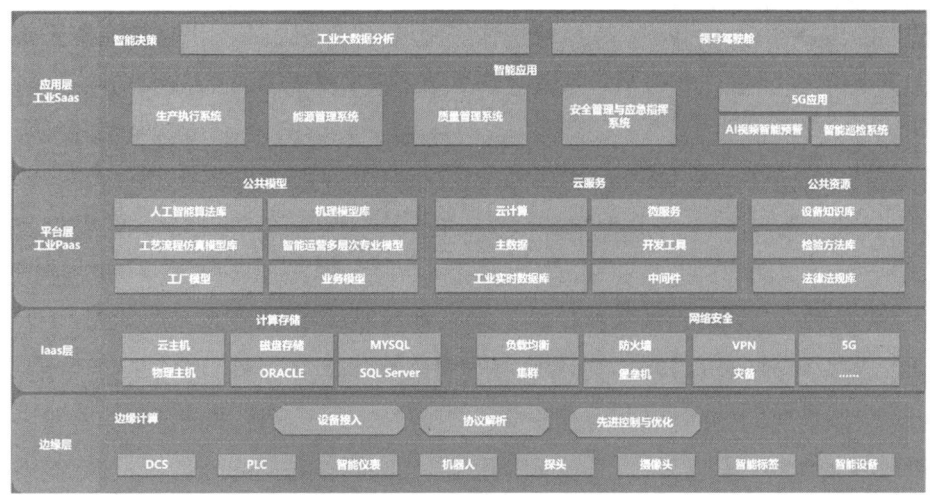

图 2　工业互联网平台架构图

技术引擎和工厂服务等;SaaS 主要包括工业软件套件或工业 APP。工业互联网平台作为富达盐化的智能工厂基础平台,所有的工业软件须在此基础平台上应用,包括生产执行系统、能源管理系统、质量管理系统、安全管理与应急指挥系统、5G 应用。

富达智能工厂基础平台是所有工业应用系统的基础,平台用以横向贯穿各业务系统,整合企业相关核心服务,实现对采集层数据信息的高可扩展性接入能力,对上层应用系统提供高灵活性业务服务组合能力。一方面可以减少各垂直业务系统的重复性、基础性建设工作,另一方面可以最大化地提供业务服务的可重复利用价值。

(二)多元融合网络

富达智能工厂系统全部上云,项目基于中国电信专属云资源池通过百兆专线与江西富达智能工厂核心交换进行打通,以此实现专属云可作为现有平台的资源扩展。同时可以利用自有平台网络,以不影响外围系统的正常访问,实现云端资源的弹性扩展。整体网络架构上,云端只保留 1 个网络既与现有平台互通的网络,以此保障所有互联网访问以及对工厂专网的访问都不发生变化,确保富达盐化智能工厂专属云的安全、可靠。5G 网络覆盖是进行 5G 企业业务的基础,建设打造的宽带无线通信网络,与原有的有线网络深度融合,实现富达生产区、办公区的 5G 网络覆盖。

四、新局启航扬新帆

(一)设备管理系统

原有设备管理通过纸质文档或人工编制的电子文档来实现,管理不完善,数据分散,也无法实现设备数据分析和设备的状态监控管理。通过建设设备管理系统搭建,包含设备资产及台账管理、运行监控管理、智能巡检管理、计划检修管理、预知维修管理、备品备件管理、综合故障管理等内容。

实现对设备的全生命周期管理,从设备的验收、投入使用、运行故障、检修、到报废全过程管理。实现设备动态监控和维护保养,并根据设备台账数据进行数据的分析和统计。

对设备故障,设备生产异常实时报警提前预警,以及关键设备的图形建模

工业互联网 231

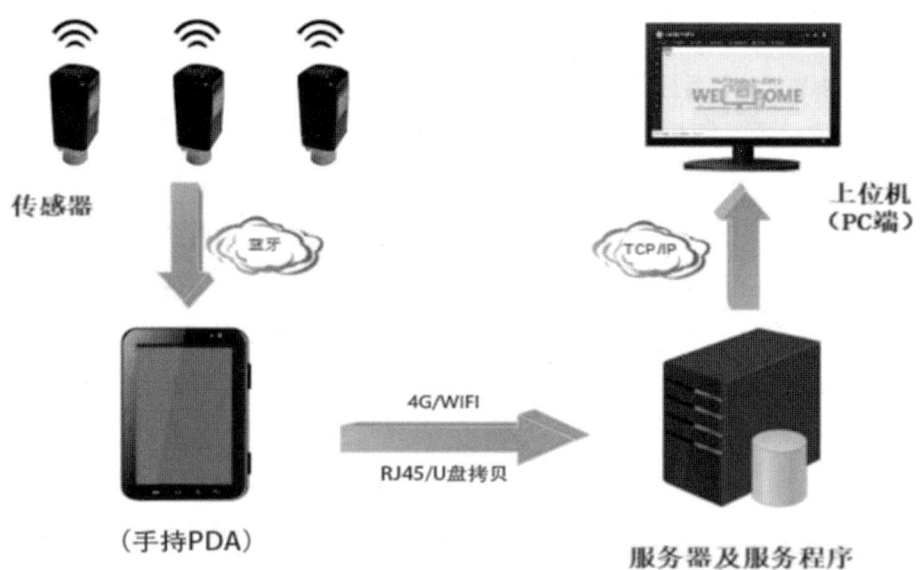

图3 智能点巡检路线组成要素

和数据实时关联。在线监测诊断平台采用B\S架构,用户可以在互联网覆盖的任意地方,随时了解设备的运行情况。实现过程:安装在设备上的传感器通过数据线缆传输到数采器,在采集箱中通过光电转化器把数采器处理后的电信号转为光信号,通过光纤发送到服务器,通过服务器中的测试软件与数据库的数据处理,用户可以通过厂区局域网和互联网两种途径进行浏览、访问,获得权限的其他分厂也可以通过互联网进行浏览与访问。现场的DCS、PLC等信号通过OPC协议的方式对接,通过厂区局域网内接入AIC虚拟板卡预测维护系统,从而实现信号的整合与统一。

设备数据与公司的其他系统数据息息相关,因此通过数据集成与其他系统进行集成,包括安全管理系统、能源管理系统等,避免数据孤岛,保证数据的准确性和实效性。

(二)生产执行系统(MES)

基于富达流程行业信息化基础(DCS),利用5G网络联通生产执行各环节,搭建生产执行系统(MES),将相关部门和岗位高效协同在一起,在平台上可以实现从计划、调度、操作到统计、分析、考核的一体化协同、精细化和闭环管理,显著提高生产管控效率。MES系统以生产过程中的物流管理为主线,集生产计划、生产调度、物料管理、操作管理、工艺管理、绩效考核于一体,基于生产过程实时数据库的生产运行综合信息平台,实现生产过程管理信息的可视化、决策科学化,优化资源利用,降低工厂物耗能耗,提高生产管理的精细化水平,增强企业生产经营的盈利能力。

MES是企业智能工厂项目信息化建设中承上启下的关键业务系统,向上支撑ERP,向下管理生产过程。达到实现ERP与PCS之间数据的连接与共享,实现生产全过程的一体化,统一计划与物料调度,对现场的生产、质量的控制与管理的目的。MES提供强大的移动工作台APP,实现移动端的监控、查询、报警、审批、督办等功能,显著提高工作效率。生产执行系统MES的效益主要来自于企业管理水平的提高(管理出效益),在实现一体化协同、精细化和闭环管理水平的基础上。通过建设MES系统,监控从原材料进厂到产品出厂的全部生产过程,记录生产过程产品所使用的原料、能源、工艺、设备、检验数据以及产品在各个班组、批次生产的时间、人员等信息。

富达智能工厂MES主要模块有:生产过程监控、生产计划管理、生产调度管理、操作管理、工艺管理、计量管理、生产统计分析、生产绩效管理、移动办公等。

(三) AI视频智能预警系统

基于原有视频监控系统基础上进行改造,通过AI分析,结合5G无线网络,实现人员日常行为规范,如区域入侵、可疑徘徊、拌线检测、烟火检测、物品丢失检测、车辆认识、生产检测、危险区域人员预警等。

同时对办公大楼、生产区域大楼等重要区域进行人脸识别,对人员进行精准识别和精细化控制。构建"园区人员库",一人一画像,根据不同人员的身份识别不同的场景,达到最佳的业务体验和安全效果,实现对生产车间工作人员的着装进行实时分析识别、跟踪。通过对人员着装的视频分析检测,对未按工作要求穿着工服的情况进行实时预警。同时,在一些场景中,也可以用于区分工作人员和普通人员,对人员入侵等事件报警进行区别处理,实现对生产车间生产区域人员活动与是否佩戴安全帽进行实时分析识别、跟踪和报警。通过视频实时分析,对未佩戴安全帽的危险行为实时预警,实现对人员工作行为规范进行监测分析,当岗位上无人值班或有睡觉等行为时,系统自动告警,并通知相关监管部门督促、提醒工作人员重新正常工作,支持行人性别、年龄段、上下半身颜色、姿态、是否背包、戴眼镜、拎包、打伞等属性的识别。支持以人、车、骑行目标为条件进行智能检索。通过人员结构化信息,实现对人员特征、人员轨迹的精准控制,系统能基于 GIS 地图,对指定人员进行轨迹分析,根据人员经过摄像机的时间次序,绘制出人员轨迹。发现嫌疑目标之后,可以在人员信息库中查询其轨迹。

(四)能源管理系统

富达盐化下属各生产车间等为主要用能单位,通过数据采集、过程监控、能源调度优化、能源管理为一体的能源管控体系,实现各种能源介质和重点耗能设备的集中监控,实现全方位能源闭环管理,提高能源管网和关键耗能设备的运行效率,提高电力、蒸汽、水等能源和资源的利用效率,从而做到科学决策,正确指挥,确保能源系统安全、可靠、经济与高效运行,实现能源管理精细化、标准化、信息化、智能化。

通过能源管理系统的建设,将能源消耗数据统一到一个管理平台,对各个生产设备、装置等能源核算单元进行消耗分析、计量分析,最终做出耗能统计,进而实现对热力管网平衡、能耗优化分析,并根据分析结果指导生产优化,解决企业能源说得清、管得住、省得下三大难点,有效实现能源的精细化管理,提高能源利用率,实现能源信息的可视化展示,为企业节能减排供科学的决策依据,规范企业能源管理流程,优化资源利用,降低生产成本。

能源管理功能模块包括能源运行管理、能源统计管理、能耗分析、高耗能设备能效监控、蒸汽系统调度优化等功能。

(五)安全环保管理与应急指挥系统

随着社会的不断进步,国家对企业安全生产也越加关注,企业更是将安全生产视为企业发展的重中之重。建设安全管理与应急指挥系统,实时了解各生产单位的安全环保情况,实现"纵深防御、关口前移、源头治理",提高企业风险管控能力,完善隐患治理机制,减少安全事故,确保安全生产。

安全管理系统功能包括但不限于以下几个方面:作业许可、风险管理、隐患管理、事故管理、环保管理、职业健康、HSE 检查、安全培训记录、职业资格记录、证书与审验到期提醒、第三方人员准入记录与核查、移动应用等功能,通过表格、统计图、仪表盘等形式为不同层次使用人员提供 HSE 数据的统计和综合展示。

应急指挥系统是集指挥调度、视频、数据传输、融合通信于一体的可视化指挥系统,为企业安全生产应急救援指挥中心实现在任意时间、指定范围内提供高质量、智能化的语音、数据、视频图像、会议电视等决策信息,实现通信保障。结合应急预案形成一个多位一体、快速反应、信息共享的智能化应急处理系统。基于安全基础资料数据库、融合通讯、视频监控三个基础支撑,与设备管理结合,建立统一协同的应急指挥系统,实现"监测预警、联动处置、培训演练、辅助决策"四个核心业务应用,提高处置突发事件的风险预知、实时感知、快速响应三项关键能力,实现从被动接受到主动响应转变,满足园区、企业和现场应急指挥三个层次的业务需要。

安全管理与应急指挥系统包括基于 GIS 地图的安全综合监控、日常安全管理、安全应急指挥、安全应急演练、基础信息管理、应急信息集成应用、安全应急综合展示等模块。

(六)数字技术创新应用点

(1)在 DCS 控制的基础上设计研发了工业先进控制系统。通过多变量模型预测控制及智能控制技术,DCS 自控率和运行平稳率得到大幅提升,提高了装置自动化水平,有效降低了操作工劳动强度,产品质量合格率显著改善,节能降耗效果卓越。

(2)构建 5G + MEC 企业专网。利用"云"技术,突破终端硬件配置瓶颈,满足了不同业务需求,同时又保障企业数据安全,实现生产、设备、能源、物流、人力等资源要素网络化共享(工业控制互联网),彻底解决了以往生产中基础信息系统建设较薄弱、生产过程数据未集成与共享的问题。

 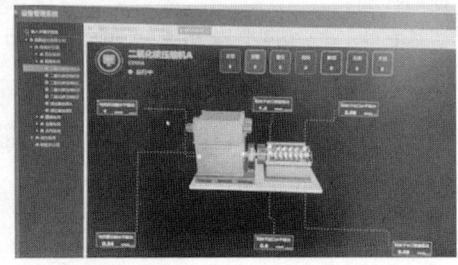

图 4　设备智能化升级,实现设备运行动态实时监测

（3）建设大数据中心。先进控制系统依托大数据,将历史数据和操作经验融合到分析模型,再通过模型分析,提出最优最佳操作参数,并在运行过程中进行机器自我学习,实现对流程行业的智能化。通过实时数据库和强大的算法模型,实现生产环节一体化协同、精细化和闭环管理,实现了生产过程管理信息的可视化、决策科学化。

（4）搭建融合5G和智能物联网设备的设备在线故障诊断和预测性维护技术及智能终端巡检系统。利用5G/NB等网络接收前端5G摄像头、传感器等数据进行实时运算分析,有效降低端到端数采时延、满足业务需求。

（5）利用感知控制、数据集成、模型构建、模型互操作、业务集成、人机交互等技术,实现数字孪生可视化平台,打造调度协同指挥中心。实现能源产耗过程监控,将能源产耗计划与生产计划融合。项目具备在工厂层面全要素数据可视化在线监控、实时自主联动平衡和优化的能力,建成集全流程自动化生产线、综合集成信息管控平台、实时协同优化的智能生产体系、精细化能效管控于一体的绿色、安全、高效的智能工厂。

五、提质增效焕新生

（一）管理效益

富达盐化智能工厂的建设可以在很大程度上提升企业对于资源的管理效能,达到明晰资源、优化流程、提升效率的作用,主要体现在以下几个方面:

（1）提升企业对于信息及资源的掌控能力、调度能力。

（2）优化企业管理、减少流程冗余。

（3）提升企业决策能力。

（二）安全效益

依托富达盐化安环部现有管理制度和工作内容,平台搭建为公司生产主装置和辅助系统的"安、稳、长、满、优"提供保障,重点建设公司的"安环链"。实现了日常生产过程中保证生产安全平稳运行,在发生事故的情况下能够及时调取应急预案,调集各种应急资源,实现快速、及时的事故救援工作,采取科学、高效、合理的应急处置措施,使消防、调度、安全环保部三方联动更为高效,使事故损失降至最低。

(三)经济效益

(1)通过智能工厂项目的实施,将5G技术与流程行业智能工厂完美融合,显著提升5G的应用范围和规模,显著提高企业数字化转型升级步伐,使得整体数字化由原来的15%提升至90%以上;通过项目的实施交付,将显著提升工厂精细化、高效化和现代化生产水平,取得能耗物耗降低5%以上,综合生产率提高10%以上,设备维修成本降低15%以上,实现了企业"安、稳、长、满、优"运行和提质增效效果。

(2)通过智能工厂的建设,促进生产过程节能减排、安全环保,提升劳动生产率,降低生产运营成本,精准分配资源,最终实现公司效益最大化。

(四)社会效益

(1)建设智能工厂是贯彻落实党的二十大提出的"推动制造业高端化、智能化、绿色化发展"精神,坚决执行《中国制造2025》行动计划的具体表现,是符合时代发展的需要,同时也是贯彻落实集团公司提出的"以盐为基,吃改革饭,走创新路"的发展要求,建设"数字江盐"发展战略的一项实际行动。

(2)建设智能工厂将使得富达盐化率先成为食盐行业江西省智能制造标杆企业、两化融合贯标企业,为同类型企业推进两化深度融合、建设智能工厂指明方向。

(3)全面提升企业的安全风险预警与管控能力,避免触犯社会公共事件。平台实施上线后,全面提升企业的安全风险预警与管控能力,显著减少违章指挥、违规作业、违反劳动纪律"三违"现象,避免触发社会公共事件。

(4)建设智能工厂为企业培养一批自动化、信息化和智能化的专业人才,并形成一支专业化队伍,为企业和集团公司实现数字化转型升级方面提供人力资源和技术支持。

六、典型示范促推广

(一)打造盐化工行业工业互联网平台

依托5G网络,打造智能化工业互联网平台,通过实时数据库和强大的算法模型,实现生产环节一体化协同、精细化和闭环管理,实现了生产过程管理信息的可视化、决策科学化,对于推广盐化工、制盐行业工业互联网平台建设具有重要借鉴意义。

（二）推进食盐行业智能化升级

该项目建设旨在将企业打造成全国一流、江南最大的数字化和智能化食用盐生产基地和工业平台，成为食盐智能制造示范企业。项目的建设不仅能实现可视化协同生产，优化资源利用，降低工厂物耗能耗，危险作业全过程受控，人员违规操作减少70%以上，还对生产能耗实现管控与优化，整个装置运行的平均稳定性预计提高30%以上，消耗明显下降，产量和良品率得到提升，效益有了显著提高，助推企业向低碳低耗生产转型，推进食盐行业智能化升级。

（三）为流程行业智能化改造找到一条新的路径

如何充分利用大数据、人工智能、移动互联网、云计算等技术，解决流程制造中的资源、能源利用率和安全环保问题，从而推动流程制造绿色化、低碳化、高端化、智能化发展，是实现流程工业跨越式发展的关键。流程工业的智能化，既要有丰富的理论和模型积累，又要懂得生产现场的实际工况，更要结合设备工艺控制与机理模型，才有可能实现对生产过程的把控与优化，并最终实现生产流程的协同优化。流程行业智能化有利于传统过程工业工艺优化、节能降耗、增效减排等，具有巨大经济、环境及社会效益。富达盐化"5G+智能工厂"建设，为流程行业开展智能化改造找到一条新的路径。

（四）建设省政府食盐储备仓库智能化样板

按照江西省盐业集团股份有限公司有关江西富达盐化有限公司横向一体化的发展规划，江西富达盐化有限公司将主要承接食用盐及盐的衍生产品的研发、生产和销售，建设成高端食用盐及其衍生产品的专业厂家，并成为江西省政府食用盐储备库。建设省食盐储备库是重要的民生工程，为保障我省食盐市场的安全稳定，需要提高食盐储备仓库管理水平，对食盐储备库进行智能化升级，用数字技术更高效保障人民群众"盐罐子"的安全。富达盐化5G+智能工厂项目运用数字化技术实现生产设备、流程、工艺、环境等可视化展现，打造国内食盐行业和省政府食盐储备仓库智能化管理示范、智能化样板，具有重要的推广意义。

结　语

当前，江盐集团已迈入新的发展阶段，随着晶昊公司、富达公司智能化项目的完成并投入运行,企业将持续加强对已完成的智能化项目的跟踪,持续加大技术改造力度,围绕生产、安全、质量、物流、销售等环节,聚焦新技术、新工艺、新装备等核心要素,贯彻党的二十大报告对推动制造业高端化、智能化、绿色化发展作出的重大战略部署,进行设备自动化、智能化升级,淘汰低端、提升中端、发展高端,推动业务管理信息化升级,加快信息化系统与智能化系统的有效融合,实现企业技术、业务、数据要素深度融合,推进江盐集团数字化转型进入新阶段。

面向未来,江盐集团将以创建"全国一流、江南最大的数字化和智能化食用盐生产基地和工业平台"为指引,全面提升企业的数字化水平,培养与盐化企业数字化转型相匹配的复合型专业人才队伍,提升管理与优化业务流程,实现模式创新、模型驱动、高度智能化、高度协同的目标,推进食盐行业智能化升级。

安全生产

习近平总书记在党的二十大报告中指出，"要坚持安全第一、预防为主，建立大安全大应急框架，完善公共安全体系，推动公共安全治理模式向事前预防转型，推进安全生产风险专项整治"。安全生产涉及面广，无处不在，技术是改善安全的重要基础，加强新一代信息技术在安全生产中的应用也是落实监管的迫切需求。江西省高度重视安全生产，本节精选了5G、人工智能等新一代信息技术在矿山、民爆、工地等方面的应用，通过数字技术赋能安全生产。

数字技术赋能,助力传统化工厂转型升级

引 言

当前,国家高度重视安全生产,把企业安全生产提高到国家发展战略地位,习近平总书记指出:发展决不能以牺牲人的生命为代价,这必须作为一条不可逾越的红线;始终把人民群众生命安全放在第一位,坚持党政同责、一岗双责、齐抓共管,坚持管行业必须管安全、管业务必须管安全,实行安全生产和重大安全生产事故风险"一票否决"。企业必须认真履行安全生产主体责任,做到安全投入到位、安全培训到位、基础管理到位、应急救援到位。采用5G+等信息化技术,提升企业安全生产已列入国家发展规划。2020年10月,国家工业和信息化部、应急管理部下发了关于印发《"工业互联网+安全生产"行动计划(2021—2023)》的通知(工信部联信发〔2020〕157号),该通知指出,到2023年底,工业互联网与安全生产协同推进发展格局基本表成,工业企业本质安全水平明显提升。2021年4月,应急管理部办公厅关于印发《"工业互联网+危化安全生产"试点建设方案》的通知(应急厅〔2021〕27号),方案提出,力争通过三年时间,构建"工业互联网+危化安全生产"初步框架。

一、安全生产,传统化工企业之痛

化工生产在我国国民经济中占有重要地位,是基础产业和支柱产业,化工生产过程复杂,涉及的危险化学品易燃易爆、有毒有害,一旦发生事故破坏力强,社会影响大。一桩桩一件件的安全生产事故,给予我们血淋淋的教训的同

时,也暴露出我国一些传统化工企业存在安全发展理念不牢、法治意识不强、安全基础薄弱、本质安全水平不高、安全管理缺失等突出问题,安全管理、作业环境成为传统化工生产的痛点。

二、管理数字化,为传统化工厂转型赋能

赣锋锂业是江西首个市值突破千亿的高新企业,公司长期致力于深加工锂产品的研发和生产,综合实力位列国内深加工锂产品领域第一,建成全球最大的矿石提锂加工基地。虽然该基地采用了 DCS、PLC 等集中控制系统,自动化程度较高,但因规模与物流量大,且涉及酸碱危化品,生产管理难度较大,企业"安全、环保、节能"形势尤为突出,如何推动产业转型升级、科学规划、强化园区安全环保监管实现绿色发展,是赣锋锂业未来建设重点。

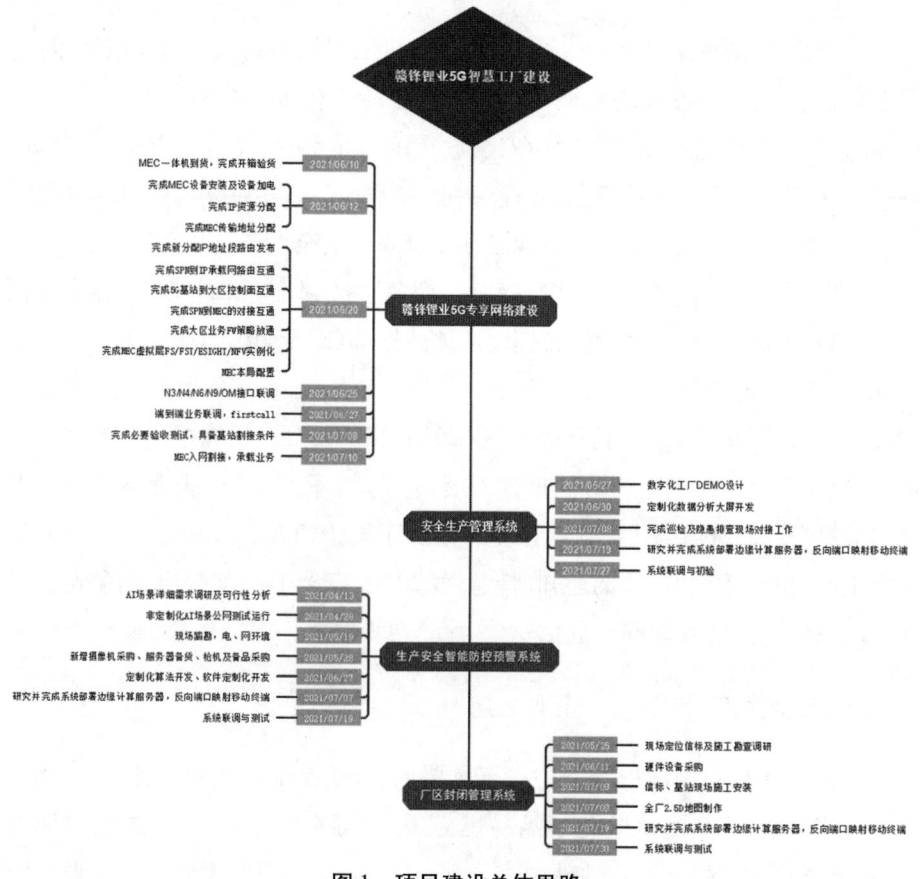

图 1　项目建设总体思路

公司管理层于 2020 年底明确提出"力争做到'黑灯工厂'的全自动化水平"发展战略和"成本省、美观、大方、实用、简洁、高效"总体建设要求,充分借鉴其他行业的成熟经验,把赣锋建设成为全球锂行业最先进的生产线,再把技术复制到世界各地,让赣锋锂业全球生产基地都能达到世界一流水平。

(一)赣锋公司化工园区生产痛点

1. 安全生产管理

一是制备锂盐过程中存在的高温环境、高危作业区的违规操作、易燃易爆区的烟火管控、液体的跑冒滴漏等问题,如果员工不按规章操作,可能会出现安全事故;二是厂区物流量大、人员与车辆多,导致车辆与人员运行呈无序状态,易造成交通堵塞与人员受伤等问题;三是全厂安全视频监控系统覆盖较完善,但未有效利用,导致监控只能用于事后问题查询,无法做到事前预警。

2. 物流仓储管理

现有作业模式人员密集,成本高、效率低,亟需对现有模式进行智能化的改造,打造劳动成本低、物流流量效率高、管理智能化的系统。

3. 危化品包装问题

氢氧化锂是危险化学品,具有较强腐蚀性,且易潮解而导致结块。产品采用铝塑袋+塑料吨袋封装,采取膜缠绕方式包装,并外贴多个警示标识。企业现有工艺采用手工包装与手工贴膜方式,操作人员要戴防尘口罩与穿防尘服,天气热时操作环境较差,且用工人员多,生产效率低。

(二)5G+工业互联网技术为化工园区转型指明方向

赣锋锂业立足现实及未来发展,借助 5G、物联网、人工智能、高精度定位、三维地理空间信息系统等先进技术,基于智能基础设施和云服务平台建设,建设统一的顶层系统架构,构建统筹汇集数据、统一管理的大数据中心,聚焦安全、环保、雪亮工程等紧迫需求,以日常安全管理、对内服务为主线,推动公共服务、政府监管、企业服务等业务应用体系向精细化、科学化、智慧化方向完善,从而优化企业资源配置、创新管理和服务模式,提高工厂监管与服务效能水平。

赣锋锂业基于万吨锂盐项目现有生产系统,研究开发适用于锂电新材料的安全生产管理平台与智能仓储系统,打造"一张 5G 专网(UPF+MEC)+三大服务子平台(安全生产管理、生产安全防控、厂区封闭管理)+一个智能立体仓库+N 个融合创新应用",建成智慧锂电工厂,实现矿石提锂生产本质化安全与环保,形成示范带动效应,促进锂电产业新业态、新模式、新服务发展。

1. 建设一张5G专网

以赣锋锂业万吨锂盐厂作为试点,重点聚焦"安全生产+园区管理"两大方向,致力打造"端—管—云—用"一体化产品体系。主要提供业务加速、业务隔离、数据不出场、边缘节点、网络设计服务、网络优化服务、网络运维服务,后期按需可提供超级上行服务。经过网络规划和站址选择,在赣锋园区部署3个5G基站就能满足2B业务需求,以及未来1000—5000人的语音及数据业务需求。

图2　5G基站规划部署点

2. 搭建三大服务平台

安全生产管理系统:构建企业生产安全基础信息库,提供企业内部人员信息的录入、查询管理和更新,对外部人员信息进行录入管控;对企业所有设备的危险源级别计算和配置和危险化学品的配置管理,可实现设备与设备相关危险化学品的基础信息联动和管理,支持手机APP及网页端随时查看;实时采集可燃及有毒有害气体检测器数据,显示在重大危险源监测可视化大屏上;将园区内所有生产区域摄像机和AI视频安防信息统一进行清单管理,通过自动或人工操作控制视频监控设备预置点,对监控设备调整视角至观察监测点周边情况;将安防报警信息、人员车辆报警、危险源报警信息统一进行清单管理。

生产安全防控系统:按照"大小适中、便于分类、功能独立、易于管理、范围清晰"的原则,按照区域进行风险点确定和危险源辨识,并通过系统内置的分析方法进行风险评价并制定相应的风险控制措施,完成风险分级管控清单和危险源台账,实现安全风险分级管控。根据不同的对象和风险等级,制定针对性的管控措施和整改建议。通过风险管控清单配置信息,直接在 GIS 地图中通过红、橙、黄、蓝四色标记不同的安全风险等级区域,便于在监控大屏端对厂区安全风险信息有直观了解。对于区域内高风险等级以及风险等级上升的区域,进行风险预警,同时在前端大屏推出报警提示。

厂区封闭管理系统:厂区封闭管理系统用于实现对进出工厂的内部员工、外部人员以及内外部车辆进行分级管理,基于数字地图的位置管理模式,通过设备独立的物联技术,将人、物、环境建立高效连接,支持蓝牙、UWB、GPS/北斗、北斗差分 RTK 定位等多种定位技术,支持室内外连续定位,可集成高空瞭望系统、视频监控系统、车牌识别系统等,最关键的是对园区内部员工、外部承包商和车辆的实时位置信息管理。通过大屏实时展现人员和车辆每天/周/月的统计信息,通过大屏实时根据部门类型展现不同人员的实时轨迹并联动 AI 防控与预警监控信息,从而全面对员工进行封闭化管理。

图 3　智能安全管控系统平台

3. 搭建一个智能无人立体仓库

赣锋锂业万吨锂盐工厂是全球最大的氢氧化锂生产基地,氢氧化锂年产能 8.1 万吨,约占全球 28% 的市场份额。氢氧化锂是危险化学品,具有较强腐蚀性,且易潮解而导致结块。氢氧化锂产品在入库前需采用铝塑袋+塑料吨袋封装,采取膜缠绕方式包装,并外贴多个警示标识。企业原来采用手工方式包装、人工缠膜与手动称量的方式,包装岗位人员多、劳动效率低,且操作环境较差,严重制约着该产品的产能扩张。

赣锋锂业开发的立体仓库系统由立体货架、堆垛机、AMR、RGV、自动震实、自动拆码托、自动缠膜、自动称量等系统组成,依托云计算、AGV、大数据等先进制造技术,并采用了装配了赣锋自己锂动力电池的 AGV 小车,打造了智能立体仓储系统,实现仓储过程全自动化与智能化,极大地提升了空间利用率,做到了产品先进先出以及产品的溯源管理。该系统上线后,万吨锂盐工厂产品包装人员由 31 人减少到 8 人,仓库储存量提升了 3 倍,年节约人力成本 600 多万元,设备使用效率提升 20% 以上。

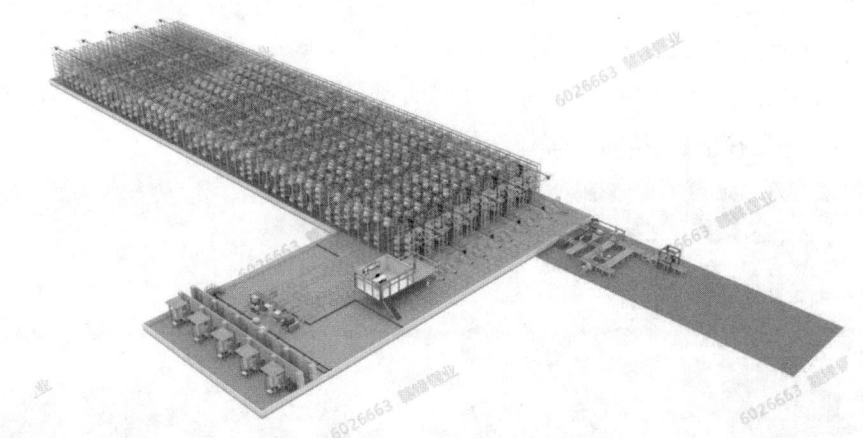

图 4　智能无人立体仓库

4. 打造 N 个融合创新应用

基于工厂建设的 5G 通讯网络、高精度定位系统、AI 视频系统,针对赣锋万吨锂盐生产园区的特点,系统设计了 5G + 高精度综合定位、5G + AI 视频分析、

5G＋智能巡检、5G＋AGV拣货等多个创新应用体系，实现园区精准定位、追踪仓储货物位置、紧急状况发送安全定位、园区危险源及员工危险行为视频分析、园区安全智能巡检、巡检信息同步可视化、立体库24小时无人化分拣以及园区管理信息可视化服务。

三、园区数字化转型，应用成效显著

（一）项目经济、社会效益显著

赣锋传统化工园区实施数字化初步转型，建设园区安全生产管控系统及智能无人仓储系统，对提升员工作业环境、提升园区安全管控效率、提高企业整体管理水平效果显著：

提升锂盐产量：通过立体仓库系统及自动包装系统的建设，大幅提升仓储物流系统作业效率、加快产品出货时间，为生产线提升产能提供了空间，项目投入运行近一年来，产线提升氢氧化锂年产量约500吨。

节约人力投入：通过仓储及包装系统无人化改造，智能立体仓库可降低人力成本约30人/年，年节约人力成本200万元。

提升管理水平：万吨锂盐工厂原有安环工作十几人管理，在近千亩的化工园区负责安全管理，效率低下、权责不明，基于5G＋工业互联网的安全管控体系重新定义安全管控流程，实现园区安全防控效率的大幅提升，提高工厂整体管理水平。

提升行业影响力：赣锋公司为国内锂电行业龙头，引领行业数智化转型升级趋势，本项目为公司重大战略"全力打造'黑灯工厂'"的重点落地项目，并立足打造成省内外"智慧锂电工厂"样板房，形成示范带动效应，促进锂电产业新业态、新模式、新服务发展。

（二）项目可推广性

本项目打造的基于5G、NB-IoT、VR、AI、AGV、高精度定位等技术的安全生产、环境监测、设备巡检、行为分析、智能拣货等多个5G＋工业互联网融合创新应用，一期部署应用于赣锋锂业化工板块万吨锂盐厂，取得了明显的经济和社会效益；二期将部署应用至赣锋锂业其他园区，横跨化工、有色金属、有色冶炼加工、锂电池等行业，在赣锋锂业内部即可实现跨行业复制推广。

本项目打造的安全生产管理、生产安全防控和厂区封闭管理三大服务子平

台,严格遵照《智慧化工园区建设指南》《"工业互联网+危化安全生产"试点建设方案》等国家部委系列文件要求,涵盖以下应急管理部示范工程重点建设内容:基础安全信息数据库建设流程化、作业许可和作业过程管理、安全绩效考核、重大危险源管理、培训管理、风险分级管控和隐患排查治理管理、承包商管理、封闭管理、不安全行为管理、安全状况分析预警等。项目系统运行一年多,经济、社会效益显著,可直接复制推广至锂电、有色金属冶炼和其他化工行业,赋能企业安全生产和园区管理,对提升企业安全管控、人员作业环境、企业管理水平意义重大。

结 语

安全生产是关系人民群众生命财产安全的大事,是经济社会协调健康发展的标志。赣锋锂业坚持人民至上、生命至上,把习近平总书记关于安全生产的重要指示和党中央、国务院决策部署落到实处。通过"5G+工业互联网"技术,成功实现锂电材料由"制造"向"智造"的转变,构建"1+3+1+N"锂电材料生产体系,在提升锂盐产量的同时,也极大地节约人力、物力成本,并且实现对锂电材料生产全过程的数字化管理,将安全生产红线牢牢把握在手中。赣锋传统化工园区数字化的初步转型,为其他化工行业进行基于5G、VR、AI、等数字技术转型提供了一条可复制的道路,为全国化工行业安全生产,建设更高水平的平安中国贡献了"赣锋经验"。

九江市住建局:"BIM+人工智能"筑牢工地建设安全新防线

引 言

建筑行业在改善居住条件、完善基础设施、吸纳劳动力就业、推动经济增长等方面发挥着重要作用,而传统的工地建设存在诸多问题,如工期延误、安全事故频发、资源消耗过大等,这些问题严重制约了建筑业的可持续发展。随着信息技术和通信技术的突飞猛进,智慧工地建设为解决这些问题开辟了一条重要路径。借助人工智能技术可以对大量的数据进行智能分析和决策,为工地管理者提供科学的决策依据,优化施工方案和资源配置,进一步提高工地的效率和质量。因此,如何利用人工智能技术加强施工现场安全管理、降低事故发生频率、杜绝各种违规操作和不文明施工、提高建筑工程质量,仍将是摆在各级政府部门、业界人士和广大学者面前的一项重要研究课题。

一、建筑施工安全持续受到社会关注

建筑行业是我国国民经济的重要物质生产部门和支柱产业之一,随着建筑工地安全事故频发,社会对工地安全的关注度也不断提高。近年来,在国家、各级地方政府主管部门和行业主体的高度关注和共同努力下,建筑施工安全生产事故逐年下降,质量水平大幅提升,但不可否认的是当前形势依然较为严峻,尤其是随着我国城市化进程的不断推进,建设工程规模也将继续扩大,建筑施工质量安全仍不可掉以轻心。如何对建筑工地实现有效的监管,促进建筑工地安

全施工、绿色施工、文明施工是各级政府监管部门亟待解决的问题。

九江市积极落实《住房和城乡建设部办公厅关于进一步加强建筑施工安全生产工作的紧急通知》[建办质函〔2017〕214号]、《建筑工人实名制管理办法(试行)》的通知[建市〔2019〕18号]、《住房和城乡建设部办公厅关于进一步加强施工工地和道路扬尘管控工作的通知》[建办质〔2019〕23号]等相关文件,利用人工智能等数字技术促进工地项目管理的创新与发展。九江市住建局以《住房和城乡建设部办公厅关于进一步加强建筑施工安全生产工作的紧急通知》[建办质函〔2017〕214号]的顶层设计为统领、以统一标准规范为基础,建立覆盖全市的工地监管体系,建设了"BIM+人工智能"筑牢工地建设安全新防线项目。

二、建筑施工领域的主要问题

近年来,随着九江市城乡建设的快速推进,九江市的建筑行业得到蓬勃发展,但一系列的安全问题也随之而来,城乡建设施工地点的监督管理成为了城乡建设中的巨大隐患,且建筑业施工地点长期存在人员流动量大、监管困难、质量安全难保障等潜在问题,主要表现在以下方面:

(一)安全问题

目前施工场地出现安全事故大多只能做到事后处理,对于危大工程监管、机械超载等安全隐患不能事前监管,导致工作人员对于事故隐患只能被动处理而做不到主动监管。

(二)质量问题

对于工程变更、工程质量验收及档案资料管理等涉及到工程质量的事宜,大多采用手工记录这类较为繁琐的方法,并且未与省厅质量安全监督管理系统对接,不能完成对安全监督、起重机械、危大工程、标准化考评等信息数据的上报,导致工程推进缓慢,效率低下,并且九江市住房和城乡建设局相关部门不能及时掌握工程进展。

(三)管理问题

一方面,九江市未与住建部、江西省形成统一的数据共享体系,九江市也未能对省级建筑市场监管和诚信一体化平台(以下简称"省一体化平台")形成数据反哺,导致数据不能够互联互通,造成九江市城乡建设业务工作开展缓慢而沉重的局面。另一方面,施工场地是一个半封闭的高风险场所,人员流动大并且场地杂乱复杂,对于从业人员身份、行为的管理以及工地材料器械等的管理用传统的人工管理方法已经难以满足现在的工地发展状况。

三、"BIM+人工智能"解决方案

为深入贯彻习近平总书记关于安全生产和质量强国重要论述,落实"从根本上消除事故隐患"的重要指示精神,扎实推进安全生产治理体系和治理能力现代化。九江市住建局建设了"BIM+人工智能"筑牢工地建设安全新防线项目,对施工场地进行信息化监管,消除建筑工地隐患,解决工程建设方面的系列问题。

(一)建设目标

1. 融合共享,智慧协同

充分运用大数据的理念、技术和资源,完善对建筑施工场地的全方位服务,加强对施工主体的全生命周期监管,实现不同部门异构系统间的资源共享和集成整合,加强信息资源智能化搜索能力和加大数据开放程度,进一步提高施工管理部门的整体工作效率,消除信息孤岛林立等问题,面向工作人员建立一体化、移动化的智慧工地平台,并通过跨部门业务数据的关联共享实现更加智慧的行业监管和协作。

2. 精细化管理

利用遍布于住建行业各物理环节的智能传感器组成天、空、地一体化的物联网络,对城乡建设过程进行实时、全面、综合的感知,以一种全新的、智慧的方式获取相关的各种业务信息;结合反应及时、支援有力的应急保障体系,建设覆盖企业、项目和人员的信用评价体系;深化网格化管理,形成闭环监管模式,强化建筑质量责任追究和实行建筑质量责任终身追究制度,实现智能技术与政务应用服务的有效整合,支撑精细化管理。

3. 智慧化服务

坚持以人为本,建设惠民利民的工地建设安全新体系,使公众更加方便、及时、高效地获取服务。通过网络、移动终端等更加便捷、智慧的途径,为建筑行业提供广覆盖、多层次、差异化、高质量的服务,避免重建设轻实效,使公众分享行业信息化的建设成果。

4. 开放引领

在住建现有智慧信息设施的基础上,充分利用全面互联沉淀得到的信息资

源,进行基于"互联网+"的应用开发、数据开放、数据挖掘与知识发现,为人们提供不同层次、不同要求的低成本、高效率的智慧化服务。鼓励与住建行业相关的广大企业和个人在智慧工地平台上进行科技和业务的创新应用,寻求新的经济增长点,为城乡经济社会发展提供源源不断的动力。

(二)建设原则

九江市住建主管部门关于智慧工地建设遵循技术先进、功能齐全、性能稳定、节约成本的原则,综合考虑施工、维护及操作因素,将为今后的发展、扩建、改造等因素留有扩充的余地。

1. 先进性与适用性

采用前沿人工智能等数字技术,力求达到设计合理、架构简洁、功能完备,并能有效提高工作效率,满足工地动态监控和业务工作的实际需求。系统技术性能和质量指标达到信息化领先水平,系统安装调试、软件操作使用简便易行。

2. 经济性与实用性

在先进、可靠和充分满足系统功能的前提下,体现高性价比。充分利用现有资源,综合考虑系统的设计、建设、升级和维护;充分考虑实际需要和信息技术发展趋势,根据用户现场环境,设计选用功能和适合现场情况、符合用户要求的系统配置方案,通过严密、有机的组合,实现最佳的性能价格比,以便节约工程投资,同时保证系统功能实施的需求,经济实用。

3. 可靠性与安全性

系统应具备认证和授权机制,对敏感信息进行加密,并且在系统故障或事故造成中断后,能确保数据的准确性、完整性和一致性,并具备迅速恢复的功能,同时具有一整套完整的系统管理策略,可以保证系统的运行安全。

4. 开放性与可扩充性

以现有成熟的产品为对象设计,同时还考虑到周边信息通信环境的现状和技术的发展趋势,可以与消防、防盗、聚光系统实现联动,具有 RJ-45 网络通讯口,可实现远程控制。同时,系统设计中考虑到今后技术的发展和使用的需要,具有更新、扩充和升级的可能,系统规模和功能易于扩充,系统配套软件具有升级能力。

(三)建设方案

九江市住建局在全省率先启动智慧工地建设工作,强化组织领导,规范技术标准,搭建信息平台,培育试点项目,目前项目已经进行至第三期搭建,试点项目智慧工地建设进展迅速,一期与二期均取得了积极成效,为提升建筑施工安全监管信息化水平,推动建筑业高质量发展提供了有力支撑。

1. 系统谋划推动,精心部署实施

成立信息化建设领导小组,抽调专职人员组成专班,实行集中办公实体化运作,先后赴多地,分别考察学习了部分工程项目智慧工地建设、应用情况以及智慧工地建设监管方面的经验做法,形成了智慧工地建设考察报告并提报市委、市政府研究通过。设立政策研究、软件开发、硬件建设、试点推进、指挥中心建设5个工作推进组,建立起"每天一调度、三天一碰头、一周一例会"的工作制度,全力以赴加快推进智慧工地建设。

2. 强化技术支撑,夯实工作基础

参照全国先进省市经验,结合本市实际,将智慧工地建设内容分为标准级和提升级,主要包含人员管理、安全隐患排查、机械设备管理、危大工程监测、质量管理、视频监控管理、环境监测共7大类19项具体内容及应用场景要求,为推进智慧工地建设提供了重要依据和指导,为智慧工地建设工作的规范开展提供了有力保障。

3. 突出高点定位,建设一流平台

通过多轮次专家论证评议,以打造"省内领先、全国一流"平台为目标,形成智慧工地平台建设方案。以加强建设工地本质安全管理为切入点,基于物联网、遥感传感技术、云计算、大数据智能分析等新一代信息技术,构建具备危大工程动态管控和智能预警、人员行为管理、视频AI识别、环境监测实时推送、质量管理可溯跟踪、监管信息即时推送等功能的智慧工地平台。

4. 融合智慧住建,提升监管效能

将智慧工地建设作为进一步提升本市住建领域信息化和智能化管理水平、促进行业发展转型升级的着力点和突破口。在智慧工地建设取得阶段性成果的基础上,进一步统筹规划,开展智慧审批、智慧监管、智慧房产、智慧物业等建设,构建统一的智慧住建管理和服务体系。市、区(市)两级分别建立指挥中心,作为智慧住建系统的实施载体,统筹开展工作调度、业务监管、应急指挥、社会服务等,逐步实现住建领域的智慧化、数字化监管。

(四)具体实施

"BIM+人工智能"筑牢工地建设安全新防线项目具体建设分为三期:一期

已建成九江市建筑工地视频监控平台;二期已建成九江建筑工地质量安全综合管理平台;三期为智慧工地平台。

1. 九江市建筑工地视频监控平台

利用宽带网络将分散、独立的图像监控点进行联网,实现跨区域、全市范围内的统一管理、资源共享,为管理决策者提供一种全新的直观的扩大视觉和听觉范围的管理工具,提高建筑工地工作效率。为施工企业与职能管理部门提供了全方位、全天候、无死角的远程视频监控,管理人员可通过监控中心观看实时监控,如图1所示。

2. 九江市建筑工地质量安全综合管理平台

九江市建筑工地质量安全综合管理平台整合九江市建筑行业的企业、人员、项目、诚信评价信息的基础数据,基本实现四库一平台信息互通的基本目标,并在该管理平台下建立安全、质量、文明施工、诚信管理等子模块,把施工现场安装的硬件设备采集到的数据通过物联网实时、准确地传输到九江市建筑工

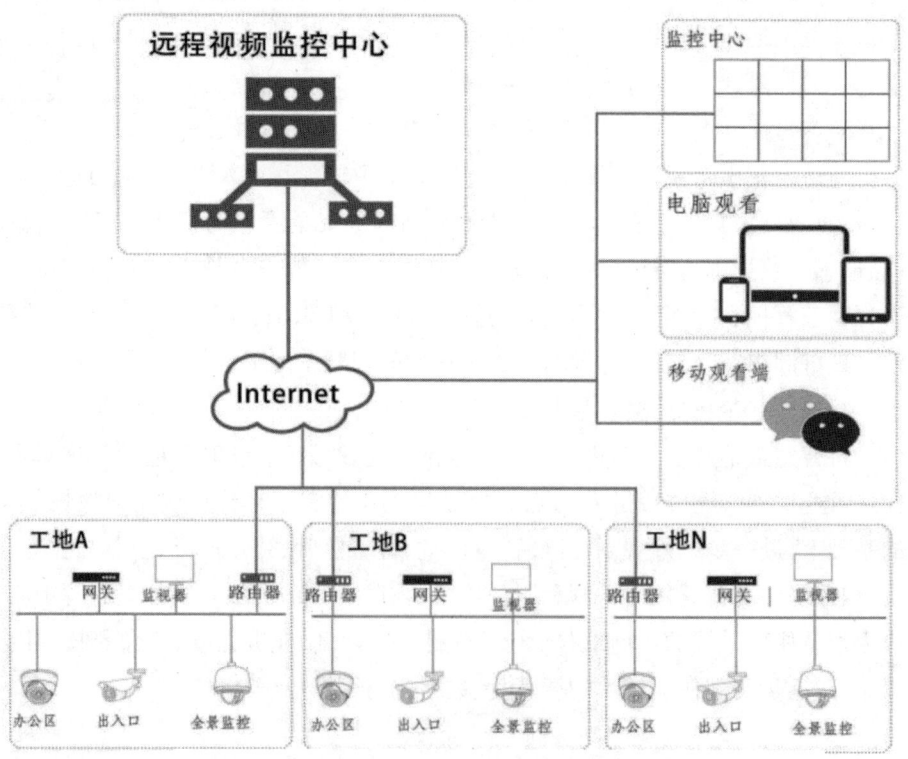

图1 智慧工地平台全景展示图

地质量安全综合管理平台进行数据汇总。该平台展示如图2所示,图3为该平台的移动客户端,大大提高了便利性。

图2 九江市建筑工地质量安全综合管理平台首页

图3 九江市建筑工地质量安全综合管理平台移动客户端

3. 智慧工地平台

智慧工地平台依托最新 ePaaS 支撑框架体系，采用多层 B/S 应用结构模式，结合工程建设施工现场管理特点，利用互联网、移动互联网、物理网、BIM、大数据、云计算等技术手段，实现施工现场人、机、料、法、环的全方位实时监控，及时发现施工作业隐患，有效降低事故发生概率。图 4 所示为智慧工地平台全景展示图，平台内数据资源处理、各级支撑系统、各层级应用均能满足建设原则与建设目标。

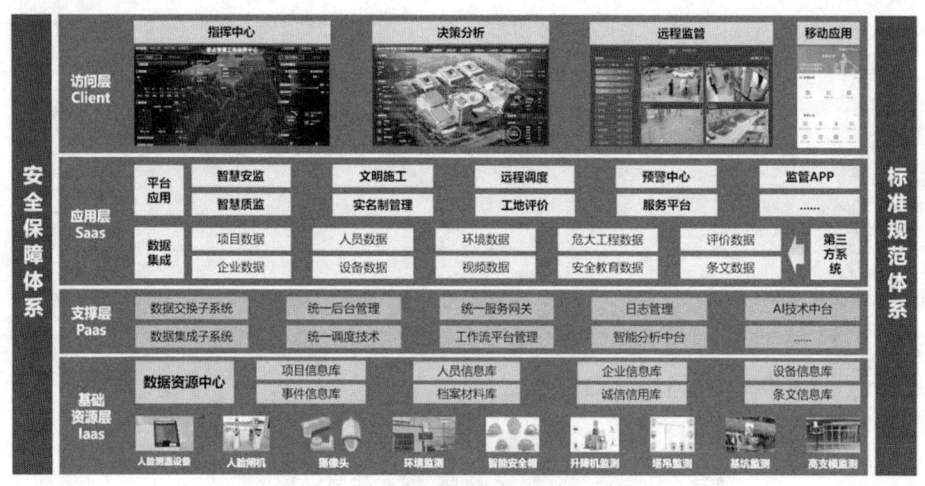

图 4　智慧工地平台全景展示图

四、"BIM + 人工智能"项目成效

推进"BIM + 人工智能"筑牢工地建设安全新防线项目建设，顺应了信息化社会发展的迫切需要，提高城乡建设施工场地监督指挥、信息交流共享、应急处置工作效率和水平，项目加强了城乡内建设施工场地的管理，同时也改善了建筑业营商环境，达到了"长效监管、有效预警、及时处置"的目标。

（一）效果

1. 一期建设效果

九江市建筑工地视频监控平台于 2019 年 2 月启用。目前，九江市中心城区及湖口县、德安县、庐山市、共青城市在建工地已接入平台，累计已接入视频监控摄像头 2105 个，实现对接入工地的施工现场进行实时监控，视频资料保存

30天,可实时追溯,极大地提高了监管的质效。视频监控指挥中心如图5所示,图6为移动端视频监控。

图5 视频监控指挥中心大屏

图6 移动端视频监控

2. 二期建设效果

九江建筑工地质量安全综合管理平台于2021年7月启用。通过平台报监项目119个,平台企业注册数量为483家,建立危大工程专家库,采集专家41人,极大地缩减了报监时间,助推项目开工提速。通过移动互联,监督员可实现移动巡检、开单,加快监督效率。

(二) 成效

1. 事前预防

使施工方与职能部门管理动作前置,实现从事后被动补救到事前主动预防的转变,并实时对事故预警、报警进行处理,做到防患于未然。

2. 动态管理

该项目创造性地将施工企业现场视频管理、建筑起重机械安全监控管理、现场从业人员管理、物料管理、进度管理、扬尘噪声监测管理有机、高效、科学规范地结合起来,真正实现工程项目业务流与现场各类监控源数据流的有效结合与深度配合,监管单位、施工企业、现场管理人员及其他相关机构均可在任何时间、任何地点根据授权查看施工现场实时情况并进行监管。另外,人工智能等技术极大地提高了各方的科学分析和决策能力,打破了信息壁垒,实时共享离散分布的信息,便于管理人员把控工地的施工状态,并供职能部门交互研讨,显著地提高了决策能力。

3. 安全保障

一是提供治安保障。通过对现场所采集数据的定性及定量分析,有效地解决了建筑工地人员管理及治安管理,威慑并遏制斗殴、盗窃等影响社会稳定的因素发生,促进治安好转,结合人工智能 AI 杜绝不规范操作,防止外来人员非法进入。二是提供环境保障。此项目平台集成了前沿监测仪器、物联网和云计算技术,实现了实时、远程、自动监控颗粒物浓度、噪音分贝及建筑工地文明施工情况,城市施工造成的污染得以大大降低,改善了九江市整体环境面貌,提高了市民健康生活指数。三是提供危大工程管理保障。数字化管理基坑、大体积混凝土、高支模等现场特殊物体,对重大事故提前做好预防,并在事故发生前预警,通知相关人员,叫停施工人员,确保安全,防止重大事故发生。

4. 营商环境持续优化

对于九江市而言,建筑业施工工地自动化、智慧化管理既关系到城市居民切身利益,也关系到城市的发展和繁荣。该项目的建设有效提高了建设主管部门在工程质量、安全等方面的监管与服务效能,优化了建筑业营商环境,提高了建筑行业的管理水平。

结　语

智慧工地建设是当今建筑行业发展的必然趋势。随着科技的不断进步和城市化进程的加速,传统的建筑施工方式面临着效率低下、安全风险高等挑战。而智慧工地通过集成信息技术、物联网、人工智能等先进技术,实现工地各个环节的数据采集、分析和共享,通过实时监测和智能决策,智慧工地可以实现对施工进度、资源使用、质量控制和安全管理的精准监控和调整,从而提高工地的效率和安全性。

智慧工地的建设取得多个成果。一是提高了施工效率,通过数字化的项目管理和自动化的设备操作,可以减少人力资源的浪费和施工过程中的繁琐操作,大大提高了施工效率和工期控制的准确性;二是实现材料和设备的智能供应和调配,减少物流环节的延误,提高工地的整体效能;三是提升了施工质量,通过实时数据监测和分析,可以及时发现施工中的问题和隐患,避免质量缺陷的发生;四是保证施工的准确性和一致性,能够应用先进的技术手段,如无人机、激光扫描等,进行精确的测量和建模,提高建筑工程的品质,满足用户的需求和期望；五是强化了安全管理，在智慧工地可以通过实时监测和预警系统，及时发现危险和风险，并采取相应的措施进行干预和预防，可以通过视频监控、人脸识别等技术手段，加强对施工现场的安全管控和访客管理，有助于降低施工事故的发生率，保护工人的安全和生命财产的安全。

数字引领百年钨矿　以 5G 智能促"新"貌

引　言

十九届五中全会通过了《中共中央关于制定国民经济和社会发展第十四个五年规划和二〇三五年远景目标的建议》,提出要推动互联网、大数据、人工智能等同各产业深度融合。国资委在《加快推进国有企业数字化转型工作的通知》中也明确要求国有企业向数字化、网络化、智能化方向发展。

党的二十大明确提出,要建设现代化产业体系,坚持把发展经济的着力点放在实体经济上,推进新型工业化,加快建设制造强国、质量强国、航天强国、交通强国、网络强国、数字中国。要加快发展方式绿色转型,实施全面节约战略,发展绿色低碳产业,倡导绿色消费,推动形成绿色低碳的生产方式和生活方式。随着数字化技术、信息技术以及计算机技术发展的日新月异,人工智能、大数据、物联网等技术相继应用于矿山领域,全球矿业生产模式不断创新,正在朝着集约、共享、协同、无人的新阶段发展,矿山竞争的核心已经由传统的资源优势竞争逐渐转变为高度信息化、集成化的科技竞争,矿山数字化、智能化建设应运而生。

对于智能化矿山建设,国内外均在国家层面制定了相关战略规划。国外以加拿大、瑞典、芬兰和德国等矿业发达国家为代表,先后出台了 2050 计划、未来矿山计划、IM 计划和工业 4.0 等,开始组织、布局智能化开采技术的科技攻关与推广应用。在我国国家和行业层面,相继出台了《国家信息化发展战略纲要》《中国制造2025》《"十四五"国家信息化规划》《安全生产"十四五"规划》《有色金属行业数字矿山建设指南》等多个文件,对国内矿山行业信息化提出了总体要求。

2020年3月,中共中央政治局常务委员会召开会议提出,加快5G网络、数据中心等新型基础设施建设进度,其中5G基站建设、大数据中心、人工智能、工业互联网四个领域适用于矿山企业发展需要,其应用将促进矿山数字化和智能化建设进入快通道,大大提高矿山生产能力和提升矿山生产管理精益化水平,给矿山带来降本增效及本质安全。2020年9月5日由工信部和北京市政府共同召开的"工业互联网高峰论坛"明确提出了数字产业化和产业数字化的发展要求。

另外,矿山行业虽然事故总量逐年降低,但总体安全生产形势仍然较为严峻,不仅危害了人民群众的生命安全、造成了恶劣的社会影响,也严重制约了矿山企业稳定、持续的发展。矿山作为高危行业,传统的安全管理模式工作量大、效率低下、管理漏洞死角多、缺乏有效的管控手段。面对复杂的形势迫切需要顺应最新的技术趋势,建设一套透明、真实、高效的智能综合管控平台,从根本上提高管理的水平、效果,彻底扭转安全生产形势。

一、聚焦数字矿山主题

大吉山钨业积极响应国家及地方政府、公司的政策方针,立足自身条件,着力开展数字化矿山的建设工作。对矿山普遍存在的信息孤岛、数据鸿沟、流程独立等问题,通过统筹规划、顶层设计、统一管理的思路分步开展,实现信息传输网络化、生产过程可视化、技术设备智能化、矿山资源与开采环境数字化、生产管理与决策科学化、运维与安全防护一体化。项目的顺利实施必然会为矿山实现生产过程智能控制、集中调度奠定基础,同时,集中化管理的模式也会引起现有组织机构、工作模式、业务流程的转变,对于提高矿山集中管控能力、减少非生产性停产、提高安全保障水平具有重要意义。

为此,大吉山钨业聚焦"数字矿山"主题,以数字矿山建设为支撑,重点突出"矿山生产管控一体化平台、智能采矿系统、智能选矿系统、智能安防系统、5G网络系统"五方面核心任务,推进物联网、大数据、人工智能、5G、边缘计算、虚拟现实等前沿技术在大吉山钨业的应用,同时集资源的数字化管理、面向"矿石流"的智能生产管控、全流程的少人无人化生产、集成化的本质安全管理、基于工业大数据的智能决策于一体的绿色、安全、高效的有色金属数字矿山,促进企业转型升级、高质量发展,提升绿色矿山和本质安全型矿山建设水平,确保在

"十四五"后期,将大吉山钨业打造成国内先进的"数字矿山"。

图 1　大吉山钨业办公大楼

二、直击钨业主要矛盾

在未引进数字化矿山前,大吉山钨业有限公司作为第一个五年计划 156 项重点工程之一的地下钨矿山,还处于智能化发展的初级阶段,仍然面临感知难、多类型数据同步传输不可靠、主要生产设备自动化智能化程度、关键设备工艺流程数控化率低等问题,且陡倾斜平行薄矿脉群具备的特殊性和复杂性导致矿山的危险因素和安全风险较高,严重制约了大吉山钨业稳定、持续的发展。其中最为突出的问题具体如下:

(1)生产工艺传统,企业用工人数大:由于使用传统的采、掘、运、选等工艺,加上现场作业条件复杂,虽一定程度实现机械化作业,但均是需要人员进行现场操作的小型化设备,作业效率不高,导致全公司用工人数超过 1000 人,早班井下作业人数达到 300 人。在企业出矿品位下降、产能萎缩之际,唯有通过智能化减人才能降低企业用工人数,提高员工收入。

(2)设备老旧,生产粗放:使用传统老旧的生产设备,不仅生产效率低下,生产过程还缺乏有效的检测、监控和调节手段,全凭操作人员和管理人员经验判断,进行粗放生产,导致一定程度上的能源浪费,生产成本居高不下,也不符合环保和碳达峰、碳中和要求。

(3)缺乏有效的设备,管理落后:生产过程缺乏有效的监控设备设施和生产管理系统,需耗费大量的管理人员进行现场管理,造成管理成本占比较大。

(4)工作现场环境恶劣,人员安全风险高:井下一线作业现场环境差,人员在井下作业,面临的安全风险高,企业也相应地承担高风险。

三、谋划地下数字矿山

在数字化技术、信息技术以及计算机技术发展的日新月异下,江西大吉山钨业有限公司成立优势团队,按照"总体规划、分步实施、减人提效、稳步推进"的总体要求,通过第五代移动通信技术赋能矿山。以智能制造和数字化转型为突破口,加快行业互联网、5G、大数据、人工智能等新一代信息技术与制造产品、装备融合创新,推广智能工厂和智能制造模式,以"矿石流"为主线,融合信息流、业务流、数据流,考虑设备运维、生产组织、管理需求等因素,深入结合现场实际,发现管控瓶颈、打破流程壁垒,建设"设备运行自动化、业务流程信息化、生产管理数字化、企业决策智能化"的智慧生态体系。使之形成"一中心+一网络+一平台+三系统+N智能应用"的数字矿山生产系统。实现传统制造业转型升级,围绕井下有轨电机车、铲运机等运输装备,打造电机车无人驾驶系统机视程控系统,建设进矿厂关键生产环节设备智能控制系统,实现选矿远程监测、故障分析与实时分析。通过5G技术赋能有色金属行业,实现对矿山资源、采矿生产工艺、安全系统的可查、可控,可追溯,可优化,主要采选生产装备的在线即时掌控,矿山生产作业装备与系统的远程智能化调度与控制,安全生产、降本增效的可靠生产目标。

总体规划:大吉山钨业数字矿山整体建设框架按"一中心+一网络+一平台+三系统+N智能应用"进行建设;分步实施:智能化建设考虑分阶段实施,先示范引领,在数字矿山建设的第一阶段,主要选择1个老隆出矿点、1个采场底部出矿点和1个采准掘进面进行机械化、自动化和智能化改造试验,并同步开展采矿方法工艺升级研究和工业试验;同时对选矿厂的生产工艺进行自动化改造;减人提效:通过凿岩、撬毛、采矿、选矿等工艺进行机械化、自动化和智能化升级改造,同时更换先进生产设备,实现设备的智能远程控制作业和监测功能,降低作业人员数量,同时提高生产效率;稳步推进:结合第一阶段的建设试验效果和经验积累,逐步将全部老隆出矿点、全部采场放矿点以及全部采准掘进面进行机械化、自动化和智能化推广。

(一) 智能管控中心

为便于大吉山钨业指挥中枢准确、实时全面的观看和掌握各方面信息并做出正确的决策,将大吉山钨业现有生产调度指挥中心升级为智能管控中心,建设内容具体包括视频存储部分、视频解码拼控部分、大屏显示部分、平台管理软件、设备机柜、服务器等。智能管控中心作为数字化矿山建设的核心环节,承担着矿山生产调度与运营管理的指挥中心的角色。为此在矿部建设综合调度中心,实现对采矿、选矿等生产过程与矿山工业场景及其他关键区域的实时视频监控,同时实现采矿自动化、选矿自动化、排水自动化、运输自动化等以及尾矿库安全监测系统等各类矿山信息化系统的集成化接入和实时动态监控。

建成后,大吉山钨业的生产控制、生产运营管理、安全环保管理、安全信息可视化、决策指挥、数据管理等都将部署在智能管控中心,生产操作工、生产技术人员、生产管理人员将在智能管控中心进行办公。在数据机房内建立统一的数据存储与管理平台,存储各类数据,实现生产过程主数据、实时数据、历史数据等各类数据的集中存储和管理,并且具有历史数据迁移功能,支持云服务。实现基础生产数据统计、分析及应用,为生产管理提供数据支撑与管理依据。为企业建设提供一个远程操作平台、集中监控平台、信息资源共享平台、分析决策平台和指挥调度平台。

(二) 多元融合网络

在矿山生产过程中信息不畅和数据独立导致设备应用受限、生产效能缓慢,打造一张整体的多元融合网络有利于信息传输网络化、生产过程可视化、技术设备智能化、矿山资源与开采环境数字化,保障数字化矿山建设中各系统之间的信息互联互通,避免出现"信息孤岛"。

建设多元融合网络时,必须在矿山内部建设矿山模块化数据机房,同时建设 5G 专网,实现矿山的无线覆盖。模块化数据机房按照《数据中心设计规范》(GB50174-2017)的 B 级机房建设,整体采用模块化设计,将供配电、温控、机柜通道、布线、监控等集成在一个模块内。矿山的 5G 专网覆盖通过建设 5G 宏站完成大吉山 467 中段、铲运机、撬毛台车、锚杆台车采掘工作面、选矿厂厂区 5G 网络覆盖。467 中段、铲运机、撬毛台车、锚杆台车采掘面 5G 网络建设 5G 室分基站,覆盖采矿装载作业面、467 中段轨道以及隧道外工作区域。

通过数据机房和 5G 专网建设,实现 4G/5G + WIFI 6 + 定位 + 有线的多元融合网络,建成一张融合的"有线 + 无线"的工业互联网,将矿山综合集控、运营管理、安全环保管理、能源管理等系统之间的信息互联互通,实现统一架构,按需进行分层分区的管理。以一体化融合技术构建的多元融合网络为核心,将覆盖整个矿山生产、业务、管理流程,构建全矿信息高速公路,有效简化网络结构、提高数字融合程度、降低基建投资、减少运营维护费用。

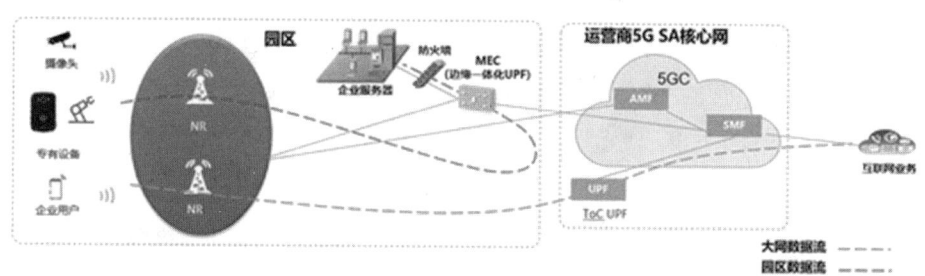

图 2　多元融合网络系统架构图

(三)生产运营一体化平台

为了整合大吉山钨业现有各个信息化系统,打破信息孤岛、固化生产管理流程,通过数据驱动生产经营,以达到提高生产效率,增加经营效益的目的,需建设矿山生产管控平台:

(1)利用现有,查缺补漏:充分利用现有自动化系统、NC 系统和 OA 系统的建设成果和数据基础,以矿山整体生产过程为驱动,补充建设薄弱环节,通过全面的信息和数据共享,形成信息化生产管控数据基础。

(2)数据驱动,固化流程:以生产工艺流程为主线,完善并固化生产作业、经营管理流程,通过生产数据的传递来驱动作业流程的推进,形成事找人的生产管控作业体系。

(3)统一协作,网络协同:以数字驱动的作业流程为主线,让数据和事务通过系统按照既定的流程直达部门和岗位,各生产和管理部门通过平台进行全面协作,实现网络协同制造生产经营模式。

(4)数据汇聚,统一管理:融合新建系统以及原有矿山6+1系统、各类生产系统,将数据汇聚,并统一通过管控一体化平台进行管理。

建成后的生产运营一体化平台包含全信息可视化系统、资源数字化管理系统、生产运营管理系统、安全环保管理系统、能源管理系统。将资源管理、生产计划调度管理、设备管理、物资管理、质量管理、矿石流管理、绩效管理、安全管理、环保管理、能源管理等功能集成在同一个平台进行统一管控,融合了生产监测监控、生产管理以及生产运营三大类职责,旨在提高协同运营管控的效率和效果,从而实现生产运营一体化。通过全信息可视化系统,整合来自资源、设计、采准、采矿中深孔、回采出矿、破碎、提升、运输、通风、供排水、供配电、压风、安全、环保、矿区、维护、管理等各方面可用的生产和管理数据,建立大吉山钨业的数字孪生矿山,并按照行业认可的方案模板、报告、数据看板和运营关键业绩指标进行生产运营的实时动态显示和预警,让管理层能够实时掌握矿山运营状况,并做出更好的决策。

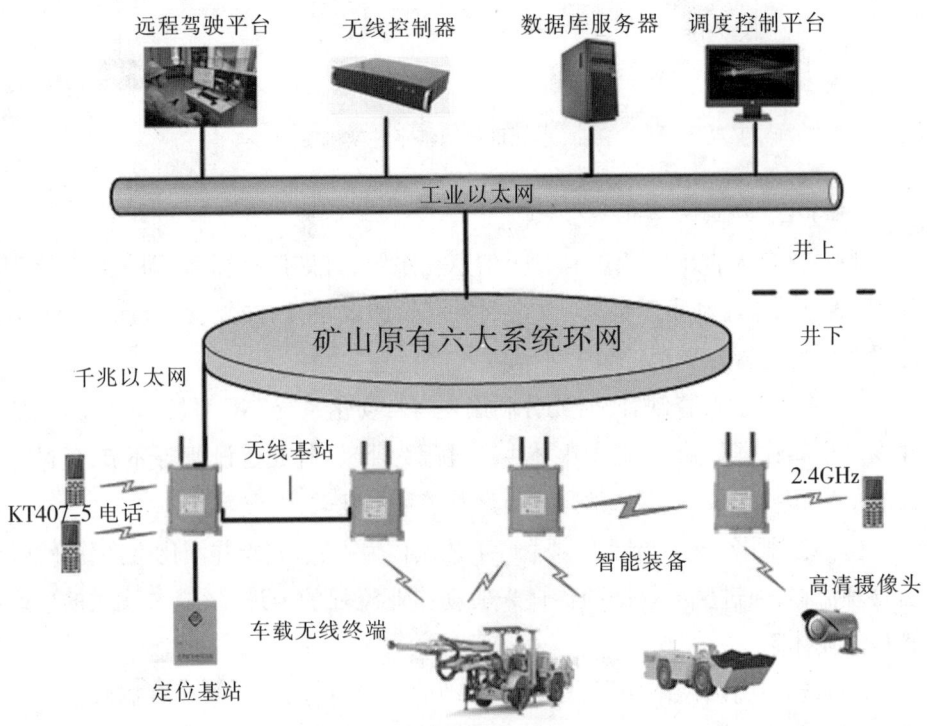

图3　生产系统井下环网拓扑图

(四)智能采、选、运系统

由于受现有生产工艺及设备限制,大吉山钨业现有用工人数要远超其他先进矿山企业,大量的生产人员在井下复杂的环境下从事体力作业,缺乏有效的防护设备,安全风险较大,生产系统中部分生产流程缺乏有效的检测仪表,基本凭借人为主观判断,难以做到精细化生产,导致产生了部分不必要的能源浪费。因此需进行相应设备的升级或更换,然后搭建完善的智能采选运系统,通过5G网络和智能管控中心连接,实现设备的地面远程遥控作业,减少生产作业人数,实现少人为安,精细化生产,提高生产效率。

(1)智能采矿系统:智能采矿系统建设需购置具备远程操作能力的成套装备,也可对购置国产传统设备后再进行定制化改造,地下矿山除了采掘、出矿、运输等主体采矿设备机械化升级外,还必须采用辅助设备与之配套,才能发挥主体采矿设备效能,然后利用5G网络通过远程操控驾驶舱实现对凿岩台车、撬毛台车、铲运车、潜孔钻机远程操控作业,确保驾驶员远离高危高污染环境作业,减少井下作业人员,降低安全风险,同时将提高装备作业效率,释放装备作

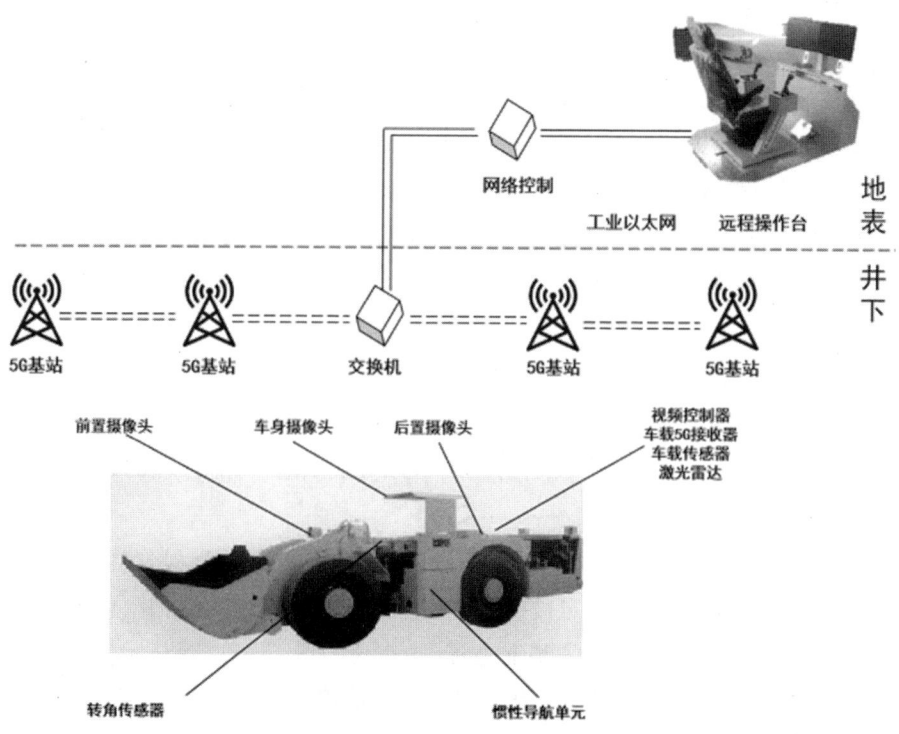

图4 铲运机远程控制示意图

业能力,达成降本增效目标。若新的采矿工艺研究成功,数字矿山建设可结合新采矿方法的研究和试验成果,逐步将现有浅孔凿岩替代为中深孔凿岩。

(2)大巷智能运输控制系统:大巷智能运输控制系统建设在5G技术大带宽、低时延特点的基础上,以井下有轨运输系统为对象,在充分利用原有基础设施的基础上,引入新的变频控制电机车、先进的远程驾驶技术、自动控制技术和精细化管理技术,采用双机单牵运行方式,满足无人驾驶需求,实现电机车现场手动操控、地面远程遥控与无人驾驶。大巷智能运输控制系统建成后,能够减少井下作业人员,提高运输效率,改善生产运输管理的精细化水平。提升系统的整体运行效率和运输能力,降低系统的运营维护成本,实现系统的高适用性、高可靠性、高灵活性和易维护性。

(3)选矿智能抛废及故障诊断处理系统:选矿智能抛废及故障诊断处理系统建设,需要对当前老旧的设备、设施进行升级改造,并建立DCS控制系统,满足各工艺段的工艺参数据采集、过程控制、顺序控制、监视等所需功能。通过研究应用大处理量X射线选矿机,优化现有的破碎系统,实现粗选段全流程智能选矿,全面取消人工手选,同时在粗选尾端研究应用重介质选矿机,对粗选合格矿进行二次抛废,大大降低重选处理量。利用5G技术大带宽、低时延的特点,研究开发选矿智能诊断处理系统,实现磨重、细泥回收等选矿流程关键环节的自动巡检、智能分析与调控。选矿智能抛废及故障诊断处理系统建设完成后,实现选矿工艺的数字化与智能化,大大降低操作人员劳动强度、增强员工幸福感,生产管理过程还可以通过数据为基础实现日常管理,促进企业管理效率提升、竞争力加强,同时对合格矿进行二次抛废,大大减少重选入磨量,有效降低企业的生产运营成本。

(五)N智能应用

N智能应用包含精确定位管理系统、安全风险智能感知系统、智能化矿灯、自救器管理系统。通过这些系统的应用可以完善井下安全管理的各项难点、痛点。

(1)精确定位管理系统可针对井下人员、车辆进行实时全程监测定位与追踪,具备人员精准定位、车辆定位、考勤管理等一体化管理功能,并具有全矿山精确电子地图作为监测定位的基准坐标,在三维GIS动态视图显示,在人员定位、人员安全管理、井上和井下的相互通讯等方面提供便利。

(2)安全风险智能感知系统由摄像头采集的视频监控数据由专网传入井上

服务器,视频展示大屏可对监控视频数据进行智慧监测,发现人员的异常行为时,进行报警,实现高效监管。

(3)智能化矿灯、自救器管理系统是针对矿山矿灯管理完全靠人工管理而存在管理效率低、取灯和还灯用时长、充电状态无法监控、不便于查询等问题,设计了集充电架管理、矿灯管理和考勤管理于一体的矿灯充电管理系统。实现了矿灯在架检测、充电控制、充电信息检测、充电信息更新、故障报警、实时显示以及与上位机通信等功能。

通过一中心、一网络、一平台、三系统的建设,实现了大吉山钨业全生命周期生产要素和生产过程的数字化,通过云服务和数据服务可以为 N 智能应用提供统一、规范、完整、高效的数据服务,实现数据的资产化和产业化管理,建立矿山决策支持系统,实现大吉山钨业决策智能化。未来,伴随着大吉山钨业数字矿山的建设,可继续扩展到产业生态、政府监管等各类应用场景。

四、树立数字矿山标杆

(一)管理效益

大吉山钨业数字矿山的建设可以在很大程度上提升企业对于资源的管理效能,达到明晰资源、优化流程、提升效率的作用,主要体现在以下几个方面:(1)提升企业对于信息及资源的掌控能力、调度能力;(2)优化企业管理、减少流程冗余;(3)提升企业决策能力。

(二)安全效益

(1)加强生产及管理监控,实现生产过程无死角监控,潜在安全问题提前预警,关键作业点或高风险区域的无人化、少人化作业,全面提高生产安全和安全管理水平。

(2)合理规划矿区网络建设,充分考虑潜在的网络风险,响应国家"工业互联网——信息安全系统"的建设要求,确保自动化、信息化系统的安全可靠,实现矿山生产运营的安全可靠。

(3)建设独立的矿山数据中心,通过虚拟化架构和数据中心安全防护建设,加强数据中心的保护,保障矿山数据资产的安全,有利于通过对数据的挖掘分析实现矿山生产运营过程的优化和智能化水平。

(三)经济效益

通过研究开发由凿岩台车、潜孔钻机、撬毛台车和装矿机组成的掘进一体化远程遥控系统、467m 主运输平硐电机车无人驾驶系统、智能抛废系统、磨重专家系统和细泥专家系统等，项目完成后，实现减少一线操作128人，节约人工成本1280万元/年。项目应用成熟后，实现减少一线操作人员294人，节约人工成本2940万元/年，在采矿、选矿、水电管理、质量检验等环节再减少管理人员10人，节约人工成本150万元/年。在节能降耗方面，项目实施完成后，生产供水供电成本下降12%，每年节约成本费用100万元。

（四）社会效益

（1）建设数字化矿山是贯彻落实党的十八大提出的"推动两化深度融合，坚持四化同步"精神，坚决执行《中国制造2025》行动计划的具体表现，是符合时代发展的需要，同时也是贯彻落实集团公司提出的推进"机械化换人、自动化减人"，建设"数字化矿山、智能化工厂"发展战略的一项实际行动。

（2）建设数字化矿山使得大吉山钨业有限公司率先成为行内、省内和集团内智能制造以及数字化矿山的示范单位，为同类型企业推进两化深度融合，建设数字化矿山指明方向，成为江西省乃至国内有色金属矿山企业的示范标杆。

（3）建设数字化矿山改变了采选作业传统操作和管理方法，为逐步迈向"无人采矿、无人车间"的目标奠定坚实基础。同时，生产管理过程实现数字化、智能化，可以大大降低操作人员劳动强度、增强员工幸福感，还可以通过数据为基础实现日常管理，促进企业管理效率提升、竞争力增强。

（4）建设数字化矿山为企业培养了一批自动化、信息化和智能化的专业人才，并形成一支专业化队伍，为企业和集团公司实现数字化转型升级方面提供人力资源和技术支持。

结　语

大吉山钨业积极响应国家及地方政府、公司的政策方针，聚焦"数字矿山"主题，推进物联网、大数据、AI智能、5G、边缘计算等前沿技术在大吉山钨业的应用，是国内第一家研究采用中深孔落矿无矿柱连续开采技术的薄矿脉地下钨矿山，同时基于工业大数据的智能决策于一体的绿色、安全、高效的有色金属数字矿山，对生产工艺流程再造，优化管理模式，促进企业转型升级、高质量发展，提升绿色矿山和本质安全型矿山建设水平。建设数字化矿山使得大吉山钨业率先成为行业内、省内智能制造以及数字化矿山的示范单位，成为国内有色金属矿山企业的示范标杆，为国内其他有色金属矿山企业推广数字矿山建设奠定了基础。

威源民爆:乘数字化转型之势,争当5G智能民爆工厂先行者

引 言

信息技术与制造技术深度融合,促进了我国制造业的数字化转型。民爆行业作为国民经济的隐形基石,更应顺应时代的发展,积极探索适合行业发展的数字化转型解决方案。《中国制造2025》《中国工业4.0行动计划》《"十四五"民用爆炸物品行业安全发展规划》等一系列政策文件的发布,为民爆行业数字化转型明确了方向和目标。江西威源民爆器材有限责任公司抓住机遇、乘势而上,推动5G、大数据、人工智能(AI)等新一代信息技术与生产制造、安全管理深度融合,构建起自动化、数字化、智能化的"5G智能民爆工厂",从而提高生产线的运行效率和质量,降低生产成本,增强企业竞争力。

一、顺势而为,数字技术赋能民爆行业发展

数字化转型是指利用数字化技术和信息化手段,将传统的生产制造过程进行数字化、网络化、智能化的改造和升级,实现生产过程的高效、精准、智能化管理和控制。工厂数字化建设是工业生产转型升级的必然选择,也是实现工业智能化、高质量、高效率、低成本生产的重要手段。

中国一直致力于推动制造业的转型升级,提高制造业的数字化、智能化水平。2015年,国务院发布了《中国制造2025》规划,提出了"智能制造"这一重要概念。2018年,国务院印发了《促进民爆工业高质量发展的指导意见》,明确提

出要推进民爆工业的智能化、信息化、绿色化和安全化。2019年,国务院印发了《关于推进民爆行业高质量发展的意见》,提出了加强民爆行业数字化转型的要求。2020年,工信部与应急管理部联合印发了《"工业互联网+安全生产"行动计划(2021—2023年)》的通知,围绕化工、钢铁、有色、石油、石化、矿山、建材、民爆、烟花爆竹等重点行业,制定了"工业互联网+安全生产"行业实施指南。2021年,工信部发布的《"十四五"民用爆炸物品行业安全发展规划》中提到要提升行业数字化智能化水平、加强智能制造支撑供给能力,深入推进智能制造,推动新一代信息技术与民爆行业深度融合。

民爆行业作为国民经济建设的重要基础性产业,其发展对于国家的经济建设、国防建设和社会稳定都具有重要意义。随着经济的快速发展和社会的不断进步,民爆行业也在不断发展壮大。但是,传统的民爆工业存在着生产效率低、产品质量难以保证、安全风险高等问题。因此,推进民爆数字化、智能化建设,提高工厂的智能制造水平,是当前民爆行业发展的重要方向。

二、威源民爆,争当5G智能民爆工厂先行者

"十三五"期间民爆行业智能制造取得新进展,90%以上工业炸药生产线实现了连续化、自动化生产。但总体上我国民爆行业尚处于自动化、信息化初级阶段,存在诸如行业数据兼容性不强,数据格式一致性不高,关键设备数据上云率低,没有相应的数据建模,无法实现民爆物品全流程追踪,没有成熟的工业互联网平台,在技术装备本质安全水平、安全生产监测预警、安全监管、安全生产标准化方面还存在短板等行业共性问题。

江西威源民爆器材有限责任公司创造性地利用5G、物联网、大数据、人工智能等新一代信息技术,融合工业生产制造场景下"研产供销服"各环节,"人机料法环"各要素,打造5G智能民爆工厂数字化平台,实现全生产流程数据的汇聚与应用,实现多个生产应用系统生态,支撑生产各个场景的快速感知、实时监测、超前预警和应急处置,实现生产过程工艺、设备安全监控的全面可视,快速有效的进行生产决策,构建数据驱动的生产制造体系和服务体系。

(一)聚焦突出问题,抓住主要矛盾

近年来,威源民爆注重数字技术的运用,随着对民用爆炸物生产线的投入,产线自动化、信息化程度已大幅提升,并已经形成了一定规模的信息化应用基础,但与先进的流程型化工企业相比还存在较大差距,工厂在信息化、数字化、智能化等方面还存在着一系列的问题,这些问题已成为企业长足发展的制约。

1. 人工排程调度,工作效率低下

威源民爆在产线上多为人工排程调度,首先排程计划准确度较低,大量工序间衔接等待的浪费,延长了生产周期;其次,难以匹配实时或者预测产能开展排程计划,导致排程被动变更频繁,影响生产稳定性,同时难以实时响应任务延迟、紧急插单和设备故障等生产扰动进行重排程和动态调度。

2. 产供销协同性差,计划制定缺乏科学指导

当前,威源民爆生产计划制定和产能、库存、采购、销售等状态有一定程度的脱节,各环节数据无法实时反馈,环节衔接出现异常,无法实现最优库存,同时无法有效预测需求变化、供应链波动、产能异常等,进而开展计划策略的动态调整和优化。

3. 信息系统林立,存在数据孤岛问题

威源民爆经过十多年的信息化建设,具有满足不同业务需求的应用系统,包括 ERP、协同 OA、生产管理等。这些应用系统仅覆盖了工厂部分主要业务功能,且各应用系统不同时期建设,没有总体规划,缺少工厂层面的提炼,业务部门仅从自身业务考虑,缺少对上下游业务的贯通,各应用系统代码体系不统一,标准各异,对积累的数据缺乏整合分析手段,无法为管理层提供智能决策。

4. 数据链未贯通,导致管控分离

关键设备的开停机、关键工序的运行状况、检修环节等仍无法实现自动采集。辅助系统没有配套采集硬件设施,不能自动采集上传,存在滞后情况导致管控分离,未能有效打通底层控制与上层管理之间的数据链。信息更新的同步性差进而影响了数据的一致性和正确性,导致难以对生产过程实施掌控。

5. 安全监管效率低,缺乏预测与追溯手段

安全日常管理多通过人工巡检的方式进行,效率低下,且对人的不安全行为的监控仅能通过视频监控进行被动查看,事后追溯,缺乏有效的分析方法,缺乏基于数字孪生模型的分析和预测手段,数据可视化程度较低,不能快速有效地进行安全生产决策。

(二)明确工作目标,划定建设范围

1. 明确工作目标

威源民爆 5G 智能民爆工厂数字化平台以构建数据驱动工厂制造运营的生

产管理体系为目标,通过纵向、横向和端到端的数据集成,围绕设计、工艺、销售、计划、采购、排程、生产、质量、设备、物流、监控、决策等核心工作环节,贯通从订单到生产、交付的所有制造过程。

威源民爆5G智能民爆工厂数字化平台建设六大目标:

构建数字孪生平台:构建企业的设备、产线、工厂等数字模型,再结合实时采集的数据以及机理模型等数据映射到设备、产线、工厂数字模型上,即时反应物理状态及运行轨迹,构建起虚拟世界对物理世界描述、诊断、预测和决策新体系。

多系统集成互联互通:横向端到端连接供应商和客户,中间是计划、采购、物流、排程、制造等工作过程系统;纵向从物理设备连接到执行层系统,向上连接到管理层系统,最终连接到民爆行业生态圈。

制造计划与控制协同:实现销售订单与生产计划的协同、物料需求计划与采购计划的协同、采购计划与生产排程的协同、生产排程与库存能力的协同,能力需求计划与作业计划的协同等。

仓储物流智能化:建设受数字化驱动的智能仓储系统,实现仓库与产线、设备之间的多级拉动与调配,实现工序间物料的智能储存与流转。

制造过程任务化透明化:实现作业任务智能化推荐,实现制造执行过程中数据的自动采集及实时可视化展示,实现制造执行过程中的自动预警与通知。

工厂管理全面数字化:基于数字驱动模式进行制造运营的全过程管理,运用预设模型对制造过程中的工作流程及人机料法环测、质量、设备等环节进行实时监控及异常评估,并对所有环节进行数据管控、数据分析及指标考核,为决策提供数据依据。

2. 划定建设范围

5G智能民爆工厂数字化平台采用工业互联网平台架构,融合民用爆炸物行业现有的基于传统IT架构的信息化系统,打破"数据孤岛"和"信息孤岛",主要建设范围如下:

建设"1+5+5+N"的5G智能民爆工厂数字化平台:"1"指的是一个数字孪生指挥调度中心;第一个"5"指的是5个应用终端;第二个"5"指的是5个应用平台;"N"指的是N个应用支撑系统。

一个数字孪生指挥调度中心,是指通过实时互动式交互大屏,将三维建模、安全生产、预警预测、指挥调度、数据分析、视频接入等统一整合,实现对生产、运输、作业关键设备运行状态、工控过程等的数字化实时监视、存储,实现驾驶舱式管理,达到数据可视化、生产可视化、设备可视化、安全可视化。

5个应用终端,是指支持大屏端、电脑端、手机端、查询屏端、手持机端5个终端应用。大屏端应用数字孪生技术搭建云上"工厂",是具备辅助决策能力的"驾驶舱";电脑端支持各部门进行分工协同操作,是控制各类资源的生产执行系统;手机端不受时间和空间限制,方便用户随时进行主要流程的操作和查询;查询屏端用于特殊场景下替代传统线下操作,提高工作效率的同时数据留痕与贯通;手持机端用于特殊场景下工作人员日常操作,是智能仓储和智能溯源的关键部分。

5个应用平台,是指打造运营协同平台、智能制造平台、质量管理平台、安全监管平台、数据治理平台五大平台。运营协同平台,具备统一处理、统一管理和统一驱动、统一运营的协同能力,实现全流程数据贯通;智能制造平台,通过关键工序生产设备的物联网感知、生产过程的智能化调度,有效提升产品的生产质量和作业效率;质量管理平台,构建全生命周期的质量管理体系,从原料采购、生产过程到成品包装,进行在线质量监控、质量预测、质量判定以及离线质量追溯;安全监管平台,围绕风险分级管控、隐患排查治理、化工过程安全管理、安全生产标准化等业务,提供企业生产全流程安全管理等一体化管理模式;数据治理平台,支持多种数据导入形式,提供全方位的数据质量管理、多视角的数据统计功能及数据模型生命周期管控。

N个应用支撑系统,是指包含工业互联网基础云平台、数据中台、统一认证系统等在内的支撑多类型平台和多场景覆盖的应用端的后台支撑平台,平台可以根据不断扩展的市场需求和业务特点,形成泛生态平台,具备高拓展性、敏捷反应。

(三)抓住问题根源,靶向精准施策

5G智能民爆工厂数字化平台的建设需要站在系统工程的高度去规划建设,对自身软硬件基础清晰定位,明确自身的生产工艺状况、硬件设备基础、管理水平,根据实际需求分步分迭代推进,形成完整的适用于企业自身的规划蓝图。威源民爆5G智能民爆工厂建设面向不同的应用场景,制定了不同的解决方案。

1. 面向工业现场的生产过程优化

威源民爆打造了智能制造平台，平台有效采集和汇聚设备运行数据、工艺参数、质量检测数据、物料配送数据和进度管理数据等生产现场数据，通过数据分析和反馈在制造工艺、生产流程、质量管理、设备维护和能耗管理等具体场景中实现优化应用。

制造工艺场景中，平台可对工艺参数、设备运行等数据进行综合分析，找出生产过程中的最优参数，提升制造品质；生产流程场景中，通过平台对生产进度、物料管理、企业管理等数据进行分析，提升排产、进度、物料、人员等方面管理的准确性；质量管理场景中，平台基于产品检验数据和"人机料法环"等过程数据进行关联性分析，实现在线质量监测和异常分析，降低产品不良率；设备维护场景中，平台结合设备历史数据与实时运行数据，构建数字孪生，及时监控设备运行状态，并实现设备预测性维护；能耗管理场景中，基于现场能耗数据的采集与分析，便于对设备、产线、场景能效使用进行合理规划，提高能源使用效率。

2. 面向企业运营的管理决策优化

威源民爆借助工业互联网、物联网等技术打通生产现场数据、企业管理数据和供应链数据，提升决策效率，实现更加精准与透明的企业管理，其具体场景包括供应链管理优化、生产管控一体化、企业决策管理等。

供应链管理场景中，平台可实时跟踪现场物料消耗，结合库存情况安排采购计划，实现合理库存管理，有效降低库存成本；生产管控一体化场景中，基于平台进行业务管理系统和生产执行系统集成，实现企业管理和现场生产的协同优化；企业决策管理场景中，平台通过对企业内部数据的全面感知和综合分析，有效支撑企业智能决策。

3. 面向产品全生命周期的管理与服务优化

平台可以将产品设计、生产、运行和服务数据进行全面集成，以全生命周期可追溯为基础，在设计环节实现可制造性预测，并通过生产与使用数据的反馈改进产品设计。当前其具体场景主要有产品溯源、产品/装备远程预测性维护、产品设计反馈优化等。产品溯源场景中，平台借助条码技术记录产品生产、物流、服务等各类信息，综合形成产品档案，为全生命周期管理应用提供支撑产品；设计反馈优化场景中，平台可以将产品运行和用户使用行为数据反馈到设计和制造阶段，从而改进设计方案，加速创新迭代。

4. 面向不同信息系统的数据统计与分析

数据是智能工厂建设的血液,在各应用系统之间流动。在智能工厂运转的过程中,会产生工艺、制造、仓储、物流、质量、人员等业务数据,这些数据可能分别来自 ERP、APS、WMS 等应用系统。威源民爆建立了统一的标准体系来规范数据管理的全过程,建立数据命名、数据编码和数据安全等一系列数据管理规范,保证数据的一致性和准确性。另外,还建立专门的数据管理部门,明确数据管理的原则和构建方法,确立数据管理流程与制度,规划确定哪些数据在设备端进行处理,哪些数据需要在工厂范围内处理,哪些数据要上传到企业的云平台进行处理。

5. 面向民爆行业安全监管的实时化与线上化

威源民爆围绕服务于防范事故和安全生产监管业务,基于统一标准的厂区数字孪生系统,以地图为主体架构,叠加各类应急资源、风险隐患信息、实时监测监控等数据。基于安全管理需求,重点打造基于一张图的应急处置、辅助分析和监测监控。提供重大危险源监测预警,安全风险管控以及企业生产全流程管理等功能的一体化管理模式,实现企业安全生产全要素的数字化管理,加强企业安全生产的信息化监管。

(四)平台上线启用,应用成效显著

5G 智能民爆工厂数字化平台已上线运行,为威源民爆构建了数据驱动的生产制造体系和服务体系,为企业提高生产效率、降低生产成本、增强核心竞争力提供了有力的支撑。

1. 实现了实时感知与动态响应的智能排程

平台通过实时感知车间生产任务和资源状态,考虑订单优先级、交货期、库存、加工路径、产品特性、加工工序、设备负荷、资源限制等条件,结合订单和生产计划,智能推荐详细排程和车间生产作业计划,提高了 50% 的排产效率,全面提升车间排程方案的准确度、合理性,有效提高资源利用率。

2. 实现了设备运行监控与故障洞察的智能管理

平台实时采集设备运行数据和工艺参数,实现设备运行状态可视化监控,运行效率和性能综合分析,以及故障诊断和失效预警,实现数据驱动的设备调度、运维保障的优化,提高设备综合效率,降低非故障停机风险。平台削减了 75% 的设备报表人工工时,减少了 10% 的设备停机时间,提升了 30% 的设备维修效率。

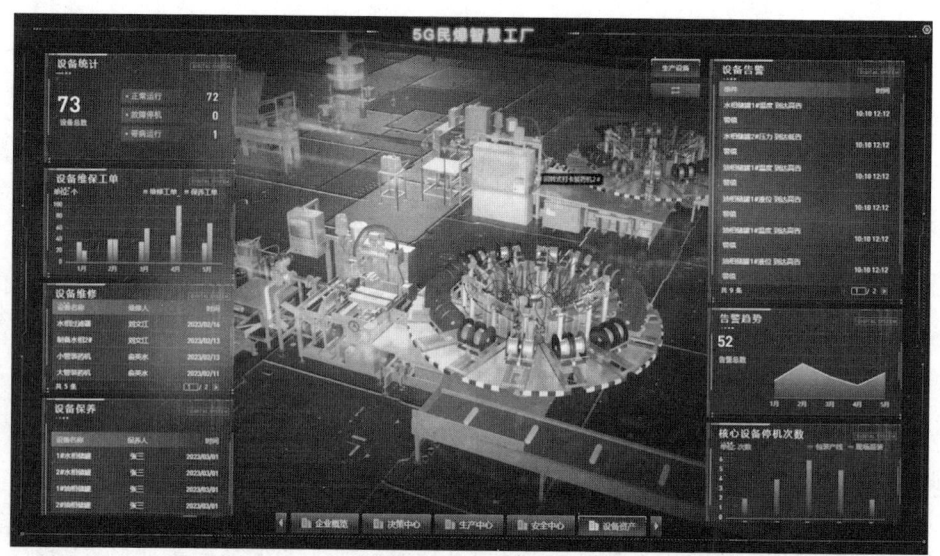

图1　5G智能民爆工厂设备管理可视化大屏

3.实现了质量数据全流程追溯

平台汇聚、集成和打通各环节质量数据,实现全流程质量数据与实物产品的关联匹配和跨业务、跨企业的质量信息追溯,有助于质量问题的快速溯源、精准分析和准确处理。很好地保障落实"先进先出"原则,精准进行仓库的调、转、运、离,降低整体的仓储呆滞率及闲置率,降低库龄。

4.实现了产供销一体化协同生产

平台实时采集市场、客户或者销售数据,基于数据分析结合智能算法,预测未来一段时间的销量波动,进而动态调整产品生产计划,切实做到以销定产,减少原材料及成品库存积压,提升周转效率,降低资金占用成本。同时,柔性资源配置使得工厂能够快速响应紧急插单、订单取消、物料延迟等扰动事件,保障生产的连续性与平稳性。

5.实现了工厂全要素精细化生产管控

平台高效、规范管理生产过程中的人、机、料、法、环等各种生产要素,制造执行过程全面覆盖,实时展示计划进度、效率质量、成本安全等综合信息,支撑异常快速处置和高效管理决策。通过集中集成的应用平台建设,缩短原辅料及产品的运输、计量、出入库等时间消耗,提升数据流转效率,解决原有作业模式下管理方式粗放、检验方式落后、数据统计不及时等问题,实现数据的规范化、标准化和集成化,提高产品质量和生产效率,降低延时、检修等费用支出。

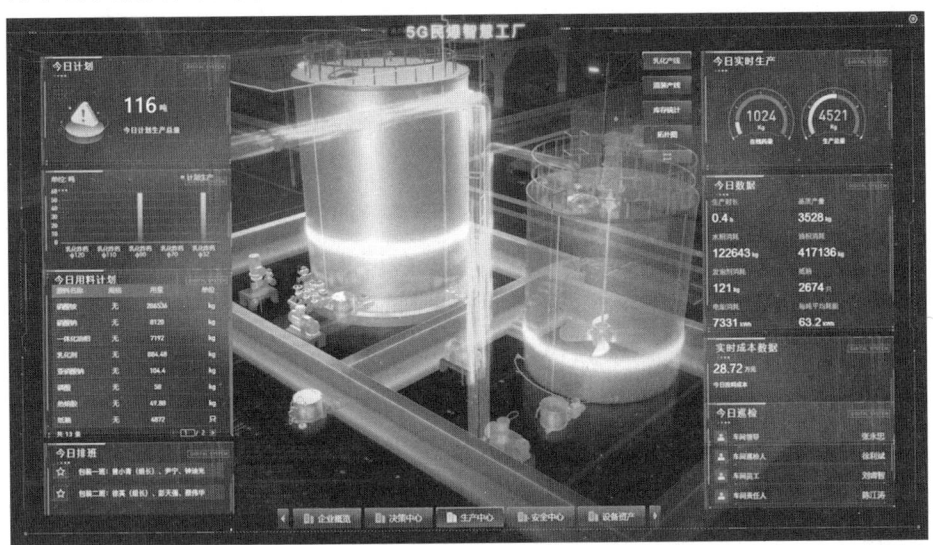

图2 5G智能民爆工厂设备管理可视化大屏

6. 实现了企业管理层数据支撑的科学决策

平台自上而下逐层拆解,建立智能决策体系;自下而上数据贯通,打破数据孤岛现象。分析积累的大量业务数据,识别风险,挖掘价值点,实现生产现场管理的智能化资源配置。

三、提炼价值,推广民爆行业试点示范

(一)数字化转型,以"智"提质

威源民爆5G智能民爆工厂数字化平台的建设涉及大量的关键技术,包括数字孪生技术、数据传输技术、数据存储技术、工艺模型算法、多元环境感知技术等,在技术上有如下创新性:

(1)依托装备、产线、车间、工厂等不同层级的工厂数字孪生模型,通过生产数据采集和分析,在数字空间中实时映射真实生产制造过程,从全局、产线、设备等不同角度实时洞察生产状态,实现了对故障、异常状况进行实时识别、精准定位和追踪还原分析。

(2)通过对民用爆炸物品产线中人、机、料、法、环等全要素的深度互联和动

态感知,打通生产过程的数据流,基于大数据分析结合人工智能算法,开展动态资源调度、设备预测维护等数据应用,实现了精准感知、动态配置和智能决策的生产运营管理。

(3)基于民用爆炸物品制造数据采集、汇聚、挖掘与分析,融合工业机理,构建具有感知分析和洞察解析生产制造过程的数字模型系统。

(4)应用边缘计算、AI识别技术,结合实际生产过程经验,形成行业共性生产机理模型,打通多系统边界,用于提升生产环节的超前预警与联动处置能力。

(5)建立了一套以人员监管为中心的实时的智能预警系统,从管控式变成服务式,将合规评估从事后追溯模式改变成事前预警、事中管理模式。

(6)基于视频监控系统与后端算法分析能力,凝练行业分析共性功能模块,形成行业共性视频分析算法模型和生产制造全流程分析模型库。

(7)基于物联网和云计算的中间件模式、B/S应用模式和C/S应用模式混合应用模式,采用统一的数据交换、统一的接口标准、统一的安全保障的超融合架构。

(8)聚焦民用爆炸物品全生命周期质量管控、追溯和改善,通过数字化手段采集原材料检测、生产过程质量记录以及成品质量检测等数据,基于条码、标识等技术,实现全流程质量数据与实物产品的关联匹配和质量信息追溯,大幅度降低质量损失,为工艺设计、生产作业、维修维护等优化提供数据支持。

(二)"智造"跃升,打造民爆数字化改革样板

威源民爆5G智能民爆工厂数字化平台的建设,有效为民爆行业提供如下价值:一是实现工业自动化与安全管理数字化深度融合,完成由粗放型管理向精细化管理、由静态控制向动态控制、由被动管理向主动管理、由程序管理向工序管理的转变,进一步提升安全管理水平,提高企业生产调度指挥的能动性。二是通过实时生产数据的积累,结合实际生产过程经验,形成行业共性生产机理模型。通过数据的不断积累和历史数据的清洗、分析,建立民爆生产回归分析算法模型与神经网络算法模型,打通多系统边界,用于提升生产环节的智能水平。三是产线柔性配置,显著缩短订单型号切换时产线配置准备时间,消除了大量等待浪费,提升了生产效率,同时柔性资源配置使得工厂能够快速响应紧急插单、订单取消、物料延迟等扰动事件,保障生产的连续性与平稳性。

(三)数智赋能,推广示范前景广阔

项目的成功研发及实施为探索建立民爆行业智能制造安全体系及数字化

应用标准打下良好的基础。首先通过关键技术的推广和综合应用平台的构建,将为工厂培养一批从事智能工厂和数字化转型设计、管控、运维、服务的高素质技术队伍,可以为民爆行业提供切实有效的造解决方案及人才资源。其次,降低民爆行业对于工业互联网的准入门槛,真正实现数字孪生的广度普适化应用,助推民爆行业数字化转型升级。最后,将在产业升级中助力"中国制造"和"工业强省"发展,促进制造业进一步降本、提质、增效,对民爆行业形成辐射和示范作用,进而推动整个产业链的智能制造进程。

结　语

伴随 5G 智能民爆工厂数字化平台建设与应用的深入推进,威源民爆将推进产业的横向联合和纵向延伸,不断增强企业的核心竞争力,全面整合民爆行业信息资源,实现数据的充分归集、按需求共享、互联互通,发挥数据资源在支撑政府决策、企业赋能中的作用。5G 智能民爆工厂数字化平台也将作为威源民爆数字化时代发展的"动力引擎"之一,在民用爆炸物品行业"十四五"规划发展中发挥更多助益。

德兴铜矿：5G+无人驾驶，少人增安新引领

引　言

安全生产事关人民福祉，事关经济社会发展大局。党的十八大以来，习近平总书记高度重视安全生产工作，发表了一系列重要论述，一再强调要统筹发展和安全两大方面。当前，我国金属非金属矿山等重点行业的安全生产形势依然严峻，广大职工群众对减少伤亡事故和职业危害的迫切需要与落后的安全生产状况之间的矛盾已经成为主要矛盾，时刻影响着我国经济发展和社会稳定。深入实施"中国制造2025"，推进两化融合，应用大数据、物联网、移动互联等技术，实现矿山安全生产管理水平提档升级，是改变传统行业生产管理的新途径，更是实现可持续发展的必由之路。

为提升原矿铁路运输段作业效率，推进艰苦岗位少人无人，改善职工作业环境，降低系统运营成本，德兴铜矿以无人驾驶电机车系统自动运行和自动装卸技术为基础，实施电机车无人驾驶改造，打造矿山生产现场少人增安新局面，从本质上解决矿山生产运输环节安全问题。

一、因势而动，有色金属行业迎来数字化转型新机遇

我国数字经济规模已达50.2万亿，占GDP比重41.5%，展现出数字经济引领经济增长和社会发展的强大实力。党的二十大报告明确指出，要大力发展数字经济，推进数字经济与实体经济深度融合。我国是制造业大国，有色金属行业作为制造业提供原材料的基础工业部门，其发展对于国民经济具有举足轻重的地

位。自1999年我国提出"数字矿山"概念以来,经过20年的深入研究和持续发展,部分大中型矿山企业在采矿设备机械化无人化、开采环境数字化、生产过程控制自动化、经营管理信息化、大数据分析智慧化等方面取得了一定的发展成就。这些努力对于保障矿山生产安全、提高企业经济和社会效益发挥了关键作用。然而,我国矿山数字化发展仍处于自动化和信息化之间,技术装备水平、资源综合利用、精细化管理、安全和环境保护等方面与国际矿业发达国家相比仍有较大差距。因此,我们必须坚定地推进数字经济与实体经济深度融合,推动传统矿山向数字化、智能化发展阶段迈进,以实现矿山行业的跨越式发展。

在面临宏观大局和主要方向时,德兴铜矿作为全国八家《智能矿山建设规范》标准化实践试点单位之一,勇于承担重大责任,并且作为先锋率先实行,全面推动"数字江铜"战略。他们鼓起"数字德铜"的前进号角,借力新一代信息技术对矿山铁运系统进行智能化改进,实现全省首个基于5G网络的电机车全流程放矿、运矿、卸矿无人驾驶应用。在亚洲最大露天有色金属矿山中,750毫米窄轨铁路和30t大载重电机车实现无人驾驶,日运矿量高达3.8万吨,实现铜金属价值约800万元每日。

二、问题导向,深挖德兴铜矿原矿铁路运输痛点

(一)行业背景

我国工业化进程正处于中期阶段,为持续推动国民经济发展,矿产资源的大规模开采变得至关重要,这也为矿产资源的开发提出了更高的安全、高效要求。矿山行业以开采矿产资源为重点,其经济效益的优劣与其所拥有的资源量、资源品质以及企业规模密切相关,而产能的提升成为矿山规模效应的核心。在矿山运输中,轨道运输、自卸汽车和胶带运输等方式都有各自的特点,需要根据具体情况进行选择。轨道运输由于其运营成本较低、运输设备稳定可靠、受气候影响较小、能耗低、载重量大、运输能力强等特点,被广泛应用于矿山运输,占有重要地位。一般情况下,矿山轨道运输距离可从几公里到几十公里,运输列车通常由一到两个机车头拉动几十列车皮,列车总长度可达数百米,总重量可达数百吨。在矿山运输中,列车惯性大,需要机车头制动,而视线不好、机车制动能力差、发车密度大等问题也成为亟待解决的挑战。在矿山窄轨运输的实践中,通过加长单列矿车的长度来提升运输能力达到一定极限后,缩短发车时间成为必要选择。缩短发车时间在提高发车密度的同时也可能影响矿山生产

的安全,导致矿山窄轨运输系统成为矿山生产的瓶颈。矿山卸矿点的调度控制指令复杂,需要控制的装、卸矿点和中间站场数量多,因此,调度控制指令的复杂性也使得矿山生产面临更大的挑战。矿山运输中,矿车及调头机车在调车场的集中使得信号开放频繁、道岔转辙机工作频繁,这些都增加了整个运矿系统的安全控制难度,存在一定的安全隐患。因此,如何在提升产能的同时保证运输安全,将是矿山运输亟待解决的关键问题。

(二)现状描述

德兴铜矿采掘工场的矿石运输铁路采用了轨距750毫米、以电力机车作为牵引工具的窄轨铁路设计。当前,日均矿石运输量达3.8万吨,发车频次达每6分钟一趟,每日运行总计超过140趟。一趟运输车队由18节矿车组成,每节矿车容积为10立方米,额定载重为260吨。在该铁路线上,共有3个分站场和1个中心站,单程距离约7千米,并设有7座隧道,其中最长的隧道长度约700米,道岔数量达54个。现有3条用于投放矿石的铁路线,配备了48台振动式放矿机,14台变频电机车用于运输,3个卸载站负责卸载矿石,且配备了5套360度旋转式翻笼。每辆电力机车行驶均由2座牵引变电站供电,这些变电站通过弓架接触线供电,接触线距铁轨的高度在2.5米至3.2米之间。

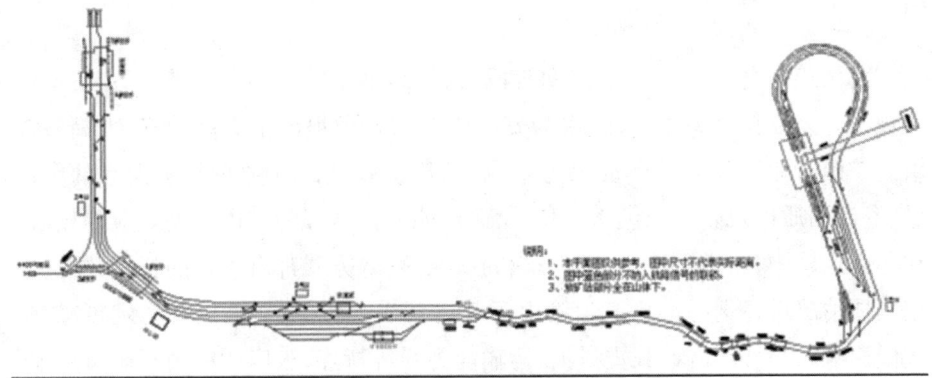

图1 德兴铜矿原矿运输铁路线路图

现今的铁路运输系统全面实行人工操作,其编制员额固定,为电机车司机、放矿工、翻笼工三大工种共计96人,其中电机车司机48人,放矿工28人,翻笼工20人。受到人口老龄化与退休人员数量多,难以补充的影响,现存操作工只有82人,其中电机车司机42人,放矿工24人,翻笼工16人。

(三)难点痛点

(1)本质安全难达到:在铁路运输生产过程中,电机车司机与放矿工、翻笼工之间仅凭经验配合,相互联系存在延迟,如果操作不当,则会影响生产,不仅安全性能难以保证,均衡生产、工作效率难以保障,还会对长期在恶劣环境作业的操作工带来严重职业危害,本质安全更是无从谈起。

(2)人员补充难到位:近五年有22人退休,近十年有44人退休,人员退休后长期未得到补充,岗位缺员严重,特别是翻笼工,现已一人同时操控多个机械,容易发生疲劳工作的状况,且工作现场环境恶劣,若在没有人员补充的情况下,安全隐患极大,无法确保运矿铁路的稳定运行。

(3)生产高效难突破:人工驾驶状态下急启急停操作、超速行为,易引发掉道、设备运行故障,职工交接班时间长,综合运输效率低。

(4)设备情况难掌握:工作人员对电机车运行状态、设备重点部位监管、装车质量、实时生产数据的统计滞后严重,不利于安全生产、精准管控,对运量利用、节能等控制力度不足。

三、笃行不怠,探索"5G+无人驾驶"应用场景

依据当前存在的痛点,系统性开展建设,将10台变频电机车改造为无人驾驶电机车,更新4台无人驾驶电机车,对振动放矿站及翻笼进行自动化改造,建设通信网络、集控中心、运输安全保障系统、智能调度系统、生产设备信息系统,改造视频监控及牵引变电所,在现有微机联锁信号系统基础上,完成适合现场

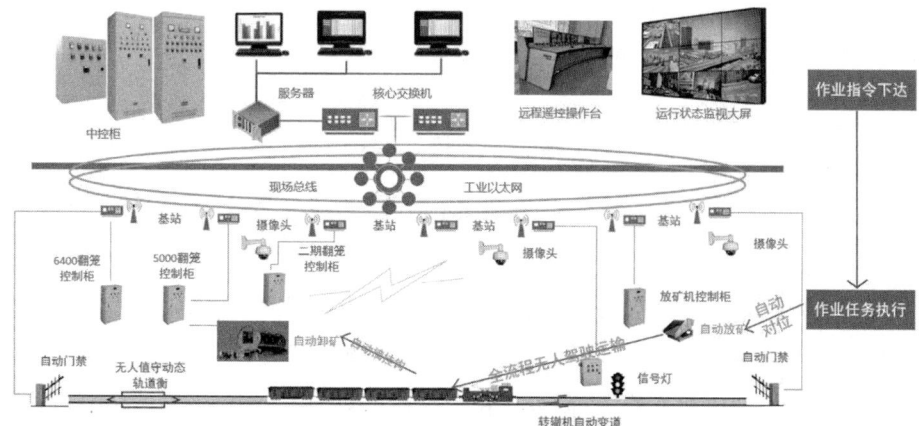

图2 无人驾驶系统架构图

的铁路运输智能化升级,从而提高运矿铁路安全性、改善操作环境、提高生产效率,实现减员增效。

(一) 技术路线

德兴铜矿高度重视顶层设计和实施规划,通过与国内外矿业技术公司全方位交流,联合国内院校和智能制造企业,在学习和吸收国际成熟的技术基础上,结合矿山实际,形成采用5G、人工智能、大数据、物联网等技术与矿山管理深度融合的系统构架。促进资源高效开发利用,降低企业运营成本,提高矿山科学经营管理方面的技术实力、打造铁运系统智能化样板,为江西铜业集团建成"世界一流企业"奠定基础。

以新一代5G+工控融合信息技术与边缘计算技术为承载,利用激光定位、水平定位、雷达料位、红外轴温、动态称重等先进的检测技术及领先的电机车智能控制技术、AI视觉安全保障技术完成整个铁路运输系统的数据采集、传输、聚合应用及生产工艺智能化改造,依托大数据技术、数字孪生技术研发铁路智能管控系统,最终达成集控管理可视化、作业控制智能化、运营管理数字化。

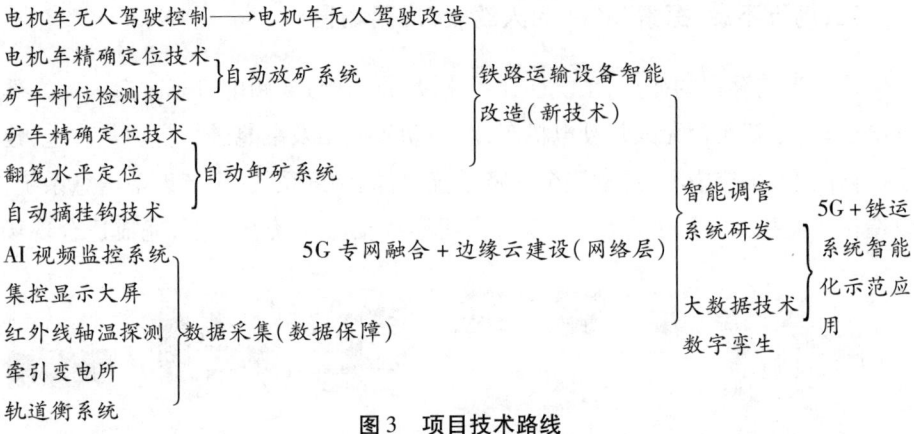

图3　项目技术路线

(1) 5G+边缘计算技术:部署5G+MEC核心网边缘计算服务器,建设11个5G宏站及1个室分,实现原矿铁路运输多隧道、7千米5G网络全覆盖,为电机车无人驾驶系统反馈信号、控制指令传输提供了一条"信息高速公路",实现驾驶过程中自动高效决策,同时满足整个作业过程大量实时监控数据回传的需求,为实现14列电机车在3个放矿站、5个卸矿站、54个道岔的复杂窄轨铁路安全、高效生产打下基础。

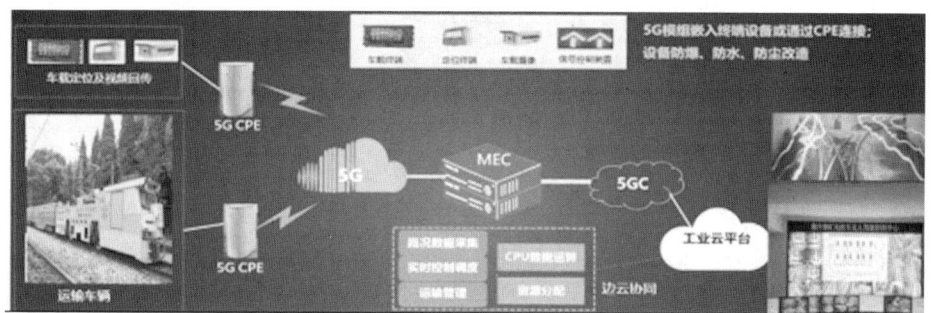

图 4　5G + 边缘云部署架构图

（2）智能管控技术：打通无人驾驶、铁路信集闭、生产计划编排等系统间的壁垒，实现协同联动。无人驾驶系统可自动读取生产计划，在获得调度员授权后自动编排运输计划。在作业过程中，自动放矿、无人驾驶运输、自动卸矿系统可与信集闭系统无缝结合，完成道岔自动转换，实现单列 18 节车皮，载重 260 吨，发车间隔 6 分钟高密度智能管控。

（3）精准定对位技术：应用射频信标 + 高精度编码器冗余定位技术，为电机车实现精准定位上好"双保险"。高精度编码器"负责"在电机车运行过程中进行实时定位，射频信标"负责"在重要点位自动标定校对电机车位置，在双重保障作用下，电机车在整个运输过程中的定位精度可达到厘米级；在放矿、卸矿作业环节运用高精度激光雷达 + 光栅冗余对位技术，配合防溜车阻装置，实现电机车高效精准定对位、料位精准检测。最后，实现 3 个放矿站同时放矿、单个放矿站 18 个振动放矿斗与 6 节车皮精准对位、自动放矿，电机车 7 千米运输无人驾驶、翻笼 360 度旋转式自动卸矿、无人摘挂钩。

（4）AI + 视觉技术：在边缘云部署 AI 分析系统，利用电机车车载摄像头及重要点位跟踪球机的回传视频，实时掌握运输路况。同时对运输过程中移动的物体、人员进行追踪，结合 AI 分析技术，对触发规则的行为自动产生报警，联动无人驾驶系统及时决策电机车驾驶行为，如减速、停车避让或请求人工接管。

（5）大数据技术：利用综合数据管理平台，对安全生产、运维成本、设备健康进行建模分析，确保生产效率提升、过程安全、设备运行稳定、生产成本节减。由无人驾驶生产信息管理平台和移动终端 APP 两部分组成的生产信息管理系统，可对铁路运输智能系统采集的数据及现场人员录入数据进行融合处理，实现生产过程监控、设备运行管理、生产计划生成、生产任务统计、仓储、设备、系统运营预警及工艺报表、成本分析、劳动力生产分析等功能,提升生产运营精细管理。

(6)数字孪生:无人驾驶系统利用实时回传的运行数据及视频数据,实现运输过程虚拟映射监控,能够对无人驾驶系统中电机车的位置、设备状态和各种运行参数进行更加直观的呈现。

图5　电机车无人驾驶系统虚拟孪生

(二)解决方案

(1)5G专网融合+边缘云:建设覆盖整个运输线路的有线工业环网,实现5G、WIFI网络融合通讯,有效解决WIFI网络连接时延较高无法满足电机车自动驾驶控制及超清视频回传带宽需求、切换性差、覆盖范围小、单台设备覆盖半径仅50米、投资成本高的问题,同时解决原有部分设备数据采集依赖有线传输的问题。通过同步覆盖5G网络,满足矿区生产专网需求以及员工日常通信需求,部署的MEC核心网边缘计算服务器能够将时延降低至10ms,达到高可靠、低时延、数据不出场的目的,同时支持将设置的VPN边界接入控制室内网,保证数据不出矿区。

(2)智能调管系统:设置一套数字拼接墙系统,综合显示无人驾驶控制系统的调度画面图像、视频监控图像等信息。系统可在控制室的调度工作站对电机车全行程位置、相应区间的道岔、信号灯状态、危险区段报警灯及电机车主要数据进行实时显示。操作员根据派车作业指令,统一协调指挥电机车运行路线和可开动时间。系统根据信号联锁规则,自动控制道岔机和信号灯的动作,自动控制电机车运行到指定地点装矿,并进行统一协调指挥,对各电机车进行装卸矿任务分配。ATS 系统会监视所有电机车的运行状态,自动进行行车路线时间规划、车流规划、转辙机自动控制、信号灯自动控制、电机车行车路线自动控制等,统筹协调整个运输过程。

(3)集中控制系统:在控制中心,仅需 4 人即可完成整个生产系统的放矿、运输及卸矿设备的远程遥控和监视功能。控制中心设备包括核心控制器、上位机、操作台、控制板、UPS、控制柜、电源柜等。集中控制系统根据大矿仓料位和三个卸载站料位以及生产需求生成派车作业指令,自动控制转辙机和信号灯,自动控制电机车运行到指定放矿点或卸矿点,并在控制中心实时显示电机车位置、状态及铁路信号等信息。

(4)电机车自动运行无人驾驶改造:改造 10 台变频电机车,采购 4 台变频电机车,安装无人驾驶控制设备,升级为具备无人驾驶功能的电机车。电机车应具备整条运输线路的精确定位功能,且定位精度误差不大于 ±20mm,配备障碍物检测、机械驻车、自动摘挂钩等装置且拥有保护功能。转辙机系统与现有的机车运输监控(信集闭)系统无缝结合,冗余运行,实现信号、道岔自动转换,进路自动开放。转辙机动力电源部分采用原有线路系统,控制节点及信号反馈部分由转辙机本体增设端子箱就近接入通讯基站,转辙机设备则就近纳入控制子站中,实现无人驾驶系统对转辙机的控制。中控室接到电机车装载完成信息后,可以根据生产需求选择人工确认发车或自动发车的方式下达运输指令。电机车收到运行指令后自动开往分配卸载站,运行过程中转辙机、升降弓及加减速均自动控制,同时能系统分析道路状况,反馈掉道、掉车皮掉块等异常情况。

(5)自动放矿系统:包括振动放矿站控制系统、配电系统、矿车精确对位检测、大矿仓料位检测、矿车料位检测及放矿机安全保护系统。电机车根据指令到达指定装载站,完成矿车自动与放矿斗对位,并向中控室发出对位完毕、可以装矿的信号,中控室人员根据集控系统信息及视频监控确认后,向装载站控制系统发出自动装矿指令,装载站控制系统自动完成装矿、补矿及电机车移动对位等工作,中间不再需要人工干预。进入装载区后,入口处的 RFID 射频检测到电机车,向调度系统发出信号让电机车开始减速。卸载站中部的激光传感器检测到矿车即将到位时,发出停车信号,完成 6 节车斗与 18 个放矿站的对位。对位完成后系统自动连锁给矿机放矿,通过安装在两侧的三点超声波检测装置,判断矿车内料位是否装满,借助冗余检测传感器,防止下大块或者因缝隙引起检测误差情况的发生,同时传感器之间可以互相校准;为了配合有轨运输无人驾驶系统电机车的优化运行,准确了解卸载站料位的高度,实现运行系统的最优调度功能,在系统实施时需要安装矿仓料位在线监测系统。雷达料位计通过透镜式天线连续发射雷达信号,信号被介质反射,并被天线作为回波接收,借助优化固料测量技术,显著提高信号聚焦效果和灵敏程度,确保可靠测量范围达到120米,且测量不会因风、温度的变化而波动,也不会受到粉尘、噪音或气流的影响。

(6)自动卸矿系统:包括卸载站翻笼控制系统、配电系统、翻笼矿车定位检测装置、翻笼自身对位系统、卸载矿仓料位检测装置。电机车在到达指定卸载站后提醒中控人员准备卸矿,中控室人员根据集控系统信息及视频监控确认后,向卸载站控制系统发出自动卸矿指令,电机车头自动摘钩并绕道至编组后部挂钩,自动卸矿,卸载完成后进入下一趟工作循环。

(7)智能监控系统:高清视频监控设置在电机车、各电动道岔、振动站、翻笼、变电所以及重要道口等区域,并通过主干网络连接到控制中心,在控制中心视频监控上位机显示,实现对监控点位的实时在线监视。智能自动跟踪球机主要应用于矿区的周界防范和出入口跟踪,利用高速DSP芯片对图像进行差分计算,可自动识别视觉范围内物体运动的方向,并自动控制云台摄像机对移动物体进行追踪。借助自动变焦镜头,目标物体在进入智能跟踪球机视线范围内直至离开的这段时间里,所有动作都将以特写的形式清晰地传往监控中心。当目标物体进入球机的用户设置检测区域并触发行为分析规则时,系统就会自动产生报警。

(8)运输安全保障系统:在沿线重点区域设置运输线路障碍自动监测报警系统、门禁系统、封闭式围栏、矿车信息采集及管理系统。地面监控单元可以基于激光扫描技术,对监测范围进行平面扫描,实时采集障碍物特征数据,并对监测范围内落石撞击钢轨的声音进行检测。高清摄像机可以全天候进行视频图像采集,并对获取到的图像信息进行实时存储,同时接收来自核心控制单元的命令,捕捉局部信息。核心控制单元具备前端系统的数据处理、报警发送、无线数据传输、现场紧急控制等功能。辅助装置主要由报警灯、地面防护报警台、本地喇叭报警等报警装置组成。

(9)自动轨道运输计量系统:更新2套轨道衡系统,采用无基坑不断轨式结构,将轨道衡数据接入控制中心。采用智能化无人值守的工作方式,具备自动计量称重、存储数据、产能统计等功能,数据可以实时通过无线网络传输到控制中心,如有偏载、超载等情况,会自动发送预警文件提醒调度员注意。

（10）数字化管理平台:具备生产监控、设备管理、生产统计、生产计划与报表及智能化预警管理功能。应用现阶段主流互联网、智能化、信息化等技术,对无人驾驶控制系统数据及现场人员录入数据进行处理,为管理人员提供计划的执行、跟踪以及所有资源的当前状态。当无人驾驶控制层发生实时事件时,生产管理系统能对此及时做出反应、报告,并用当前的准确数据进行指导和处理。对系统内数据进行多维度的智能分析,生成安全生产、成本分析、设备健康、设备保养提醒等报告,方便生产管理者更直观全面地掌握整个生产过程,让决策者在决策过程中有系统性数据支撑,以数据化的手段最大程度确保生产效率提升、生产过程安全、设备运行稳定、生产成本节减。

四、成效显著,为有色金属行业数字化转型作出"德铜示范"

（一）主要成效

1. 生产作业高效化,生产现场少人化

在电机车无人驾驶场景建设完成后,原矿运输段铁路矿石运输可实现装运卸全流程无人驾驶,生产过程可视化、运营调管智能化,共计减员45个,年度运营成本降低675万,在产量不变的情况下,运输时长每天减少2小时,综合运输效率提升9%;沿线作业现场人员、站点全部撤离至无人驾驶控制中心,矿山生产本质安全显著提升,职工作业环境全面优化。

2. 运输工艺过程自动化

实现全国首家18个振动放矿斗同时无人化自动放矿、全国首家旋转式无人化摘挂钩、全国首家翻笼无人化自动卸矿。

自动放矿:电机车根据指令到达指定装载站,完成矿车与放矿斗的自动对位,装载站控制系统自动完成装矿、补矿及电机车移动对位等工作,中间不再需要人工干预;

自动运输:中控室接到电机车装载完成信息后,电机车收到运行指令后自动开往分配卸载站,运行过程中转辙机、升降弓及加减速均自动控制,同时能系统分析道路状况,反馈掉道、掉车皮、掉块等异常情况;

自动卸矿：电机车在到达指定卸载站后，卸载站控制系统发出自动卸矿指令，电机车头自动摘钩并绕道至编组后部挂钩，自动卸矿，卸载完成后进入下一趟工作循环。

3. 集控管理可视化

实现全国首个基于5G网络的大规模有色金属矿山电机车无人驾驶，单列18节车皮，载重260吨，发车间隔6分钟高密度集中控制。智能调度系统可在控制室的调度工作站对电机车全行程位置、相应区间的道岔、信号灯状态、危险区段报警灯及电机车主要数据进行实时显示。操作员根据派车作业指令，统一协调指挥电机车运行路线和可开动时间，系统根据信号联锁规则，自动控制转辙机和信号灯的动作，自动控制电机车运行到指定装矿位置。

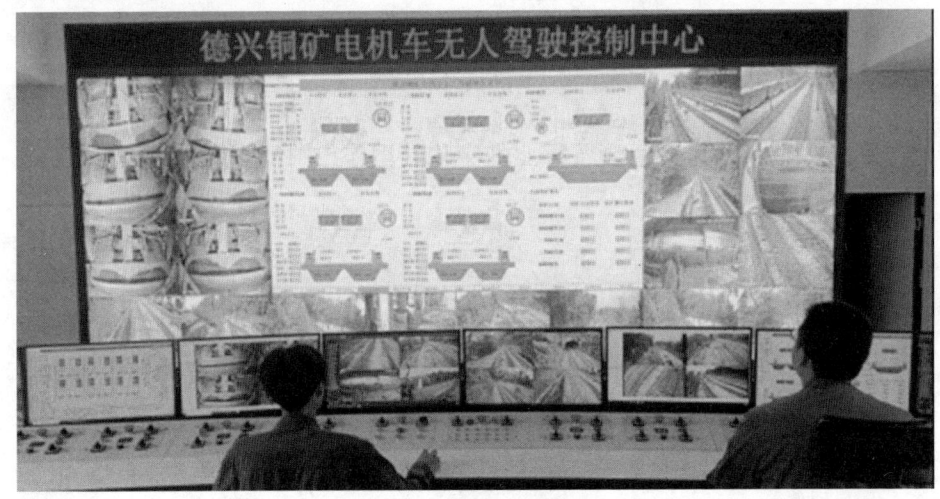

图6　无人驾驶控制中心

4. 运营管理数字化

生产设备管理系统是位于上层的计划管理系统与控制系统层间的、面向无人驾驶控制层的管理系统，系统具有专业性、稳定性、安全性、及时性及可扩展性，可应用现阶段主流互联网、智能化、信息化等技术，对无人驾驶控制系统数据及现场人员录入数据进行数据处理。在此基础上系统为操作人员、管理人员提供计划的执行、跟踪以及所有资源(人、设备、物料、需求等)的当前状态，当无人驾驶控制层发生实时事件时，生产管理系统能对此及时做出反应、报告，并用当前的准确数据对事件进行指导和处理，以5G+边缘云为核心实现迅速响应，能够减少生产流程中没有附加值的活动,有效地指导矿山的生产运作过程。生产设备管理系统平台,对系统内数据进行多维度的智能分析,实现安全生产、成本分析、设备健康、设备保养提醒等,让生产管理者更直观全面地掌握整个生产过程。

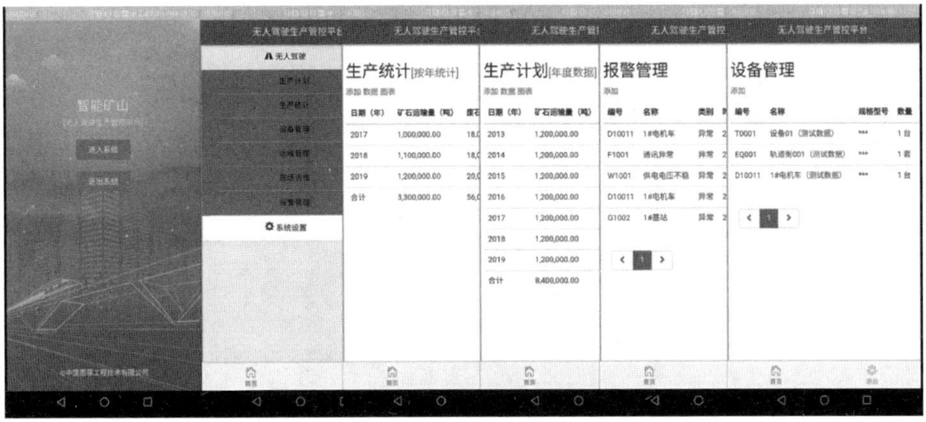

图7 生产设备管理系统平台

(二)推广前景

德兴铜矿铁运系统的智能化升级项目,已在铁路运输智能调度平台和5G无人驾驶技术方面实现了较为成熟的应用,并具备定制开发和迭代升级的能力,以满足各种矿山的实际需求。已有多个矿山的相关人员前往本项目现场考察学习,并表示有意以本项目为参考,对其所属区域的业务流程进行改造。

考虑到矿山的实际应用情况及其未来的发展趋势,本创新应用对全国有色金属、水泥和稀土矿山开采的发展具有显著的推动和引导作用,可促进矿山的绿色转型,实现开采运作技术的突破性革新;可帮助矿山企业解决工作安全风险高、环境恶劣、招工困难、员工老龄化等问题,降低人力成本,提高工作效率;可通过机械化和自动化提高矿山整体运营及安全水平;可通过自动化改造和数据远程采集监控实现无人值守和自动控制,推动矿山企业加快完成数字化、智能化、信息化、自动化矿山建设,同时,通过落地自动化作业、无人值守,有效减少碳排放,实现节能减排、绿色矿山生产。

结　语

德兴铜矿长时间紧密跟随数字化的发展潮流,专注于打造"数字德铜"。铁运系统的智能化更新是德兴铜矿深入实践5G和无人驾驶的关键举措,结果显示,其已取得成功。这为德兴铜矿的数字化矿山建设树立了典范,为有色金属行业的数字化转型开拓了思路。未来,德兴铜矿将继续深入推进数字化转型工作,顺时应势,奋勇前行,发挥创新精神,坚定不移地为建设现代化、美丽的新江铜,全力以赴地描绘中国式现代化的江西画卷,全面建设社会主义现代化国家,实现中华民族伟大复兴,做出新的更大贡献。